Andreas Gestrich
Vergesellschaftungen des Menschen
Einführung in die Historische Sozialisationsforschung

W0073994

HISTORISCHE EINFÜHRUNGEN

Herausgegeben von

Andreas Gestrich
Inge Marßolek
Hans Medick
Barbara Potthast
Hedwig Röckelein
Gerd Schwerhoff
Beate Wagner-Hasel

Band 1

Andreas Gestrich

Vergesellschaftungen des Menschen

Einführung in die
Historische Sozialisationsforschung

edition diskord

Die Deutsche Bibliothek – CIP-Einheitsaufnahme
Gestrich, Andreas:
Vergesellschaftungen des Menschen : Einführung in die Historische
Sozialisationsforschung / Andreas Gestrich. – Tübingen : Ed. diskord, 1999
(Historische Einführungen ; Bd. 1)
ISBN 3-89295-667-7

© 1999 edition diskord, Tübingen
Satz: psb, Berlin
Druck: Fuldaer Verlagsanstalt
ISBN 3-89295-667-7

Inhalt

Vorwort

Historische Sozialisationsforschung ist ein neues Forschungsfeld. Es hat sich vor allem aus der Neuorientierung der Historischen Pädagogik hin zu einer historischen Sozialwissenschaft entwickelt. Inzwischen haben sich aber auch die Sozialgeschichte von Kindheit, Jugend und Familie und andere Zweige der Geschichts- und Sozialwissenschaften für die damit verbundenen Fragestellungen und Forschungsfelder geöffnet. Historische Sozialisationsforschung fragt nach den individuellen und kollektiven Bedingungen des Aufwachsens, nach der lebensgeschichtlichen Bedeutung solcher Sozialisationserfahrungen und nach ihrer Umsetzung in Verhaltensdispositionen, Wahrnehmungsformen und Einstellungen.

Wie die modernen Humanwissenschaften eine Vielzahl von Zugängen zur Erforschung des Menschen erarbeitet haben, so ist auch die Historische Sozialisationsforschung in ihrem Bemühen um historisch adäquate Erklärungen menschlicher Entwicklung und Persönlichkeitsbildung auf eine breite interdisziplinäre Zusammenarbeit angewiesen. Der vorliegende Band sucht diesem interdisziplinären Ansatz Rechnung zu tragen und in die Grundpositionen historischer Forschung in den verschiedenen Disziplinen wie Psychologie, Soziologie, Ethnologie oder Pädagogik einzuführen.

Ein Anliegen dieser neuen Reihe ist außerdem, daß Epochengrenzen überschritten und alle für das jeweilige Thema in Frage kommenden Zeiten berücksichtigt werden. Dadurch sollen epochenübergreifende Arbeiten und vergleichende Studien zu diesen Themen angeregt werden. Den jeweiligen Autoren sind solche umfassenden Darstellungen natürlich nur mit Einschränkungen möglich. Der Autor dieses Buches ist Neuzeithistoriker. Er hat sich darum bemüht, Antike und Mittelalter angemessen zu berücksichtigen, dennoch liegt das Schwergewicht der Beispiele und der Methodendiskussion auf dem Feld der neueren europäischen Geschichte.

Der Verfasser hat beim Abfassen dieses Buches vielfältige Hilfe erfahren: Sabine Bender und Faustino M. Lomboy halfen unermüdlich beim Beschaffen auch der entlegensten Buchwünsche, Sabine Bender las zudem Teile des Manuskripts und gab hilfreiche Hinweise zur Verbesserung, Christa Roob verwandelte Tonbänder und Hieroglyphen des Autors in lesbare Texte, Herr und Frau Kimmerle benötigten und hatten viel Geduld mit dem säumigen Autor; meine Familie ertrug meine Neigung zu Kindheit, Jugend und Familie in der Vergangenheit. Ihnen allen sei für Hilfe und Verständnis herzlich gedankt.

Ulrich Herrmann ist ›schuld‹ daran, daß mir dieses Thema so ans Herz gewachsen ist. Ihm ist dieser Band zum 60. Geburtstag gewidmet.

Trier, August 1999

I. Einleitung

1. Sozialisationsforschung – ein interdisziplinäres Forschungsfeld

Sozialisationsforschung ist ein relativ junges Wissenschaftsgebiet. Es entstand mit dem Aufstieg der empirischen Sozialwissenschaften seit dem ausgehenden 19. Jahrhundert. In den 1890er Jahren findet sich der englische Begriff ›socialization‹ erstmals in der sozialwissenschaftlichen Terminologie in Großbritannien und in den USA. Zur Verbreitung in Europa trug dann vor allem der französische Soziologe und Pädagoge Emile Durkheim bei. Er verwandte 1902 den französischen Ausdruck ›socialisation‹ in einer einflußreichen erziehungswissenschaftlichen Vorlesung an der Sorbonne. Seither haben der Begriff, aber auch die damit verbundenen Forschungsrichtungen einen steilen ›Aufstieg‹ genommen. Sozialisationsforschung wurde zu einem intensiv bearbeiteten interdisziplinären Forschungsfeld.[1]

Das Problem, das die Sozialisationsforschung untersucht, ist allerdings ein altes. In gewisser Weise hat es die europäische Philosophie schon seit ihren Anfängen in der Antike begleitet: Es geht um das Verhältnis zwischen Individuum bzw. Individualität und Gesellschaft, um die gesellschaftlichen Bedingungen der Persönlichkeitsentwicklung, kurz: um die *Vergesellschaftung* des Menschen.[2] Mit diesem deutschen Begriff für Sozialisation bezeichnete bereits Karl Marx die Verankerung gesellschaftlicher Strukturen, Normen und Widersprüche in den Formen des Wahrnehmens, Denkens, Handelns und Fühlens der Menschen.[3]

An der Marxschen Theorie läßt sich sehr gut zeigen, daß in der Philosophie grundlegende Problemzusammenhänge der Sozialisationsforschung schon lange vor ihrer ›Erfindung‹ als Teil der empirischen

---

[1]   Zur Geschichte der Sozialisationsforschung und zur Begriffsgeschichte vgl. v. a. die vorzüglichen Überblicke bei [66] GEULEN; [67] GEULEN sowie [59] CLAUSEN, S. 21 ff. Zur Position Durkheims vgl. [60] DURKHEIM, S. 102.

[2]   Zur Bedeutung der griechischen Sophistik, v. a. des vorsokratischen Philosophen Protagoras unter sozialisationstheoretischen Gesichtspunkten vgl. [65] GEULEN, S. 27 f.

[3]   Der Begriff der ›Vergesellschaftung‹ ist allerdings in der Marxschen Theorie wie auch in der Soziologie vieldeutig. Vgl. als Überblick [74] JUNG, S. 694 bis 698.

Sozialwissenschaften präsent waren. Teilweise wurden um die Mitte des 19. Jahrhunderts die prinzipiellen Dimensionen des Sozialisationsprozesses in der Philosophie schon wesentlich komplexer diskutiert als später im Zusammenhang der einschlägigen empirischen Forschungen. Marx sah bereits sehr deutlich, daß die Vergesellschaftung des Individuums ein wechselseitiger, ein dialektischer Prozeß ist. Einerseits ist »das menschliche Wesen ... das ensemble der gesellschaftlichen Verhältnisse«.[4] Andererseits ist die Gesellschaft keine selbständige Größe, sondern das Produkt menschlichen Handelns. Diesem ist im Rahmen bestimmter Bedingungen immer auch ein Grad an Freiheit eigen. Marx wies außerdem deutlich darauf hin, daß sich die Formen der Vergesellschaftung im historischen Prozeß verändern. Der Prozeß der Sozialisation ist immer abhängig vom jeweiligen historischen Entwicklungsstand und kulturellen Kontext einer Gesellschaft und der sozialen Lage des Individuums in ihr. Der Titel dieses Bandes spricht deshalb von *Vergesellschaftungen* des Menschen.

Die philosophischen Reflexionen über das Verhältnis zwischen Individuum und Gesellschaft können auf grundsätzliche Problemzusammenhänge und Dimensionen des Sozialisationsbegriffs aufmerksam machen. Sie ersetzen aber nicht die empirische Erforschung konkreter kultur- und schichtspezifischer Sozialisationsprozesse. Die verschiedenen Ansätze der empirischen Sozialisationsforschung können daher auch nicht auf eine einheitliche Makrotheorie des Zusammenhangs zwischen Individual- und Gesellschaftsentwicklung hin orientiert sein. Sie verfolgen vielmehr Fragestellungen und entwickeln Methoden, die sich aus dem engeren Rahmen der jeweiligen Fachkontexte ergeben. Diese unterschiedlichen Perspektiven werden bereits am Gebrauch des Begriffs ›Sozialisation‹ deutlich. Soziologie, Psychologie, aber auch Ethnologie und Pädagogik benutzen ihn als wesentlichen Bestandteil ihrer Wissenschaftssprache. Sie geben dem Begriff aber aus ihrer Perspektive jeweils eine besondere Zuspitzung:

Die Soziologie fragt unter dem Stichwort ›Sozialisation‹ vor allem nach den sozialen Mechanismen und Institutionen, durch die eine Gesellschaft die Weitergabe ihres Systems von Normen und Werten, Verhaltensformen und Wahrnehmungsweisen im Ablöseprozeß der Generationen sichert. Sie steht in gewisser Weise bis heute in der

[4] [81] MARX, S. 6.

Nachfolge Durkheims, der als Grundproblem soziologischer Sozialisationsforschung die Frage angesprochen hatte, wie die Gesellschaft in das Individuum kommt. Denn gesellschaftlicher Zusammenhalt sei nur gewährleistet, wenn die Mitglieder bestimmte soziale Normen und Vorstellungen, die »conscience collective«, verinnerlicht hätten. Weil das Kind bei seiner Geburt ein »egoistisches und asoziales Wesen« sei, müsse die Gesellschaft ihm »ein anderes Wesen hinzufügen, das imstande ist, ein soziales und moralisches Leben zu führen«.[5]

Diese Ausrichtung an der Reproduktion gesellschaftlicher Normen ist bis heute eine wesentliche Perspektive soziologischer Sozialisationsforschung geblieben. Unter Sozialisation wird hier also »jener Prozeß des sozialen Lernens begriffen, durch den die (heranwachsenden) Individuen im Rahmen einer bestimmten Gesellschaft und im Medium gesellschaftlichen Umgangs sozial handlungsfähig werden«[6] und dadurch den Bestand der Gesellschaft über den Wechsel der Generationen hinweg sichern. Dieser Prozeß wird auch als *Enkulturation* bezeichnet.

In der psychoanalytischen und psychologischen Sozialisationsforschung geht es um den Zusammenhang zwischen körperlicher, psychischer und sozialer Entwicklung bei der Herausbildung individueller Persönlichkeitsstrukturen bzw. -störungen. In der psychoanalytischen Theorie Freuds bildet die durch das Wachstum des Körpers gesteuerte psychosexuelle Entwicklung des Kleinkindes die Grundlage der Persönlichkeitsstrukturen des Erwachsenen. Die neuere Psychoanalyse hat diese enge triebtheoretische Begründung von Entwicklungsprozessen durchbrochen. Über eine verstärkte Einbeziehung von Objektbeziehungen hat sie der Interaktion mit der sozialen Umwelt einen prominenten Platz bei der Herausbildung von Persönlichkeitsstrukturen und personaler Identität eingeräumt. Außerdem bezieht sie auch die späteren Lebensphasen, vor allem die Zeit der Adoleszenz, stärker in ihre Analysen ein.

Dies ist auch bei der neueren Entwicklungs- und der Ich-Psychologie der Fall. Stärker als die Psychoanalyse gewinnen diese Forschungsrichtungen ihre Erkenntnisse aus der direkten empirischen Beobachtung kindlichen Verhaltens. Dabei bestimmen sie die Phasen der kindlichen Entwicklung zum Teil nach ganz anderen Kriterien als

[5] Vgl. [62] DURKHEIM, S. 46.
[6] [75] KAMPER, S. 541.

die auf die psychosexuelle Reifung fixierte Psychoanalyse und legen sehr viel mehr Nachdruck auf die Entwicklung des Kindes als ein in seiner Um- und Mitwelt handelndes, selbstreflexives Subjekt.[7] Dennoch konzentrieren sich Psychoanalyse wie Psychologie von ihrem Ansatz her nicht hauptsächlich auf den Aspekt der Enkulturation, sondern auf den der *Individuation*, nicht auf die Abhängigkeit des Individuums von der Gesellschaft, sondern auf seine Fähigkeit zu autonomem Handeln in ihr.[8]

Die Pädagogik begriff sich bis in die Zeit nach dem Zweiten Weltkrieg als Geisteswissenschaft.[9] In Abgrenzung von der Psychoanalyse und der Soziologie fragten die Pädagogen daher zunächst nach den Zielen bewußten Erziehungshandelns und nach dessen angenommenen Folgen. Inzwischen hat sich die geisteswissenschaftliche Pädagogik allerdings zur empirischen Erziehungswissenschaft gewandelt. Damit rückten auch in diesem Fach die sozialen und psychischen Bedingungen und Zusammenhänge des Prozesses der Persönlichkeitsbildung in den Mittelpunkt des Interesses. Empirische Sozialisationsforschung wird heute sogar überwiegend im Rahmen der Erziehungswissenschaft betrieben. Zugleich ist die pädagogische Sozialisationsforschung inzwischen speziell darauf bedacht, die divergierenden Aspekte von Enkulturation und Individuation zu einem Gesamtbild der Persönlichkeitsentwicklung (*Personalisation*) zu integrieren. Von besonderem Einfluß ist das von Klaus Hurrelmann als Synthese erarbeitete Modell von Sozialisation als produktiver Verarbeitung der inneren und äußeren Realität. »Dieses Modell stellt das menschliche Subjekt in einen sozialen und ökologischen Kontext, der subjektiv aufgenommen und verarbeitet wird, der in diesem Sinne also auf das Individuum einwirkt, aber zugleich immer auch durch das Individuum beeinflußt, verändert und gestaltet wird«.[10]

Die Ethnologie bzw. die Sozial- oder Kulturanthropologie[11] schließ-

---

[7] Vgl. z. B. [191] BISCHOF-KÖHLER. Einen ausgezeichneten Überblick über die neueren Entwicklungen in der Psychologie bietet im Hinblick auf die Sozialisationsforschung [218] KREWER/ECKENSBERGER.

[8] Einen differenzierten Überblick auch über die neuesten Strömungen und Ergebnisse psychoanalytischer Sozialisationsforschung bietet [220] MERTENS.

[9] Für einen knappen Überblick zur Geschichte der Pädagogik vgl. v. a. [109] GROOTHOFF, sowie die entsprechenden Abschnitte in den verschiedenen Teilbänden von [29] BERG u. a.

[10] [70] HURRELMANN, S. 64; [69] HURRELMANN.

[11] Hinter diesen Begriffen verbergen sich vor allem nationale Unterschiede in der Bezeichnung mit zum Teil etwas unterschiedlichen inhaltlichen Schwerpunk-

lich untersuchen Fragen der Sozialisation im interkulturellen Vergleich. Durch die Methode des Vergleichs werden mögliche Universalien menschlicher Entwicklung und menschlichen Verhaltens sichtbar, vor allem aber lassen sich dadurch die spezifischen Unterschiede zwischen den Kulturen und den Formen, wie sie die Persönlichkeitsbildung ihrer Mitglieder prägen, analysieren.[12] Einer der zentralen Begriffe ethnologischer bzw. ethnopsychologischer Sozialisationsforschung ist die »modale Persönlichkeit«. In Anlehnung an den Modus in der Statistik, also den in einer Stichprobe am häufigsten vorkommenden Wert einer Variablen, bezeichnet modale Persönlichkeit »die Summe der am häufigsten in einer bestimmten Kultur oder Gesellschaft vorkommenden Persönlichkeitsmerkmale« bzw. »den auf Grund dieser Merkmale hypothetisch konstruierten Persönlichkeitstypus«.[13]

Ebenfalls aus einer kulturvergleichenden, aber nicht psychologisch orientierten Perspektive beschäftigt sich auch die von A. Nitschke entwickelte Historische Verhaltensforschung mit der Analyse von Sozialisationsprozessen. Im Zentrum ihres Kulturvergleichs stehen die kulturspezifisch verschiedenen Erwartungshaltungen. Dabei konzentriert sich die Historische Verhaltensforschung vor allem auf drei Fragen: Führt eine Gesellschaft ihre Dynamik vor allem auf Eigeninitiative (Autodynamik) oder auf Unterstützung durch andere (Heterodynamik) zurück?[14] An welchen Formen der Energie orientieren sich die Menschen dabei,[15] und welche Zeit- und Raumerfahrungen dominieren in einer Gesellschaft? Die Historische Verhaltensforschung geht davon aus, daß der Mensch sich ab (oder auch schon vor) der Geburt in einer Interaktion mit seinem Körper und seiner Um-

---

ten. Während man in Deutschland vor allem von Ethnologie sprach, setzte sich in Großbritannien der Begriff social anthropology und in den USA cultural anthropology durch. Inzwischen verdrängt der Begriff Kulturanthropologie auch im deutschen Sprachraum den der Ethnologie.

[12] Wichtige Überblicke über die Geschichte der ethnologischen Sozialisationsforschung bieten [99] SINGER und [96] LEVINE.

[13] [24] FUCHS, S. 452, s. v. Modalpersönlichkeit. Zum Begriff des Modus vgl. ebd., S. 453 f.

[14] [274] NITSCHKE, S. 13, 75 ff.

[15] Nitschke unterscheidet stark am physikalischen Energiebegriff ausgerichtet drei Erscheinungsformen der Energie: solche, die Ortsveränderungen oder ein Mitschwingen oder eine Konnexion ermöglichen. Er identifiziert sie auch als Grundlage kulturell unterschiedlicher Bewegungsweisen in Sport und Kampf und schreibt ihnen eine starke kulturelle Prägekraft zu. Vgl. [569] NITSCHKE, S. 31 ff.

gebung befindet, daß Bewegungen und Handlungen in diesen Interaktionen ihm sofort kulturspezifische Aspekte von Zeit und Raum
erschließen, die seine Wahrnehmungsweise und seine Erwartungshaltungen bezüglich eines effizienten Verhaltens prägen.

Der Prozeß der Sozialisation umfaßt also verschiedene Aspekte, die
von den einzelnen Wissenschaften zum Teil isoliert, zum Teil im
Gesamtkontext betrachtet und analysiert werden. Speziell die erzie-
hungswissenschaftliche Sozialisationsforschung bemüht sich um eine
Integration der verschiedenen Disziplinen sowohl auf der Ebene der
Sozialisationstheorie wie auch auf der der empirischen Forschung.
Zusammenfassend ausgedrückt fragt die moderne Sozialisationsforschung aus interdisziplinärer Perspektive, »in welcher Weise und in
welchem Ausmaß soziale, kulturelle, ökonomische und ökologische
Strukturen und Prozesse als Bedingungen der menschlichen Persönlichkeitsbildung wirken«[16] und wie diese Strukturen und Prozesse
ihrerseits durch die produktive Verarbeitung im Sozialisationsprozeß
von Generation zu Generation verändert werden.

Die Geschichtswissenschaft war an der Entwicklung dieses interdisziplinären Forschungsfelds lange Zeit allenfalls am Rande beteiligt.
Konstanz und Wandel sozialer Systeme und die Unterschiede zwischen historischen Kulturen und Epochen sind zwar wichtige Gegenstände der Geschichtswissenschaft, und damit müßte auch die Frage
nach den Bedingungen sozialer Stabilität und sozialen Wandels im
Ablöseprozeß der Generationen einen wichtigen Platz in der historischen Forschung einnehmen. Bislang hat sich aber die Geschichtswissenschaft kaum mit den Problemen der Sozialisation und den
Möglichkeiten, Schwierigkeiten und Grenzen einer historischen Sozialisationsforschung auseinandergesetzt. Der Frage nach dem Zusammenhang zwischen den Strukturen des soziokulturellen Systems
und den Prozessen der Persönlichkeitsbildung in der Geschichte gingen selbst und gerade solche historiographischen Genres, die sich,
wie z. B. die Biographik, für diese Fragen ganz besonders interessie-
ren müßten, lange Zeit mit dem Hinweis auf die Unwandelbarkeit der
Natur des Menschen aus dem Weg.[17]

---

[16]   [70] HURRELMANN, S. 9.
[17]   Zu dieser Grundannahme der traditionellen geschichtswissenschaftlichen
       Hermeneutik vgl. z. B. die von [144] DROYSEN, S. 24, vertretene Position,
       daß es nichts gebe, »was den menschlichen Geist bewegt und sinnlichen Aus-
       druck gefunden hat, das nicht verstanden werden könnte«. Zu diesem Pro-
       blem in der Biographieforschung vgl. auch [149] GESTRICH, S. 5 f.

So kam es, daß das Interesse an den historischen Dimensionen von Sozialisationsprozessen zunächst sehr viel stärker von den empirischen Sozial- und Humanwissenschaften ausging als von der Geschichtswissenschaft. In der Soziologie, der Pädagogik, aber auch in der Psychologie bestand ein starker Bedarf an historischer Fundierung der eigenen Forschungen. Der »Prozeß der Zivilisation« des Soziologen Norbert Elias oder das Buch »Metabletica. Über die Wandlung des Menschen« des Psychologen Jan Hendrik van den Berg waren frühe Beispiele einer solchen historischen Orientierung der Nachbardisziplinen.[18] Von der Geschichtswissenschaft wurden diese Kooperationsangebote aber lange Zeit nicht angenommen. Die ältere Biographik war vor allem an bedeutenden historischen Persönlichkeiten und deren politischem Handeln, nicht aber an einer sozialgeschichtlichen Untersuchung der Genese der Persönlichkeitsstrukturen von gewöhnlichen Menschen, Generationen oder sozialen Gruppen interessiert. Die strukturanalytisch orientierte Sozialgeschichte, die sich seit den 1960er Jahren als dominante Strömung der westlichen Geschichtswissenschaft durchsetzte, kehrte sich von den handelnden Individuen ab und hatte aus diesem Grund ebenfalls wenig Interesse an einer historischen Sozialisationsforschung.[19]

In den letzten zwei Jahrzehnten haben sich jedoch durch den Aufstieg der historischen Familienforschung und den Perspektivenwechsel der Geschichtswissenschaft von der Sozial- zur Alltags- und Mikrogeschichte hin verschiedene Annäherungen an die Historische Sozialsationsforschung ergeben. Das Ziel dieses Bandes ist es, den Stand der Forschung zu dokumentieren, in Quellen, Methoden und Hilfsmittel einzuführen und Impulse für weitere historische Forschungen in diesem interdisziplinären Feld zu geben.

---

[18] [252] ELIAS; [236] VAN DEN BERG.
[19] Auf eine kritische Auseinandersetzung mit der psychoanalytischen Sozialisationsforschung ließ sich im Prinzip nur Hans-Ulrich Wehler ein. Vgl. [237] WEHLER; eine erneute und intensivere Auseinandersetzung mit der Sozialisationsforschung jetzt in: [262] WEHLER, u. a. S. 116–141. An sozialisationshistorischen Fragen interessiert ist die stark historisch-anthropologisch ausgerichtete »Sozialgeschichte der Kindheit« von [435] MARTIN/NITSCHKE.

2. Zentrale Begriffe der Sozialisationsforschung

Psychologie, Soziologie, Ethnologie und Pädagogik teilen zwar ein gemeinsames Interesse an Sozialisationsprozessen, sie gehen aber an die damit zusammenhängenden Probleme jeweils mit einer eigenen Fragestellung heran. Dabei entwickelten sie zum Teil auch ein eigenes Vokabular. Ein Überblick über einige zentrale Begriffe kann daher zugleich einen ersten Einblick in grundlegende Positionen und Forschungstraditionen vermitteln:

a) Sozialisation

Der umfassendste Begriff ist der der Sozialisation. Der Soziologe Emile Durkheim wollte damit den Prozeß beschreiben, durch den das bei der Geburt »asoziale« menschliche Wesen zum »sozialen Leben« geführt werde.[20] Das heißt, daß nach dieser Theorie die biologische Ausstattung des Menschen nicht ausreichend ist, um ihm das Leben in der Gesellschaft zu ermöglichen, und daß sich die Entwicklung der menschlichen Persönlichkeit in Auseinandersetzung mit den sozialen und materiellen Lebensbedingungen vollzieht. Der Begriff der Sozialisation impliziert somit ein bestimmtes Bild vom Menschen, das sowohl im Gegensatz zur religiösen Anthropologie steht, die im Menschen vor allem den der Erlösung bedürftigen Sünder sieht,[21] als auch zu den biologistischen Persönlichkeitstheorien des 19. Jahrhunderts, die die vererbten Anlagen über die erworbenen Eigenschaften stellten.[22] In dem Begriff der Sozialisation ist implizit enthalten, daß der Mensch als gesellschaftliches Wesen gedacht wird und die Einflüsse der Gesellschaft auf seine Entwicklung ausschlaggebend sind. Der Begriff der Sozialisation ist verknüpft mit einem modernen Menschenbild, das sich wesentlich unterscheidet von der Selbstbeschreibung der Menschen in früheren Zeiten. Dieser Differenz muß sich eine Historische Sozialisationsforschung stets bewußt sein.

---

[20] [61] DURKHEIM, S. 30.

[21] Zur theologischen Anthropologie vgl. z. B. [273] LOHFF. Die neuere pädagogische Anthropologie kommt allerdings (wie vielfach auch die Theologie), auch wenn sie religiös geprägt ist, ohne den Begriff der Sünde aus. Vgl. dazu z. B. [270] KERSTIENS.

[22] In jüngster Zeit sind durch die enormen Fortschritte der Genforschung biologische Theorien wieder im Vormarsch, sie beziehen aber ebenfalls soziale Aspekte ein und sind weniger deterministisch als die des 19. Jahrhunderts. Vgl. dazu z. B. [63] FILSINGER. Vgl. aber auch die kritische Einschätzung der sogenannten Soziobiologie durch [89] TROOST.

b) Erziehung und Bildung

Die auch umgangssprachlich verwendeten Begriffe Erziehung und Bildung sind in ihrem Gebrauch jeweils enger und spezifischer als der der Sozialisation. Der ältere und gebräuchlichere dieser beiden Termini ist Erziehung.[23] Erziehung bezeichnet umgangssprachlich sowohl den aktiven Prozeß der Erziehungstätigkeit wie auch das Ergebnis dieser Tätigkeit, z. B. die ›gute‹ oder ›schlechte Erziehung‹, die jemand hat. In unserem Zusammenhang interessiert vor allem die aktive Bedeutung des Begriffs. Unter Erziehung in diesem Sinn verstehen wir intentionale Handlungen, die Kindern und Jugendlichen den Übergang in die Selbständigkeit des Erwachsenenalters ermöglichen sollen, indem »handlungssteuernde psychische Dispositionen geschaffen werden, die eine äußere soziale Kontrolle weitgehend überflüssig werden lassen«.[24] Erziehung vollzieht sich also immer in einem Spannungsverhältnis zwischen den Anforderungen der Gesellschaft und den Bedürfnissen und Entwicklungspotentialen des Individuums sowie in Abhängigkeit von Geschlecht, sozialer Lage und Stellung des zu Erziehenden.

Die Erziehungswissenschaft selbst hat seit ihrer Entstehung in der Zeit der Aufklärung diesen Doppelcharakter der Erziehung von Emanzipationshilfe einerseits und ›Sozialtechnologie‹ andererseits gesehen und reflektiert. Einen wichtigen Niederschlag hat diese Reflexion im Begriff der Bildung gefunden.[25] Neben Erziehung setzte sich seit der Mitte des 18. Jahrhunderts im Deutschen die Bildung als zentraler Begriff nicht nur der pädagogischen, sondern auch der politisch-sozialen Sprache durch. Beeinflußt vom Sprachgebrauch des Pietismus (»Herzensbildung«) und vor allem durch den neuhumanistischen Rückgriff auf das Vorbild der Antike (»paideia«, »cultura animi«) zielte der Begriff der Bildung auf die möglichst vollkommene Entfaltung der Anlagen und Kräfte des einzelnen Menschen.

---

[23] Zum Begriff Erziehung vgl. als allgemeinen Überblick [111] GROOTHOFF, S. 72–79; ausführlich: [104] BALLAUF/SCHALLER; [134] TENORTH. Im einzelnen ist die Perspektive der standesspezifischen Erziehung in der frühen Neuzeit v. a. im Bereich der Erziehungstheorie für Humanismus und Pietismus noch zu differenzieren. Vgl. dazu v. a. den Überblick von [126] KÜHLMANN.

[24] [103] AUERNHEIMER, S. 188.

[25] Zum folgenden vgl. [136] VIERHAUS; [131] RAUHUT/ SCHAARSCHMIDT; [110] GROOTHOFF; [106] BLANKERTZ; [121] HEYDORN; [122] HEYDORN; [102] ADORNO; [107] BLANKERTZ; [105] BENNER. Sehr anregend, da nicht nur ideengeschichtlich, [137] WEIL.

Das Konzept der Bildung ist also ein primär philosophisches und politisches. Es setzt die Reflexion über das Wesen und die Bestimmung des Menschen voraus, die seit der Aufklärung, in Abkehr von der bisherigen christlichen Tradition, zunehmend innerweltlich definiert wurden. Indem er sich auf die Seite des Menschen und seiner Entwicklungsmöglichkeiten stellt, enthält der Begriff der Bildung ein kritisches Potential. Er weist auf den Widerspruch zwischen der Autonomie des Individuums und politischer oder sozialer Herrschaft hin. Dadurch steht das Ideal der Bildung in Spannung zu einem stärker funktionalistisch gedachten Begriff der Erziehung.[26]

Bildung ist zugleich ein spezifisch deutscher Begriff. Die Tatsache, daß es in den anderen europäischen Sprachen keinen äquivalenten Ausdruck dafür gibt, deutet auf die großen Unterschiede in den national- und kulturspezifischen Traditionen der Philosophie und Sozialtheorie der Neuzeit hin. Das öffnet der vergleichenden Bildungsgeschichte ein weites Forschungsfeld. Gleichzeitig wird gerade am deutschen Begriff der Bildung besonders deutlich, daß der Gegenstand der Sozialisationsforschung nicht nur die Lebensgeschichte von Individuen oder Gruppen sein kann, sondern daß sie »die Geschichtlichkeit von Kultur und Gesellschaft als menschliche Lebenswelt im Ganzen« immer mit zu umfassen hat.[27]

c) Persönlichkeit

Sozialisationsforschung wurde oben als die wissenschaftliche Untersuchung der verschiedenen Faktoren des Prozesses der Persönlichkeitsbildung definiert. Grundlage jeder Definition von Sozialisation ist daher eine Bestimmung des Begriffs Persönlichkeit, d. h. eine Auseinandersetzung damit, welche Bilder vom sozialisierten Menschen verschiedene Gesellschaften jeweils hervorgebracht haben: standesspezifisch ausgeprägte wie im europäischen Mittelalter und in der Frühen Neuzeit, auf Relationen (Gott – Mensch, Mensch – Ahnen) basierende wie im Judentum, Islam oder auch in afrikanischen und asiatischen Gesellschaften, individualistische wie in modernen Industriegesellschaften oder auf Funktionen wie Krieger, Jäger etc. aus-

---

[26] Das Ideal der Bildung war deshalb auch nicht die zweckgebundene Berufs- oder Standesbildung, sondern »geistige und sittliche Bildung« (W. von Humboldt), die »Kultivierung des Menschen zu seiner individuellen Bestimmung«. [106] BLANKERTZ, S. 66. Vgl. auch [123] VON HUMBOLDT, S. 101 u. 106.

[27] [120] HERRMANN, S. 228.

gerichtete wie in manchen Stammesgesellschaften. Die Darstellung kulturspezifischer Persönlichkeitsbilder berührt sich eng mit dem oben angesprochenen Problem der Bildung, geht aber deutlich über deren stark philosophisch geprägte und auf den deutschen Kontext eingeschränkte Reichweite hinaus. Heute kann es bei der Definition von Persönlichkeit auch nicht nur um die von der jeweiligen gesellschaftlichen Tradition bestimmten Vorstellungen vom Erwachsenen gehen. Praktisch wirksam werden auch die von der Sozialisationsforschung und den angrenzenden Wissenschaften selbst hervorgebrachten Modelle von Persönlichkeit. Denn durch die zunehmende »Verwissenschaftlichung des Sozialen«[28], d. h. durch die immer stärkere Regulierung sozialer Beziehungen durch sogenanntes Expertenwissen, gehören die Sozialwissenschaften heute selbst zu den wichtigsten Produzenten von Leitbildern erwachsenen Verhaltens. Auch diese wissenschaftlichen Konstruktionen müssen in ihrem jeweiligen kultur- und sozialgeschichtlichen Kontext betrachtet werden.[29]

Was in der Sozialisationsforschung als Persönlichkeit gilt, ist außerdem stark abhängig vom jeweiligen wissenschaftstheoretischen Ansatz. Psychoanalytische, soziologische, philosophische oder auch pädagogische Persönlichkeitstheorien unterschieden und unterscheiden sich zum Teil noch immer erheblich. Auch innerhalb der einzelnen Disziplinen führen verschiedene Denkmodelle und Wissenschaftstraditionen oft zu sehr unterschiedlichen Persönlichkeitsdefinitionen. Allerdings hat sich die Sozialisationsforschung in den letzten Jahrzehnten stark darum bemüht, die verschiedenen Disziplinen und Wissenschaftstraditionen zu integrieren. Dies schlug sich in einem zunehmenden Konsens wenigstens über eine formale Definition von Persönlichkeit nieder. So kann mit Klaus Hurrelmann als Persönlichkeit »das einem Menschen spezifische organisierte Gefüge von Merkmalen, Eigenschaften, Einstellungen und Handlungskompetenzen bezeichnet [werden], das sich auf der Grundlage der biologischen Ausstattung als Ergebnis der Bewältigung von Lebensaufgaben jeweils lebensgeschichtlich ergibt«.[30]

---

28 Vgl. [259] RAPHAEL.
29 Verschiedene wissenschaftliche »Modelle vom sozialisierten Menschen« beschreibt [65] GEULEN, S. 41 ff.
30 [70] HURRELMANN, S. 14. Vgl. dazu auch [88] TILLMANN, S. 11 f.

3. Sozialwissenschaftliche Sozialisationstheorien

Alle Gesellschaften entwickeln Formen der Interaktion zwischen den Generationen, von denen sie überzeugt sind, daß durch sie ihr Wissen, ihre Werte, Handlungsformen und Verhaltensweisen effektiv weitergegeben werden können. Diese Überzeugungen gründen auf einem bestimmten Menschenbild, das nicht nur den Inhalt des Weitergegebenen, sondern auch die Formen der Übertragung zu begründen scheint. Diese enge Verbindung zwischen den jeweiligen anthropologischen Grundannahmen und der Sozialisationspraxis bzw. -theorie findet sich bis in die moderne wissenschaftliche Sozialisationsforschung hinein. Auch Historiker lassen sich bei ihren Rekonstruktionen der Vergangenheit von bestimmten Menschenbildern leiten, die sie in der Regel noch weniger reflektieren als die Sozialwissenschaftler. Gerade im Bereich der Historischen Sozialisationsforschung ist jedoch eine kritische Distanz zu den bewußt oder unbewußt angewandten Theorien menschlicher Entwicklung und menschlichen Verhaltens notwendig.

In einem knappen, aber anregenden Überblick über sozialwissenschaftliche Sozialisationstheorien teilt Klaus Hurrelmann diese Theorien in vier große Gruppen ein, die jeweils unterschiedliche Modelle der Beziehung zwischen Mensch und Umwelt und der Entwicklung des Menschen als Grundlage haben. Hurrelmann unterscheidet zwischen einem mechanischen, einem organismischen, einem systemischen und einem interaktiven Modell. Sie sollen im folgenden mit einigen konkreten Beispielen human- und sozialwissenschaftlicher Theoriebildung vorgestellt werden, um aufmerksam zu machen auf verborgene wie auf bewußte, wissenschaftlich ausgearbeitete Sozialisationskonzepte. Manche können auch als Anknüpfungspunkte für die Theoriebildung im Rahmen der Historischen Sozialisationsforschung dienen.[31]

Im *mechanischen Modell* reagiert der Mensch auf Reize und Einflüsse aus der Umwelt. Das Kind ist bei seiner Geburt gewissermaßen »leer«, eine »fast leere Tafel« (table presque rase), wie Durkheim es im Anschluß an die lange philosophische Tradition des sogenannten Empirismus formulierte.[32] Es gibt keine angeborenen Strukturen der

---

[31]   Die folgenden Ausführungen folgen in ihren Grundzügen [70] HURREL-
       MANN, S. 20–23, sind jedoch in allen Teilen um weitere Ausblicke und Hinweise ergänzt.
[32]   Vgl. [62] DURKHEIM, S. 46 f., 173.

Persönlichkeit oder angeborene Ideen. Seine ganzen Eigenschaften und Verhaltensmerkmale empfängt das Kind erst durch Einflüsse von außen. Entwicklung, Verhalten und Persönlichkeitsstruktur des Menschen sind also nicht das Ergebnis genetisch gesteuerter Reifungsprozesse, sondern abhängig von externen Einflüssen und daher im Prinzip auch unbeschränkt veränderbar. Diesem mechanischen Modell folgen vor allem jene Spielarten der Sozialisationsforschung, die sich an der Lerntheorie orientieren. Besonders deutlich ist dies bei Lerntheorien aus dem Umfeld der Konditionierungstheorie und des Behaviourismus. Sie basieren auf mechanistischen Annahmen von Reiz und Reaktion, Information und Informationsspeicherung, Erfahrung und Erfahrungsübertragung.[33] Durch die biologische Forschung (Genforschung, Zwillingsforschung etc.), aber auch durch Ergebnisse der Linguistik (Chomsky) und der Kulturanthropologie wurde der radikale Empirismus des mechanischen Modells weitgehend in Frage gestellt. Das heißt allerdings nicht, daß es gerade in der Praxis historischen Argumentierens wirkungslos geworden wäre. Historiker, die von einer bestimmten Erfahrung direkt auf Handlungsmotive eines Individuums schließen, folgen im Prinzip immer noch diesem Modell.

Sehr viel bedeutsamer als das mechanische Modell war für die Sozialisationsforschung das *organismische Modell*. Unter diesen Ansatz fallen alle Arten von Entwicklungstheorien. Im Gegensatz zur Lerntheorie gehen sie davon aus, daß Prozesse der Reifung und Persönlichkeitsbildung primär durch im menschlichen Organismus liegende interne Wachstumsmechanismen gesteuert werden und nicht durch Einflüsse von außen. Diese innere Entwicklung folgt bestimmten, durch die Natur festgelegten Schritten, die durch von außen kommende Reize nicht beliebig variiert werden können. Durch diese Entwicklungsstufen sind auch einige Grundstrukturen der menschlichen Umweltwahrnehmung determiniert. Zu diesem organismischen Modell zählen die psychoanalytischen Theorien menschlicher Entwicklung, wie sie von Sigmund Freud und seinen Schülern herausgearbeitet wurden. Ihre Grundlage ist die Annahme klar definierbarer Stufen der psychosexuellen Entwicklung des Kleinkindes (orale, anale, genitale Phase), die zu jeweils spezifischen Formen des Austauschs mit der nächsten Umwelt (Eltern, Familie) führen. In ihrer Folge kommt es durch bestimmte psychische Mechanismen (Identifizierung, Über-

---

[33] Zur Lernpsychologie vgl. [64] FOPPA; [90] ULICH.

Ich-Bildung) zur Herausbildung sowohl individueller als auch kulturspezifischer Persönlichkeitsstrukturen.

Freuds im wesentlichen auf das sinnlich-körperliche Erleben des Kleinkindes und den Kontext der Familie abgestellte Theorie wurde vor allem durch Erik H. Erikson erweitert.[34] Auch Erikson geht vom Primat des natürlichen organischen Wachstums aus. Aber dieses gewinnt seine konkrete Gestalt für ihn erst durch die Auseinandersetzung mit der Umwelt und die Lösung der dabei auftretenden Krisen der Ich-Entwicklung. Gewissermaßen zur Kontrolle seiner Theorie bezog Erikson ganz bewußt ethnologisches und historisches Vergleichsmaterial in seine Analysen ein. Diese Offenheit Eriksons und seiner Theorie für die lebensgeschichtliche Bedeutung der jeweiligen kulturellen und historischen Rahmenbedingungen des Heranwachsens machten seine Arbeiten zu einem idealen Ausgangspunkt für die Historische Sozialisationsforschung. Dazu trugen auch seine eigenen historischen Biographien zu Luther und Gandhi bei.[35] Kein anderer Psychoanalytiker übte auf die Historische Sozialisationsforschung einen ähnlich nachhaltigen Einfluß aus wie Erikson.[36]

Eine interessante Verbindung zwischen Entwicklungspsychologie und Lerntheorie stammt von Jean Piaget. Er beschäftigte sich mit der Entwicklung der Intelligenz und der Moral beim heranwachsenden Kind, wobei er unter Intelligenz ein sehr breites Spektrum der Möglichkeiten des Austausches des Individuums mit seiner Umwelt begreift. Es reicht von der »sensomotorischen Intelligenz« des Säuglings bis zur formal-logischen Intelligenz, die sich im Alter von 11 bis 12 Jahren herauszubilden beginnt.[37] Daraus ergibt sich dann eine Abfolge bestimmter Ordnungsschemata, über die das Kind seine Umwelt erfaßt und sich mit ihr auseinandersetzt. Die Umwelt spielt zwar auf allen Stufen der Entwicklung eine grundlegende Rolle, »aber als zu erobernder Gegenstand und nicht als formende Kausalität«.[38] Kritisch gegen diesen einflußreichen Versuch der Verbindung von Entwicklungspsychologie und Lerntheorie wurde eingewandt, daß auch bei Piaget die Entwicklung des Kindes einem vorgegebenen Plan folgt

---

[34] [204] ERIKSON, S. 11.
[35] [202] ERIKSON; [203] ERIKSON.
[36] Von Erikson inspiriert sind z. B. [211] HUNT; [197] DEMOS; [461] SHAHAR; [422] HANAWALT; kritisch: [463] SPIECKER/GROENENDIJK, S. 450–464; [494] GESTRICH, S. 172 ff.; [508] MITTERAUER, S. 15 ff.; [460] SEYFARTH-STUBENRAUCH.
[37] [86] PIAGET/INHELDER.
[38] [87] PIAGET, S. 78.

und die Bedeutung der Qualität der sozialen und materiellen Umwelt für die Entwicklung des Kindes nicht reflektiert wird.[39] In der Historischen Sozialisationsforschung haben im Gegensatz zur Eriksonschen Theorie die Ansätze von Piaget bisher wenig Beachtung gefunden. Eine konsequente Analyse der Überlieferung von kindlichem Verhalten aus seiner Perspektive wäre (mit Einschränkungen) sicher möglich und lohnend.

Unter dem dritten, dem *systemischen Modell* faßt Klaus Hurrelmann in seiner Übersicht die Ansätze zur Sozialisationstheorie zusammen, die im Rahmen der soziologischen Systemtheorie entwickkelt wurden. Der für die Sozialisationsforschung wichtigste Autor dieser Richtung ist Talcott Parsons. Parsons interessierte sich vor allem für die Mechanismen der Erhaltung sozialer Systeme und in diesem Zusammenhang für Sozialisationsprozesse und speziell für die Verinnerlichung gesellschaftlicher Normen. Parsons erklärte diese Verinnerlichungsprozesse durch die Abfolge immer komplexer werdender Rollenbeziehungen, die der Heranwachsende durchlaufen muß. Die sozialen Objekte würden von dem Heranwachsenden »vor allem in ihren Rollenbezügen wahrgenommen. Damit stehen sie nicht als isolierte Personen da, sondern verweisen in ihren Rollen jeweils auf das soziale und kulturelle System, in dem sie stehen. Das Kind gelangt so zu den kulturellen Bedeutungsmustern, die sein Persönlichkeitssystem überhaupt erst konstituieren [...]. Persönlichkeitssystem und soziales System bestehen damit im wesentlichen aus denselben Komponenten«.[40]

Diese Ausrichtung am Systemerhalt brachte Parsons' Theorie insgesamt, speziell aber seiner Sozialisationstheorie, viel Kritik ein, da sie emanzipatorische Perspektiven vernachlässigte. Parsons wies zwar darauf hin, daß die Persönlichkeit immer »ein System mit eigener, individueller Konstitution [...], mit eigenen Zielen und Imperativen innerer Integration, mit eigenen charakteristischen Formen des Verhaltens in Lebenssituation« ist.[41] Er stellte jedoch keine theoretischen Ansätze zur Verfügung, wie dieser Prozeß der Individuation neben dem der Vergesellschaftung erforscht und in sein Gesamtsystem in-

---

[39] Diese Defizite wurden von neueren Arbeiten zur Entwicklungspsychologie gesehen und waren Ansatz zur Weiterentwicklung der Theorie von PIAGET besonders durch [76] KOHLBERG; vgl. dazu auch [70] HURRELMANN, S. 32 ff.

[40] [83] MÜHLBAUER, S. 76; vgl. auch: [70] HURRELMANN, S. 42.

[41] [85] PARSONS.

tegriert werden könnte.[42] Dennoch war Parsons' Theorie der Rollenübernahme ein wichtiger Schritt über die enge Trieb- und Familienfixierung der Freudschen Psychoanalyse hinaus hin auf eine Zusammenführung von Persönlichkeitsentwicklung und Gesellschaftsstruktur. Historische Sozialisationsforschung, die mit dem Rollenkonzept arbeitet (Geschlechtsrollen, Vater- und Mutterrolle etc.), schließt sich an diesen Theoriestrang an und sollte sich der Stärken wie der Schwächen des strukturfunktionalistischen Gesellschaftsmodells bewußt sein.

Dem *interaktiven Modell* der Sozialisationsforschung sind schließlich vor allem die Ansätze der soziologischen Handlungstheorie verpflichtet. Die Handlungstheorie geht auf Arbeiten des amerikanischen Soziologen George Herbert Mead aus den 1920er Jahren zurück. Vor allem mit seinem posthum veröffentlichten Buch »Mind, self, and society« von 1934 wurde Mead zum Begründer der in der Soziologie einflußreichen Richtung des symbolischen Interaktionismus.[43] Bereits Talcott Parsons hatte im Rahmen seiner Rollentheorie auf die Arbeiten von Mead zurückgegriffen. In den letzten Jahren wurde er vor allem von Jürgen Habermas rezipiert und auch unter Aspekten der Sozialisationstheorie weiter entwickelt.

Handlungstheorien grenzen sich von Lerntheorien dadurch ab, daß für sie nicht menschliches Verhalten im Sinne von Reizreaktionen interessant ist, sondern Handeln als menschliche Tätigkeit, die subjektiven Intentionen folgt und damit sinnhaft ist. Sozialisation ist daher im handlungstheoretischen Kontext immer die produktive Auseinandersetzung des Individuums mit seiner Umwelt, in die von Anfang an eigene Motivationen und Erwartungen eingehen.[44] Sie setzen eine gewissermaßen naturwüchsige Autonomie des Subjekts voraus, die sich deutlich von den Auffassungen der Theorie des mechanischen und organismischen Modells abhebt. Das Kind ist nach Mead von Anfang an in der Lage, die auf gemeinsame soziale Objekte bezogenen Realitäten eines »signifikanten Anderen« einzunehmen. Dieser

---

[42]   Vgl. ebd., S. 378: »In diesem Sinne beginnt jedes menschliche Wesen mit einer vorgegebenen (askriptiven) Herkunft, von deren Fixierung es sich nur auf dem Wege strukturierter Chancen [...] und durch die Ansprüche seiner eigenen Persönlichkeiten befreien kann.«

[43]   [82] MEAD.

[44]   Handlungen liegt somit eine bewußte oder unbewußte Wahl, die Option für eine bestimmte Handlung zugrunde. Verschiedene Handlungstheorien unterscheiden sich daher auch nach den Annahmen über die Form des Wahlurteils (rationale, normative Handlungstheorien).

Perspektivenwechsel macht es möglich, die eigenen Handlungen als Reize für die Umgebung zu reflektieren. Das ist nach Mead eine Grundvoraussetzung für die Herausbildung von Ich-Identität.

An dieser Vorstellung von der Autonomie des Individuums setzt die Kritik von Jürgen Habermas ein. Habermas wirft der Meadschen Gesellschafts- und Sozialisationstheorie einen »ethischen Formalismus« sowie einen gesellschaftsgeschichtlichen »Idealismus« vor.[45] Bei seiner Fixierung auf die im Lauf der kindlichen Entwicklung zunehmende Bedeutung der Kommunikation für die Begründung und Übernahme von Normen übergehe Mead das Problem, daß bestimmte Bereiche unserer Lebensführung unserer kritischen Reflexion entzogen seien. »Dieses erklärt sich wiederum daraus, daß der Einzelne gegenüber seiner Herkunftsgeschichte keine hypothetische Einstellung einnehmen, daß er seine Biographie nicht in derselben Weise verneinen oder bejahen kann wie eine Norm, deren Geltungsanspruch zur Diskussion steht.« Der Idealismus des Meadschen Ansatzes ergebe sich daraus, daß Mead nicht sehe, daß die »Reproduktionszwänge des Gesellschaftssystems, [...] durch die Handlungsorientierungen der vergesellschafteten Individuen hindurch greifen«.[46] Gesellschaftliche Integration – auch der nachwachsenden Generationen – vollziehe sich nicht nur über Kommunikation, sondern auch über die anonymen Prozesse der Systemintegration des Marktes etc.

In seiner »Theorie des kommunikativen Handelns« versucht Habermas, diesen »Formalismus« und »Idealismus« Meads zu überwinden. Er verbindet dazu den Ansatz Meads mit einer Theorie der sozialstrukturellen Entwicklung der westlichen Gesellschaften. Dabei macht er einerseits den Wandel der Systemzwänge deutlich, in die Individuen eingebunden sind, andererseits zeigt er die gesellschaftlichen Bereiche auf, die über kommunikatives Handeln im Sinne von Mead integriert werden. Dazu gehören nach Habermas vor allem die familialen Lebenswelten.

An den handlungstheoretisch orientierten Sozialisationskonzepten des »interaktiven Modells« wird deutlich, daß die moderne Sozialisationsforschung sehr stark auf eine Integration der unterschiedlichen Ansätze ausgerichtet ist, wobei rein mechanistische Vorstellungen

---

[45]   [68] HABERMAS, Bd. 2, S. 165 f. u. 168 f.
[46]   [68] HABERMAS, Bd. 2, S. 169. Manche Mead-Interpreten halten diese Kritik allerdings für nicht gerechtfertigt. Vgl. u. a. [73] JOAS, S. 18 f. Zur Sozialisationstheorie Meads vgl. auch [77] KRAPPMANN.

allerdings eine immer geringere Rolle spielen. Die Bedeutung des Individuums und seiner produktiven Leistung im Sozialisationsprozeß wird ebensowenig bezweifelt wie die Tatsache, daß es spezifische Stufen der kindlichen Entwicklung gibt, die nicht ohne weiteres durch die Umwelt außer Kraft gesetzt werden können und daher auch von soziologischen Sozialisationstheorien berücksichtigt werden müssen. Dabei ist allerdings davon auszugehen, daß diese Entwicklungsstadien historisch und kulturell eine gewisse Flexibilität aufweisen und vor allem in ihrer jeweiligen lebensgeschichtlichen Bedeutung von der Qualität der zu verarbeitenden Umwelt abhängig sind. In diesem Sinne betont Hurrelmann, daß die Sozialisationsforschung das Individuum nur dann adäquat verstehen kann, wenn es »in einen sozialen und gegenständlichen Kontext« hineingestellt und dabei herausgearbeitet wird, »welchen Gestaltungsspielraum für subjektive Deutungen, Handlungen und Entwicklungen es objektiv hat und welchen es ausschöpft«.[47]

4. Historische Sozialisationsforschung und Geschichtswissenschaft

Sozialisationsforschung untersucht aus den jeweiligen fachspezifischen Perspektiven die unterschiedlichen Dimensionen (Enkulturation, Individuation, Personalisation, Wandlung der Erwartungshaltung) individueller und gruppen- bzw. generationsspezifischer Prozesse der Persönlichkeitsbildung. Die primäre Aufgabe der Historischen Sozialisationsforschung besteht in der Untersuchung der historischen Ausprägung dieser Prozesse, also in der Analyse der »geschichtlich-gesellschaftliche[n] Genese und Bestimmtheit von Bewußtseins-, Erlebnis- und Handlungsstrukturen« von Individuen und Gruppen.[48]

Darauf aufbauend lassen sich mit Herrmann drei weitere, auch für die Geschichtswissenschaft relevante Aufgaben und Ziele der Historischen Sozialisationsforschung formulieren. Historische Sozialisationsforschung trägt dazu bei, sozialen und kulturellen Wandel bzw. auch das Maß der Konstanz sozialer Systeme in ihrer »Vermittlung durch individuelle bzw. kollektive Identitätsbildungs- und bzw. *als* Vergesellschaftungsprozesse verstehbar werden zu lassen«.[49] Sie muß

[47] [70] HURRELMANN, S. 86.
[48] [116] HERRMANN, S. 88.
[49] [116] HERRMANN, S. 89.

Selbstdeutungen von Individuen vor dem Hintergrund zeitgenössischer und aktueller Theorien über Sozialisationsprozesse, aber auch diese Theorien selbst kritisch auf ihren Realitätsgehalt hinterfragen. Sie sollte überprüfen, ob die theoretischen Annahmen der Sozialisationsforschung über die Bedeutung bestimmter erzieherischer Maßnahmen und die »Langzeitwirkung von Sozialisationserfahrungen« für die Persönlichkeitsentwicklung sich an historischen Lebensläufen verifizieren läßt.[50]

Diese Funktionsbestimmungen der Historischen Sozialisationsforschung sind primär auf die Erziehungswissenschaften ausgerichtet. Sie bieten aber auch einer geschichtswissenschaftlich orientierten Sozialisationsforschung wichtige Anhaltspunkte. Sie sollen im folgenden aufgezeigt, zugleich aber auch kritisch auf ihre Realisierbarkeit befragt werden.

Bei dem Hauptziel der Sozialisationsforschung, der Analyse der »geschichtlich-gesellschaftliche[n] Genese und Bestimmtheit von Bewußtseins-, Erlebnis- und Handlungsstrukturen«, kann es sich kaum oder nur selten um genetisch-kausale Erklärungen im strengen Sinne handeln, sondern nur um Plausibilitätskonstruktionen. Mit kausalen Erklärungen hat schon die empirisch-sozialwissenschaftliche Sozialisationsforschung große Schwierigkeiten.[51] Der Historischen Sozialisationsforschung bleibt wegen der immer fragmentarischen Quellenüberlieferung eine Gesamtschau auf die Faktoren der Persönlichkeitsbildung in aller Regel verschlossen. Dies gilt ganz besonders dann, wenn man sich unter sozialisationshistorischen Fragestellungen nicht nur herausragenden Persönlichkeiten mit gut dokumentierten Lebensläufen zuwendet, sondern die Zusammenhänge zwischen Umwelt und Persönlichkeitsentwicklung »gewöhnlicher« Menschen erforschen möchte. Hier bleibt die sozialisationsgeschichtliche Analyse notwendig Stückwerk.

Um die historische Reichweite der empirischen Sozialisationstheorien zu testen, reichen dagegen oft schon äußerliche Befunde, die sich

---

50 [116] HERRMANN, S. 89. Herrmann fügt ebd., S. 90, aus speziell pädagogischer Perspektive noch eine weitere, »pragmatische Dimension« für die Erziehungswissenschaft hinzu.

51 Vgl. die Feststellung von [92] WALTER, Bd. I, S. 42, »daß man noch weit von einer, den Einfluß verschiedenster Sozialisationsagenturen umgreifenden und zusammenschauenden Sozialisationstheorie entfernt ist«. Inzwischen hat sich zwar vor allem auf dem Feld der synthetisierenden Theoriebildung einiges getan, allerdings mußte dieser Synthesefortschritt in der Regel mit einem hohen Abstraktionsniveau der Theoriebildung erkauft werden.

auch aus solch fragmentarischem Material gewinnen lassen. Findet sich in verschiedenen Gesellschaften z. B. kein auffälliges Verhalten von Jugendlichen, kann man auch kaum von einer Universalität von Adoleszenzkrisen ausgehen.

Besonders relevant für die Geschichtswissenschaft ist die Historische Sozialisationsforschung im Rahmen aller Überlegungen und Forschungen zur Beschreibung und Erklärung von sozialem Wandel. Dieses Gebiet war lange Zeit dominiert von Theorien, die vor allem den objektiven ökonomischen, politischen oder sozialen Faktoren Rechnung trugen. Historische Sozialisationsforschung trägt dazu gewissermaßen den »subjektiven Faktor« individueller und vor allem generationsspezifischer Vergesellschaftungsprozesse bei. Historische Sozialisationsforschung läßt sich deshalb an unterschiedliche Forschungszweige und Methodenprobleme speziell der modernen Sozial-, Kultur- und Alltagsgeschichte anschließen. Sie kann von deren Arbeiten profitieren und umgekehrt auch zur Vertiefung und Verbindung mancher Teilaspekte beitragen.

Eine besonders enge Verbindung besteht zu den Fragestellungen der Mentalitätengeschichte.[52] Auch wenn die verschiedenen Schulen der modernen Sozialgeschichte keine einheitliche Definition des Begriffs der Mentalität hervorgebracht haben, so wird aus ihren Arbeiten doch deutlich, daß sie unter Mentalitäten – in Abgrenzung von Ideen – die vorbewußten Strukturen unseres Wahrnehmens, Denkens und Handelns verstehen. Es sind »historisch und sozial determinierte Dispositionen des Bewußtseins ..., die das Spektrum der in einer gegebenen Situation möglichen Auffassungs- und Handlungsweisen einschränken«.[53] Die Mentalitätengeschichte weist also darauf hin, daß das Denken, Fühlen und Handeln der Menschen nicht völlig frei, sondern durch kulturelle Wahrnehmungsmuster geprägt ist, daß diese Grundstrukturen wandelbar sind und daß das Verständnis der Menschen vergangener Zeiten und Kulturen deshalb die Einsicht in ihre »kollektiven mentalen Ressourcen«[54] voraussetzt.[55]

Historische Sozialisationsforschung greift diese Einsicht in die Geschichtlichkeit grundlegender Wahrnehmungs-, Denk- und Ver-

---

[52] Zur Mentalitätengeschichte vgl. vor allem [249] SELLIN sowie [240] CHARTIER; [241] DUBY; [245] HUTTON; [246] LE GOFF; [247] RAULFF; [250] SELLIN.

[53] [250] SELLIN, S. 103.

[54] [212] HUTTON, S. 146.

[55] Im Unterschied dazu nimmt die Historische Verhaltensforschung, die einen

haltensmuster einer Kultur auf und fragt zusätzlich nach den »Agenturen«, die dieses Grundwissen vermitteln, und nach den Mechanismen, über die es im Individuum verankert wird. Dabei unterscheidet die Sozialisationsforschung gewöhnlich zwischen primärer und sekundärer Sozialisation, d. h. zwischen der Sozialisation in der Familie und derjenigen in außerfamilialen Instanzen wie Schule oder Jugendgruppe. Unter dem Stichwort »lebenslanges Lernen« kommen zudem auch Sozialisationsprozesse im Erwachsenenalter immer stärker ins Blickfeld der Forschung.

Bei der Frage nach den Sozialisationsagenturen ist die Historische Sozialisationsforschung eng mit dem in den letzten Jahren stark angewachsenen Forschungsbereich der Sozialgeschichte von Kindheit, Jugend und Familie sowie mit der Schulgeschichte verknüpft. Die Sozialgeschichte der Familie war eine der großen geschichtswissenschaftlichen ›Wachstumsbranchen‹ der letzten Jahrzehnte. Allerdings war sie in starkem Ausmaß von der Historischen Demographie und den Fragen nach dem Wandel der quantitativen Zusammensetzung von Familien bzw. Haushalten bestimmt. Die Historische Sozialisationsforschung ist dagegen besonders an der lebensgeschichtlichen Bedeutung dieser Strukturen interessiert, setzt sich also im wesentlichen mit der qualitativen Geschichte von Kindheit, Jugend und Familie auseinander. Die Zahl der Arbeiten hierzu ist noch vergleichsweise gering. Das ist kein Zufall, denn hier liegen besondere Schwierigkeiten. Die Analyse der lebensgeschichtlichen Bedeutung von Sozialisationserfahrungen erfordert eine theoretisch fundierte Auseinandersetzung mit psychischen Prozessen wie Prägung, Internalisierung, Traumatisierung etc. am meist fragmentarischen historischen Quellenmaterial. Trotz dieser Schwierigkeiten können die spezifischen Theorien und Fragestellungen der Sozialisationsforschung der Sozialgeschichte der Familie neue Impulse geben und Horizonte öffnen. Die Tendenz der Familiengeschichte geht in der jüngsten Zeit verstärkt in diese Richtung einer Historischen Sozialisationsforschung.[56]

Die Schulgeschichte war lange im wesentlichen entweder die Geschichte der Schulorganisation oder die Geschichte der Lehrinhalte,

---

spezifischen Wahrnehmungsbegriff verwendet (s. o. S. 15 f.) an, daß die Wirklichkeit verschiedene Aspekte hat, so daß die Menschen bereits von ihrer Geburt an sich durch Interaktionen einen dieser Aspekte erschließen.

[56] Vgl. z. B. [408] BUDDE; [435] MARTIN/NITSCHKE; [457] SCHLUMBOHM; [458] SCHLUMBOHM; [462] SIEDER. Aus pädagogischer Sicht vgl. z. B. den Sammelband von [404] BEHNKEN oder [441] MUTSCHLER.

ganz selten aber eine Geschichte der Kinder und Jugendlichen, die Schule erlebten oder erlitten, sich aber auf jeden Fall tagtäglich damit auseinanderzusetzen hatten.[57] In ähnlicher Weise beschreiben auch andere Studien zur Sozialgeschichte der Jugend eher die äußeren Lebensumstände der Jugendlichen, ihre Organisationsformen und ihr Verhalten, als die lebensgeschichtliche Bedeutung von Erfahrungen in peergroups und anderen altershomogenen Organisationen.[58] Um die Geschichte sozialisationsrelevanter Institutionen wie der Schule oder den peer groups im Sinne einer Historischen Sozialisationsforschung zu erweitern, ist es notwendig, daß die Sozialgeschichte verstärkt das einschlägige (auto-)biographische Quellenmaterial erschließt und die verschiedenen sozialwissenschaftlichen Theorien zur schulischen Sozialisation hieran kritisch erprobt.[59]

Ein klassisches Feld für die Historische Sozialisationsforschung war und ist natürlich auch die historische Biographik im engeren Sinne. Vor allem Psychoanalytiker und psychoanalytisch orientierte Historiker haben sich auf diesem Gebiet immer wieder versucht. Besonders einflußreich wurden die Studien Erik H. Eriksons über Luther und Gandhi.[60] Daneben wurden aber auch Goethe[61], Michelet[62], Max Weber[63], Friedrich Wilhelm I. und III. von Preußen[64], Bismarck[65] und Hitler[66] sowie etliche andere herausragende Personen Gegenstand psychohistorisch orientierter Biographien. Es ist eine zwar immer umstrittene, aber dennoch fruchtbare Leistung solcher Biographien, an gut dokumentierten Lebensläufen die Plausibilität oder mangelnde Adäquatheit psychoanalytischer Erklärungsansätze zu überprüfen.[67]

---

57 Noch immer ist [487] ELKAR eine der wenigen sozialisationshistorisch orientierten Versuche einer Sozialgeschichte der Schule.

58 Ansätze einer sozialisationshistorischen Jugendforschung bei [494] GESTRICH; zur Entwicklung des theoretischen Hintergrunds der Sozialisation in der Gleichaltrigengruppe vgl. v. a. den Überblick von [78] KRAPPMANN.

59 Vgl. bisher v. a. [50] RUTSCHKY und [52] RUTSCHKY.

60 [202] ERIKSON; [203] ERIKSON.

61 [200] EISSLER.

62 [222] MITZMAN.

63 [223] MITZMAN.

64 [231] SPILLMANN/SPILLMANN; [232] STAMM-KUHLMANN.

65 [228] PFLANZE.

66 Vgl. von vielen Versuchen v. a. [190] BINION.

67 Zur Auseinandersetzung der Geschichtswissenschaft mit der Psychoanalyse und der psychoanalytisch orientierten Biographik vgl. allgemein [237] WEHLER; zur historischen Kritik an der Psychoanalyse allgemein auch [235] STRAUB.

Inzwischen hat sich aber sowohl die psychoanalytische Forschung als auch die Psychohistorie von der ausschließlichen Fixierung auf die Individualanalyse und die frühkindliche Sozialisation gelöst. Psychoanalytisch geschulte Historiker wie Peter Gay haben sich der Kulturgeschichte zugewandt,[68] und auch historisch und ethnologisch orientierte Psychoanalytiker beschäftigen sich sehr viel mehr mit kollektiven Akteuren, mit Gruppenerfahrungen, kollektiven Traumatisierungen und Identitäten, mit gesellschaftlichen Sinnbildungsprozessen und kulturellen Ausprägungen von Persönlichkeit.[69] Dadurch eröffnet sich eine breitere Möglichkeit der Zusammenarbeit mit der Sozialgeschichte, vor allem aber der Mentalitätsgeschichte und der Historischen Sozialisationsforschung. Historische Sozialisationsforschung kann dazu beitragen, die Grundlagen der Psychoanalyse selbst zu historisieren, d. h. ihre zeitliche und kulturelle Gebundenheit an die europäische bürgerliche Gesellschaft der Neuzeit zu erkennen und für andere Zeiten andere, adäquatere Modelle der Persönlichkeitsentwicklung zu entwerfen. Die neueren Ansätze in der Psychoanalyse bieten dafür durchaus Ansatzpunkte.

Auf diese Weise kann die Historische Sozialisationsforschung auch einen entscheidenden Beitrag zu dem umfassenden Projekt einer Historischen Anthropologie leisten. Denn Historische Anthropologie fragt nicht nach ›dem‹ Menschen als unwandelbarem Wesen, sondern nach dem Menschenmöglichen im doppelten Sinn des Wortes, also nach den Formen der Wahrnehmung, des Denkens und Verhaltens, die Menschen in einer spezifischen Kultur jeweils möglich sind. Sie tut dies jedoch vor dem Hintergrund des historischen und ethnologischen Wissens all dessen, was Menschen außerhalb dieser Kultur noch möglich war oder ist.[70] Es geht der Historischen Anthropologie also nicht darum, auf einen natürlichen und unwandelbaren Kern des Menschen zu stoßen, sondern, wie es Oskar Köhler formuliert hat, »Beständigkeit selbst als geschichtliche Leistung« zu begreifen – »welche Leistung jedoch nur im Wandel erbracht werden kann«.[71]

---

68   [207] GAY; [208] GAY.
69   Vgl. dazu z. B. die Sammlung der Beiträge in [230] RÜSEN/STRAUB.
70   Vgl. dazu [272] LENZEN, S. 32 f. Historische Anthropologie hat, darauf weist Lenzen ausdrücklich hin, natürlich auch die Historizität der eigenen Fragestellung mit in die Reflexion einzubeziehen.
71   [271] KÖHLER, Versuch einer »historischen Anthropologie«, in: Saeculum 25 (1974), S. 142. Vgl. dazu auch [272] LENZEN, S. 33.

Beständigkeit und Wandel bzw. Beständigkeit durch Wandel vollzieht sich über die Sozialisation von Individuen in Gruppen oder Generationen. Wenn man Gesellschaftsstrukturen als dauerhafte Formen der Interaktion definiert, kann man sagen, daß die Historische Sozialisationsforschung die Genese sozialer Strukturen analysiert, indem sie darlegt, wie die Formen des Denkens, Erlebens, Wahrnehmens und Handelns im Ablöseprozeß der Generationen reproduziert oder verändert wurden. Historische Sozialisationsforschung trägt also wesentlich zur Erklärung von Stabilität und Wandel von Gesellschaften bei.[72]

[72] Auf diese Bedeutung der Historischen Sozialisationsforschung hat jüngst auch Hans-Ulrich Wehler hingewiesen und ihr damit einen ganz wichtigen Mittlerplatz zwischen Kulturgeschichte und Gesellschaftsgeschichte eingeräumt. »Historische Sozialisationsforschung«, schreibt Wehler, »läuft unstreitig auf eine Fusion von Sozialgeschichte und Kulturgeschichte hinaus«. [262] WEHLER, S. 128.

II. Verschiedene Ansätze in der Historischen Sozialisationsforschung und ihre Methoden

Die Geschichtswissenschaft hat sich in verschiedenen eigenständigen Zusammenhängen mit Themen beschäftigt, die für eine historische Sozialisationsforschung relevant sind. Daneben gibt es etablierte interdisziplinäre Forschungsfelder wie die Psychohistorie, die Historische Anthropologie oder die Geschlechtergeschichte, die sich mit zentralen Fragestellungen der Sozialisationsforschung auseinandersetzen. Sie sollen im folgenden ebenso dargestellt werden wie relevante Forschungsgebiete in Nachbarwissenschaften, so z. B. die ethnologische Culture and Personality-Forschung oder die soziologische Lebenslaufforschung. Dabei stehen zunächst Fragestellungen, Quellen und vor allem Methoden im Vordergrund. Erst im nächsten Abschnitt werden unter einer anderen Systematik die Ergebnisse zusammengefaßt. Gewisse Überschneidungen der beiden Teile sind jedoch nicht zu vermeiden.

1. Sozialgeschichte von Kindheit, Jugend und Familie

Die Sozialgeschichte von Kindheit, Jugend und Familie verfügt über unterschiedliche Methoden. Je nach Gegenstand und Quellen stehen quantitative Verfahren neben traditionellen hermeneutischen Text- und Bildinterpretationen. Außerdem kommen strukturalistisch orientierte Quellenanalysen zu wichtigen Ergebnissen. Alle Methoden haben ihre Berechtigung und Bedeutung für die geschichtswissenschaftliche Erschließung des Wandels der Familie und der familialen Sozialisationsbedingungen und -prozesse. Jeweils auf ihre Weise tragen sie auch dazu bei, sozialwissenschaftliche Theoriebildung im Bereich der Sozialisationsforschung auf ihre historische Reichweite zu überprüfen.

a) Historische Demographie

Die zentrale Methode der sozialhistorischen Familienforschung war und ist noch immer die Historische Demographie. Auf der Grundlage von Kirchenbüchern, Zensuslisten, Seelentabellen und anderen einschlägigen Quellen kann sie die Veränderungen der Grundstrukturen von Kernfamilie, Haushalt und Lebenslauf rekonstruieren. Dabei kennt die Historische Demographie zwei unterschiedliche Methoden:[1]

Die erste ist die sogenannte *aggregative Methode*. Sie beruht auf der rein numerischen Addition von Angaben in diesen Registern. Man stellt also z. B. die Zahl der jährlichen Geburten pro tausend Einwohner fest oder ermittelt aus der Zahl der Eheschließungen und den Angaben über das Alter der Ehepartner die Verschiebungen im durchschnittlichen Heiratsalter im Laufe der Zeit. In ähnlicher Weise lassen sich durch die aggregative Methode die durchschnittliche Lebenserwartung errechnen oder Angaben über die Kindersterblichkeit machen.

Noch tiefer als über die aggregative Methode dringt man in das Aussagepotential der Kirchenbücher ein, wenn man sie nach den Grundsätzen der sogenannten *Familienrekonstitutionsmethode* analysiert.[2] Diese von dem französischen Demographen Louis Henry entwickelte Methode basiert auf der Zusammenführung der verschiedenen Eintragungen in Kirchen- bzw. Standesamtsregistern über Geburt, Hochzeit und Tod auf der Basis einzelner Familien. Das heißt, es werden alle eine Familie betreffende Angaben in ein sogenanntes Familienblatt eingetragen. Dadurch erhält man einen raschen Überblick über die Grunddaten aller Familienangehörigen.

Die Familienrekonstitutionsmethode hat den Vorteil, daß sie nicht nur Angaben über durchschnittliche Werte erlaubt, sondern einen Einblick in die Strukturen der biologischen Reproduktion der einzelnen Familie bietet. So läßt sich über die Familienrekonstitutionsmethode zunächst die Größe der Kernfamilie, also der Eltern-Kind-Einheit, zu jedem Zeitpunkt im Lebens- bzw. Familienzyklus angeben. Man kann sicher annehmen, daß die Zahl der Geschwister und die Anwesenheit von Großeltern im Haushalt wichtige Faktoren der kindlichen Sozialisation sind. Über die Familienrekonstitutionsmethode kann man den Wandel dieser Bedingungen sehr präzise erfassen.

[1] Noch immer die beste Einführung in grundsätzliche Fragestellungen und Methoden der Historischen Demographie aus familiengeschichtlicher Sicht ist [354] IMHOF; anwendungsorientiert für EDV-Einsatz [332] BECKER. Einen guten Überblick über die Probleme und Ergebnisse der historisch-demographischen Forschung am Beispiel der Bevölkerungsgeschichte Deutschlands in der Frühen Neuzeit gibt [376] PFISTER.

[2] Vgl. dazu [354] IMHOF, S. 97 ff.; [332]. Vgl. auch Quellenanhang, Quelle 22 u. 23.

Darüber hinaus erlaubt die Rekonstitutionsmethode Einblick in Einstellungen der Eltern zu Kindern. Über die Abstände zwischen den Geburten, die sogenannten intergenetischen Intervalle, kann man Schlüsse daraus ziehen, ob bzw. seit wann von Eltern regelmäßig Geburtenkontrolle betrieben wurde. Abstände von drei und mehr Jahren zwischen den einzelnen Kindern deuten ebenso auf einen Einsatz von empfängnisverhütenden Maßnahmen hin wie ein völliges Abbrechen der Geburten lange vor dem Ende der fruchtbaren Lebensphase einer Frau. Die bewußte Begrenzung der Zahl der Kinder ist zugleich ein Indikator für ein verändertes Verhältnis zu den Kindern, die nun in der Regel »Wunschkinder« sind.

In vorindustrieller Zeit läßt sich über die Regelmäßigkeit des Geburtenabstands außerdem feststellen, ob die Kinder gestillt wurden oder nicht. Da das Stillen einer Frau für eine gewisse Zeit einen Empfängnisschutz verleiht, deuten regelmäßige Abstände von 2 bis 2 ½ Jahren darauf hin, daß eine Mutter ihr Kind stillte. Starb ein Kind bald nach der Geburt, setzte die Frau damit auch mit dem Stillen aus. Dann kam das nächste Kind in aller Regel nach weniger als zwei Jahren zur Welt.[3] Auch hier bietet die Historische Demographie einen ersten und vor allem im Prinzip für die gesamte Bevölkerung einer Gemeinde erhebbaren Einblick in grundlegende Praktiken des elterlichen Umgangs mit den Säuglingen und Kleinkindern, die aus anderen Quellen in dieser Breite nicht erschließbar sind.

Ein weiterer über Kirchenbücher und ähnliche Quellen erfaßbarer Aspekt der elterlichen Einstellung zu Kindern ist schließlich auch die Namensgebung. Die Frage, nach wem Kinder benannt werden, z. B. Ahnen, Heilige oder heute auch Schauspieler oder Fußballstars, lassen bestimmte Familienkonzepte der Eltern, aber auch Bezüge erkennen, in die Eltern ihre Kinder hineinstellen.[4]

Historisch-demographische Forschungen lassen sich mit dieser Präzision natürlich erst für die Zeiten durchführen, für die es Personenstandsregister gibt. Diese sind vereinzelt schon für das 16. Jahrhundert erhalten, setzen mit einer gewissen Regelmäßigkeit aber erst im 17. Jahrhundert ein. Ähnliche Untersuchungen über Familiengrößen, Lebenserwartung oder Heiratsalter lassen sich für frühere Zeiten daher nur mit sehr viel größeren Schwierigkeiten erreichen. Im Bereich der Alten Geschichte ist dies vor allem über Inschriften auf Grab-

---

[3] Methodisch vorbildliche Analyse bei [356] KASCHUBA/LIPP, S. 551 ff.
[4] Vgl. dazu grundlegend [370] MITTERAUER.

mälern versucht worden. Diese Methode ist aber nicht unproblematisch, auf jeden Fall mit sehr hohen Fehlerquellen behaftet.[5] Für das Mittelalter lassen sich Angaben über Kinderzahl etc. am besten für adlige Familien machen, aber auch für gewöhnliche Familien liegen inzwischen Untersuchungen vor.

Insgesamt ist das Quellenmaterial der Historischen Demographie regional sehr unterschiedlich gut überliefert. Für italienische oder niederländische Städte sind zum Teil schon für das 15. Jahrhundert eingehende demographische Untersuchungen möglich,[6] in vielen deutschen Gemeinden setzt eine kontinuierliche Überlieferung erst nach dem Dreißigjährigen Krieg ein. Für viele deutsche Gemeinden wurden jedoch die Angaben der verschiedenen Kirchenbücher (Tauf-, Hochzeits- und Sterberegister) in der Zeit des Nationalsozialismus zu sogenannten Ortssippenbüchern zusammengestellt. Dies ist ungeachtet des weltanschaulichen Hintergrunds der NS-Ahnenforschung für die Historische Demographie eine außerordentlich wertvolle Vorarbeit. Sie wird auch in neuerer Zeit von Genealogen fortgesetzt.[7]

b) Analyse materieller Überreste: Häuser, Spielzeug, Kleider

Wichtige Aufschlüsse über den Wandel der Rahmenbedingungen des Aufwachsens von Kindern ergeben sich aus der Untersuchung der materiellen Überreste ihrer Lebenswelt. Speziell für die Zeiten, aus denen nur wenig einschlägige schriftliche Quellen überliefert sind, spielen die von der Archäologie bereitgestellten Zeugnisse vergangener Kinderkultur eine wichtige Rolle. Aber auch für die Neuzeit ergeben sich aus dem Wandel der materiellen Umwelt der Kinder wichtige Aufschlüsse über die Gestaltung von Sozialisationsmilieus.

Ein wichtiger Bereich dieser Forschungen gilt der Entwicklung der Wohnverhältnisse. Man kann Haus- und Wohnungsgrundrisse als Quellen heranziehen, wenn es um die Frage des Verhältnisses zwischen Privatheit und Öffentlichkeit der Familie sowie um die Zuord-

---

[5] Methodisch besonders interessant durch die Kombination von literarischen, archäologischen und epigraphischen Quellen [399] WALLACE-HADRILL; sonst zur Demographie der römischen Familie z. B. [383] SALLER; [390] SHAW.

[6] [349] HERLIHY, S. 138 ff.; vgl. auch [348] HERLIHY/KLAPISCH-ZUBER. Allgemeine Diskussion zur mittelalterlichen Haushalts- und Familiengröße bei [361] KRAUSE, S. 420–432.

[7] Vgl. dazu [354] IMHOF, S. 20 ff.; [358] KNODEL; Quellenanhang, Quelle 23.

nung der im Haushalt vertretenen Gruppen zueinander geht. Aus archäologischen Untersuchungen und aus schriftlichen und bildlichen Überlieferungen läßt sich für die Antike z. B. die Bedeutung der Trennung der Häuser in verschiedene Bereiche feststellen. Im antiken Griechenland waren die Häuser ziemlich klar in Räume für Frauen und Männer aufgeteilt. Letztere stellten den allgemeinen, gewissermaßen öffentlichen Bereich des Hauses dar. Spezielle Räume für Kinder gab es dagegen nicht. In römischen Häusern ist die geschlechtsspezifische Aufteilung des Wohnraums nicht so deutlich. Getrennte Räume für Männer und Frauen, vor allem auch getrennte Schlafräume gab es allenfalls in den römischen Oberschichten. Auch Kinder hatten keine eigenen Räume. Die Archäologen vermuten, daß sie in den Räumen ihrer Betreuer (Ammen, Pädagogen, Sklaven) schliefen. Bildliche Darstellungen römischer Kinder weisen in die gleiche Richtung. Sie zeigen diese immer in Räumen, die auch von Erwachsenen benutzt wurden, vor allem dem Atrium.[8] Die römischen Haushalte waren groß und umfaßten meist Sklaven und Fremde. Ein eigentlicher Privatbereich der Kernfamilie läßt sich nach den Grundrissen in der Regel nicht definitiv ausmachen.

Als eine allgemeine Tendenz westeuropäischer Wohnhäuser in der Neuzeit läßt sich aus der Analyse von Häusergrundrissen, von Umbaumaßnahmen etc. die zunehmende Differenzierung der Wohnraumnutzung feststellen. Das heißt, die Zahl der Räume in den Häusern nimmt zu. Einzelnen Tätigkeiten oder Personengruppen werden jeweils besondere Räume zugewiesen. Ein Beispiel dafür ist die Entstehung von Kinderzimmern. Die Differenzierung ist ein Prozeß, der im städtischen Bürgertum zum Teil schon im ausgehenden Mittelalter anfing, sich im Laufe der letzten 200 Jahre aber auch auf andere soziale Schichten ausbreitete.[9]

Eines der wichtigsten Zeugnisse über vergangene Kindheit bzw. auch für den altersgemäßen Umgang der Erwachsenen mit Kindern scheint die Existenz von Spielzeug zu sein.[10] Spielzeug ist uns wohl

---

[8] Vgl. dazu vor allem [399] WALLACE-HADRILL, S. 225 ff.

[9] Vgl. dazu z. B. für die Antike [323] WALKER; [329] ZOEPFFEL, S. 471 ff., für das Mittelalter z. B. [350] HERLIHY/KLAPISCH-ZUBER; für die neuere Geschichte [288] FLADE; [355] KANACHER.

[10] Hierzu gibt es bereits eine umfangreiche ältere Literatur, aber auch zahlreiche neuere Werke. Vgl. z. B. [451] PLOSS; [472] ZINGERLE; [468] WEBER-KELLERMANN. Speziell zum 15. Jahrhundert sehr instruktiv ist [433] LÖHMER, S. 154 ff. Vgl. außerdem zur anthropologischen Dimension des Spielens [269] HUIZINGA.

aus den meisten Gesellschaften überliefert, von denen wir irgendwelche archäologischen Überreste besitzen. Man findet Spielzeug vor allem als Grabbeigaben von Kindern, aber auch in anderen Grabungskontexten, die Alltagsbereiche erschließen. Kinder werden zudem auf Bildern mit Spielzeug abgebildet,[11] und es gibt seit der Antike immer auch genügend schriftliche Zeugnisse, die Kindsein und Spiel ganz eng verbinden. Allerdings bestehen durchaus bezeichnende Unterschiede zwischen der Häufigkeit von Funden. Aus der Zeit der römischen Republik z. B. ist sehr viel weniger Kinderspielzeug überliefert als aus der Kaiserzeit. Dies ist sicher kein Zufall, denn seit der späten Republik kam es allmählich zu einer auch anhand anderer Quellen zu belegenden Sentimentalisierung von Kindheit, die eine sehr viel höhere Zuwendung der Erwachsenen zu ihren Kindern und zum kindlichen Spiel zur Folge hatte.[12]

Neben dem Kinderspielzeug gibt es aber auch Kinderspiele, die ohne Geräte auskommen.[13] Für ihre Erforschung ist man vor allem auf schriftliche oder mündliche Überlieferungen angewiesen. Dabei kann man darauf achten, ob bzw. bei welchen Spielen und ab welchem Alter Jungen und Mädchen getrennte Spiele spielten,[14] ob Spiele ausschließlich in altershomogenen Gruppen gespielt wurden oder ob auch Erwachsene mit den Kindern spielten. Es scheint immer Spiele gegeben zu haben, die ausschließlich von Kindern gespielt wurden.[15]

Die Art des Spielzeugs und der Spiele geben deshalb nicht nur Aufschluß darüber, wie Erwachsene die Sozialisation ihrer Kinder beeinflussen wollten (z. B. die berühmten Zinnsoldaten des 19. Jahrhunderts), sondern zeigen auch, wie Kinder sich ihre eigene Welt bauten und die Welt der Erwachsenen interpretierten. Nirgendwo

---

[11] [429] KLEIN. Vgl. auch Quellenanhang, Quellen 15–18.

[12] Vgl. z. B. [412] EVANS, S. 171; [434] MANSON, S. 155 f.; [339] DIXON, S. 104 ff.

[13] Vgl. dazu mit ausführlicher Bibliographie zum Kinderspiel insgesamt [574] RÜSSEL.

[14] Vgl. z. B. die Analyse von Jungen- und Mädchenspielen in [408] BUDDE, S. 199 ff. (Jungenspiele), 223 f. (Mädchenspiele), 203 f. (gemeinsame Spiele). Die Geschlechtsspezifik gilt natürlich auch für den Besitz von Spielzeug.

[15] Wenn [401] ARIÈS, S. 133, schreibt, daß man im Ancien régime »noch nicht so rigoros wie heute zwischen den Spielen für Kinder und solchen für Erwachsene« unterschieden habe, so übersieht er, daß Kinder immer auch ihre eigenen Spiele entwickeln und sie in altershomogenen Gruppen, also ohne Erwachsene, spielen wollen.

sonst ist die produktive Auseinandersetzung der Kinder mit ihrer Umwelt so deutlich erfahrbar wie in den Rollenspielen der Kinder. Auch sie sind schon für die Antike überliefert[16] und lassen sich ethnologisch breit nachweisen. In den »culture and personality«-Studien der ethnologischen Forschung nimmt die Untersuchung von Kinderspielen daher einen breiten Raum ein,[17] aber auch für die pädagogische, volkskundliche und psychologische Forschung sind die Beobachtung und Analyse von Kinderspielen zentral.

Sehr umstritten ist dagegen die sozialisationshistorische Bedeutung von Kinderkleidern. Der französische Historiker Philippe Ariès versuchte Kinderkleidung als Beleg für seine These heranzuziehen, »wie wenig die Kindheit in der Lebenspraxis damals als solche behandelt wurde«.[18] Kinder seien in den höheren Ständen bis ins 17. Jahrhundert, in den niederen sogar weit darüber hinaus wie kleine Erwachsene gekleidet worden. Der kunsthistorische Befund ist in der Tat so, daß das Kindsein von Kindern lange Zeit nicht durch eine spezifische Kinderkleidung deutlich gemacht wurde.[19] Was aus diesem Befund geschlossen werden kann, ist jedoch unklar. Sicher ist nicht falsch, wenn man den Wandel der Art, Kinder zu kleiden, in den Prozeß der Sentimentalisierung von Kindheit einordnet, der das Verhältnis Erwachsenen zur Kindheit gerade auch im Bürgertum seit dem 18. Jahrhundert zunehmend kennzeichnet. Den umgekehrten Schluß daraus zu ziehen, daß die Orientierung der Kinderkleider an der Erwachsenenmode ein gewichtiges Anzeichen für eine mangelnde Wahrnehmung kindlicher Eigenart sei, ist dagegen problematisch. Wie schwierig die Verbindung solcher äußerlicher Zeichen mit grundsätzlichen Einstellungen ist, zeigt sich letztlich auch an den widersprüchlichen Interpretationen der kommerziellen Kinderkultur der Gegenwart, die einmal als das »Verschwinden« von Kindheit,[20] einmal als »Infantilisierung« der Erwachsenenwelt gedeutet werden.[21]

---

[16] Vgl. [410] DEISSMANN-MERTEN, S. 296 f.
[17] Vgl. dazu z. B. den Überblick bei [455] RAUM, S. 49 ff.
[18] [401] ARIÈS, S. 112. Zu Ariès ausführlich S. 42 ff.
[19] Vgl. zur Geschichte der Kinderkleidung auch [468] WEBER-KELLERMANN, S. 57 ff.
[20] [454] POSTMAN.
[21] [364] LENZEN, S. 13, der umgekehrt argumentiert wie Postman und meint, daß derzeit »grundlegende Momente des Erwachsenseins … vernichtet werden«.

c) Analyse von Texten und Bildern

Zentrale Quellen für die qualitativen Aspekte der Sozialgeschichte von Kindheit, Jugend und Familie, für die Beziehungen zwischen den Familiengliedern, für Erziehungsnormen, Krisen und Konflikte sind die vielfältigen Gattungen der schriftlichen Überlieferung und der bildlichen Darstellungen. Schriftliche Quellen zur Sozialgeschichte von Kindheit, Jugend und Familie sind z. B. normative Texte über Erziehung (Erziehungsratgeber etc.), Familienbriefe, Tagebücher und Memoiren, Grabinschriften und Testamente, Gerichtsakten über Familienkonflikte usw. Diese Quellengattungen lassen sich mit verschiedenen Methoden analysieren und interpretieren: Stärker auf das Verstehen individueller Zusammenhänge und Besonderheiten gerichtete hermeneutische Interpretationsmethoden stehen neben solchen, die auf die formalen Strukturen von Texten achten (Argumentationsfiguren, Art der Interaktionen, Art der Klassifizierung von Personen, Erfahrungen etc.).[22] Schließlich ist bei der Interpretation von Texten auch die Veränderung der familienbezogenen Begrifflichkeit, der Bezeichnungen für Kinder, Jugendliche, Eltern oder Verwandte interessant.

Bilder sind eine unschätzbare Quelle für die Alltagskultur der Familien. Oft mit ganz anderer Absicht (z. B. Illustrationen zu biblischen Themen) gemalt oder fotografiert, zeigen sie zeitgenössische Räume mit Personen und Einrichtungsgegenständen, Interaktionen zwischen Mann und Frau, Eltern und Kindern, Kleidung, Spielzeug usw. Auch bei der Interpretation von bildlichen Darstellungen gibt es hermeneutische und eher strukturalistische Interpretationsverfahren.

Die Vielfalt der Methoden und ihre Bedeutung läßt sich am besten an einem konkreten Beispiel aus der historischen Forschung darstellen, der Diskussion um die Thesen des bereits genannten französischen Historikers Philippe Ariès zur Geschichte der Kindheit. Ariès veröffentlichte im Jahr 1960 unter dem Titel »L'enfant et la vie familiale sous l'ancien régime« eine Sozialgeschichte der Kindheit im Europa der Frühen Neuzeit. Die Hauptthese dieses Buches war, daß

---

[22] Dazu gehören Interpretationen, die dem vor allem in der französischen Forschung wichtigen ›Strukturalismus‹ verpflichtet sind, sowie die Diskursanalysen nach dem Vorbild Michel Foucaults, aber auch die im folgenden kurz vorgestellte Historische Verhaltensforschung August Nitschkes. Zum französischen Strukturalismus vgl. [260] SCHIWY; [256] FRANK; v. a. S. 135–258 die ausgezeichnete Darstellung und Kritik der Foucaultschen Diskursanalyse.

die Menschen im Europa des Mittelalters keine wirkliche Vorstellung von Kindheit gehabt hätten, zumindest nicht jene Vorstellung, die wir heute davon besitzen, nämlich daß Kinder »bereits eine vollständige menschliche Persönlichkeit«[23] verkörpern. Die Entdeckung der Kindheit als eigenständiger Lebensphase beginne zwar im Hoch- und Spätmittelalter[24], setze sich als sozial signifikantes Phänomen aber erst im 16. und 17. Jahrhundert durch.

Ariès zieht für seine These des mangelnden Verständnisses für Kindheit bzw. für die Entdeckung der Kindheit im 16. und 17. Jahrhundert vier Quellengattungen heran: sprachgeschichtliche Befunde (die begriffliche Differenzierung zwischen Lebensphasen), kunsthistorische (Kinder in der weltlichen und religiösen Ikonographie des Mittelalters und der Frühen Neuzeit), normative Erziehungsschriften und Ego-Dokumente (v. a. die Tagebuchaufzeichnungen des Leibarztes des jungen Ludwig XIII., Jean Héroard[25]). Über die Interpretation dieser Quellen durch Ariès hat sich eine lange und intensive wissenschaftliche Diskussion ergeben.[26] In allen vier Bereichen wurde Ariès' Umgang mit den Quellen bzw. auch seine Vernachlässigung vieler Quellen, die nicht in seine Interpretation paßten, kritisiert. Allerdings ist die Kritik in sich zum Teil auch widersprüchlich und kommt nicht immer zu klaren Ergebnissen. Deshalb ist diese Auseinandersetzung methodisch besonders aufschlußreich.

Ariès hatte festgestellt, daß im französischen Mittelalter in der Volkssprache sowohl differenzierte Bezeichnungen für die verschiedenen Stufen der Kindheit (Säugling, Kleinkind etc.) als auch eine präzise terminologische Unterscheidung zwischen Kindheit und Adoleszenz fehlten. Auch der Gebrauch der entsprechenden lateinischen Termini war oft inkonsistent. Daraus schloß Ariès, daß eine klare Vorstellung von Kindheit, ihren Entwicklungsstadien und Besonderheiten nicht existiert habe und Kindheit erst im 17. Jahrhundert »entdeckt« worden sei.[27]

---

[23] [401] ARIÈS, S. 99.
[24] Dies deutet Ariès zumindest in seinem Vorwort zur deutschen Übersetzung an und nimmt damit seine ursprüngliche Position etwas zurück. Vgl. [401] ARIÈS, S. 65.
[25] [425] HÉROARD.
[26] Eine besonders intensive Darstellung der Thesen von Ariès und der sich daran anschließenden Diskussion und Forschung findet sich bei [425] POLLOCK, S. 1 ff., sowie bei [423] HANSMANN, S. 111 ff.; zur Person des Historikers Ariès vgl. [424] HERMSEN, v. a. S. 140 ff.
[27] [401] ARIÈS, S. 69 ff.

Gegen diese Interpretation brachte Shulamith Shahar aufgrund einer Analyse vor allem lateinischer Traktate des Mittelalters vor, daß mittelalterliche Autoren sehr wohl eine Vorstellung von Kindheit und von den Stadien kindlicher Entwicklung besessen und auch sprachlich zwischen diesen Entwicklungsstufen unterschieden hätten.[28] Der amerikanische Mediävist James A. Schultz wiederum wandte gegen Ariès und Shahar ein, daß es wenig Sinn mache, in vergangenen Zeiten nach unseren Konzepten von Kindheit zu suchen. Wichtiger sei es vielmehr herauszuarbeiten, wie und warum die Konzepte von Kindheit anders waren und wie dies das Verhältnis der Eltern zu den Kindern beeinflußte.

Am Beispiel der mittelhochdeutschen Terminologie zeigt Schultz – ähnlich wie Ariès für das volkssprachliche Französisch feststellte –, daß eine begriffliche Differenzierung der Kindheit in frühe Kindheit und spätere Phasen nicht vorgenommen wurde. Zum Teil wurde nicht einmal zwischen Kindheit und Jugend unterschieden, dafür war die soziale Zuordnung der Kinder und die Differenzierung zwischen den Geschlechtern außerordentlich wichtig.[29] Während für die Kindheit und Jugend von Jungen je nach Stand und sozialem Zusammenhang eine differenzierte volkssprachliche Terminologie zur Verfügung gestanden habe, hätte es für Mädchen praktisch nur die Bezeichnung »maget« gegeben.[30]

An dieser Auseinandersetzung um die Begrifflichkeit läßt sich gut zeigen, wie schwierig mentalitätsgeschichtliche Schlüsse von diesen sprachlichen Befunden her sind, zumal wenn sie sich jeweils nur auf Ausschnitte des überlieferten Quellenmaterials beziehen. Die deutlichen Diskrepanzen zwischen lateinischen und volkssprachlichen Befunden sind bisher noch nicht wirklich erklärt worden. Der Weg von Schultz, danach zu fragen, mit welchen Attributen Kindheit positiv verbunden wurde, statt nach den Abweichungen oder Übereinstimmungen mit den gegenwärtigen Konzepten zu suchen, scheint insgesamt aber derjenige zu sein, der den größten Erkenntnisgewinn bringt.

Ein zweiter Punkt von Ariès war, daß auch die bildliche Repräsentation von Kindern im frühen und hohen Mittelalter anders war als

---

[28] [461] SHAHAR, S. 21 ff.
[29] [459] SCHULTZ, S. 69. Für weitere Auseinandersetzungen mit Ariès' Verwendung der Kindheitsterminologie vgl. [402] ARNOLD; [403] BEER; [407] BRUNKEN, S. 10.
[30] [459] SCHULTZ, S. 40 f., 54.

im Spätmittelalter und in der Frühen Neuzeit. Darstellungen von Kindern waren zunächst mehr oder weniger beschränkt auf Christusdarstellungen. Aber weder das Christuskind noch die anderen dargestellten Kinder wurden mit kindlichen Zügen gezeigt, sondern als »hinsichtlich der Größe reduzierte Erwachsene«.[31]

Die weitere Forschung ist auch hier Ariès zumindest im Detail nicht gefolgt. Für die ikonographische Repräsentation von Kindheit haben vor allem Klaus Arnold und Otto Ulbricht weiterführende Aspekte herausgearbeitet, allerdings nur aufgrund eines breiteren Materials und nicht mittels eines neuen methodischen Zugriffs.[32] Arnold betont zwar auch, daß die frühchristliche und frühmittelalterliche Repräsentation von Kindern im Vergleich zu den Möglichkeiten der klassischen Antike als ein Rückschritt erscheint,[33] beide legen den Übergang zu einer individualistischeren Darstellung von Kindern, auch des Christuskindes, jedoch deutlich vor die von Ariès gesetzten Zäsuren.[34]

Was die von Ariès herangezogenen verschiedenen Quellentexte anbetrifft, so hat seine Unterstellung der Gefühlskälte der Eltern gegenüber ihren kleinen Kindern im Mittelalter zu einer Vielzahl von Gegenveröffentlichungen geführt, die anhand von Briefen oder auch literarischen Quellen die Empathie und Zuwendung der Eltern für ihre Kinder belegen. Ein besonders eindrucksvolles Beispiel dafür ist die Dissertation Matthias Beers, der Familienbriefe des Nürnberger Bürgertums aus dem 15. und frühen 16. Jahrhundert auswertet, in denen z. B. genau über die Entwicklungsschritte der Kinder, ihre Fortschritte im Gehen und Sprechen, ihren Umgang mit Spielzeug etc. berichtet wurde. »Das Kind wurde nicht, wie behauptet, als eine Miniatur des Erwachsenen, sondern als ein Wesen mit jeweils eigenen Charakteristiken und Bedürfnissen in den einzelnen Altersstufen angesehen«.[35]

Auch Beer unterscheidet sich von Ariès nicht im methodischen Zugang, sondern in der Auswahl seiner Quellen. Statt normativer Quellen und dem ärztlichen Journal eines französischen Hofmedicus, den Haupttexten von Ariès, wertet Beer vor allem private Briefnachlässe aus bürgerlichen Familien in Deutschland aus. Er kommt dadurch

---

[31] [401] ARIÈS, S. 92.
[32] [402] ARNOLD, S. 59 ff.; [466] ULBRICHT.
[33] [402] ARNOLD, S. 59.
[34] Vgl. dazu auch [461] SHAHAR, S. 95 f.
[35] [402] BEER, S. 272.

dem Alltagshandeln der spätmittelalterlichen Menschen in diesem Milieu zwar wesentlich näher, bleibt jedoch bei einer Interpretationsmethode, die die manifesten Aussagen in diesen Briefen in den Vordergrund stellt und daraus (bei aller Zurückhaltung, was die Übertragbarkeit von Begriffen wie Liebe auf frühere Zeiten anbetrifft) eine Geschichte der Beziehungen der Menschen zueinander, der Erziehungspraktiken, der Freuden und Leiden in der Familie rekonstruiert. Nach diesem Verfahren gehen inzwischen viele Darstellungen zur Familien- und Sozialisationsgeschichte vor und rekonstruieren Sozialisationsmilieus – allerdings meist ohne den Versuch, dies wirklich in eine theoriegeleitete historische Sozialisationsforschung umzusetzen.[36]

Ganz anders nähern sich die strukturalistischen Verfahren diesen Quellen. Hier soll nur auf eine Methode eingegangen werden, die sich besonders mit Quellen zur Familiengeschichte auseinandergesetzt hat. Es ist die von August Nitschke entwickelte Historische Verhaltensforschung. Sie geht von einer möglichst exakten formalen Beschreibung von Aktionen (Handlungen und Bewegungen) bzw. Interaktionen aus.[37] Dies kann anhand von Texten oder auch von Bildern geschehen. Die Historische Verhaltensforschung fragt dabei, mit welchen Kräften und Wirkungen die Personen rechnen, von wem sie ausgehen und welche Erwartungen das Verhalten steuern. Diese Erwartungen werden in der Regel nicht explizit ausgesprochen. Sie sind Teil epochenspezifischer Formen der Wahrnehmung der Umwelt und können von Historikern aus den unbewußt dargestellten räumlichen und sozialen Strukturen und Kräften in Bildern und Texten erschlossen werden.[38]

Nitschke analysierte mit dieser Methode auch Formen des Jugendprotests in der Geschichte. Er unterschied die Protestformen dabei zunächst nach den inhaltlichen Forderungen in solche, bei denen die Jugendlichen nur die gleichen Rechte wollten wie die Erwachsenen (nur eben früher, als die Erwachsenen ihnen dies zugestehen wollten), und andere, in denen Jugendliche die Lebensformen der Erwachsenen ablehnten und nach neuen suchten. Dann verband er die inhaltliche Orientierung des Protests mit einer Zuordnung zu Altersgrup-

---

[36] Vgl. z. B. [408] BUDDE; [161] MAURER.
[37] Zur Historischen Verhaltensforschung vgl. [274] NITSCHKE, v. a. S. 75 ff.
[38] Über letzteres integriert Nitschke die Formen der Beschreibung von Raum, Zeit, Bewegung der Naturwissenschaftler mit den Formen der Interaktion in Gesellschaft und Politik. Zur Methode insgesamt vgl. [274] NITSCHKE.

pen. Nach seinen Analysen von Quellen aus mehreren Jahrhunderten sind es vor allem Kinder im Alter von etwa 11 bis 12 Jahren, bei denen sich die Orientierung nach ganz neuen Lebensformen feststellen läßt.

Diese grundlegende Umorientierung ist nach Nitschke nicht Folge von Generationenkonflikten in unserem psychologischen Verständnis, sondern Zeichen eines generellen Wahrnehmungswandels, der sich vor allem in Epochenumbruchszeiten vollzieht.[39] Er hält es auch für möglich, daß in diesen Zeiten die Sozialisation umgekehrt verläuft und Erwachsene die veränderte Zeit- und Raumwahrnehmung ihrer Kinder und damit deren Erwartungshaltungen übernehmen. Kinder und Jugendliche neigen nach Nitschke zum Bruch mit dem Alten und zur Erprobung völlig neuer Wege vor allem dann, wenn sie »in einer Umweltsituation aufwachsen, die ihre Handlungen und die Handlungen erwachsener Menschen wirkungslos oder fast wirkungslos werden lassen«.[40] In solchen Situationen orientieren sie sich an neuen Räumen, Personen und Wirkungsweisen, die ihnen effizienteres Handeln erlauben. Dies wirkt auch auf die Familie zurück, auf die Frage, was man von der Familie erwartet, was die Familie leisten muß, ob Kinder sich verstärkt an Personen in der Familie und Verwandtschaft oder an solchen außerhalb des Familienverbands orientieren.

Insgesamt gibt es also eine Reihe unterschiedlicher Methoden im Bereich der Sozialgeschichte von Kindheit, Jugend und Familie, die von den Historikern bisher mit unterschiedlicher Intensität und meist mit der Beschränkung des Blicks auf eine Epoche oder soziale Schicht betrieben wurden. Wichtig und weiterführend scheint vor allem die Verknüpfung verschiedener Verfahren. Es gilt, die ›objektive‹ Lage und die ›subjektive‹ Wahrnehmung von Sozialisationsbedingungen zu erfassen und sie mit Hilfe strukturalistischer und hermeneutischer Zugänge im Sinne von Clifford Geertz zu einer kritisch distanzierten, der hermeneutischen Probleme bewußten »dichten Beschreibung« zu verbinden.[41]

Die neuere Mikrogeschichte hat hierzu wichtige Ansätze gemacht. Studien wie die von Hans Medick zum württembergischen Weberort Laichingen haben die Zusammenhänge zwischen historisch-demographischen Familienstrukturen, Wirtschaftslage und sozialer Schicht

---

[39] [512] NITSCHKE, S.136.
[40] [512] NITSCHKE, S. 96.
[41] [257] GEERTZ, v. a. S. 20 ff., 195 ff.

eindrucksvoll herausgearbeitet.[42] Hier könnte durch die Verbindung von solchem Material mit Quellen zu Verhaltensformen und Konflikten in der Familie, zu Lebensläufen und Wahrnehmungsformen im Sinn der Historischen Verhaltensforschung sicher noch ein wesentlicher Erkenntniszugewinn zu erreichen sein. Denn die aus der Sicht der historischen Sozialisationsforschung notwendige Verbindung unterschiedlicher Erfahrungs- und Handlungszusammenhänge ist nur in solchen Mikrostudien zu leisten. Hier wird in Zukunft mit Sicherheit der wichtigste Beitrag liegen, den die Sozialgeschichte von Kindheit, Jugend und Familie zur Weiterentwicklung der historischen Sozialisationsforschung leisten kann.

2. Erziehungsgeschichte und historische Bildungsforschung

Pädagogik verstand sich seit ihrer einsetzenden Professionalisierung und Etablierung als universitäres Unterrichtsfach als eine geisteswissenschaftliche Disziplin. Dies änderte sich – zumindest in Deutschland – erst nach dem Zweiten Weltkrieg, als im Rahmen einer »realistischen Wendung«[43] die pädagogische Forschung sich zunehmend an den empirischen Sozialwissenschaften orientierte.[44] Historisches Arbeiten besaß in der geisteswissenschaftlichen Pädagogik immer einen zentralen Stellenwert und stand in einem doppelten Bezug zu den Aufgaben und Problemen der allgemeinen Pädagogik. Als eine Philosophie der Bildung und Erziehung des Menschen bezog die geisteswissenschaftliche Pädagogik die Reflexion auf die historische Kontextgebundenheit von Persönlichkeitsentwürfen, Bildungszielen, Erziehungspraktiken und pädagogischem Denken in ihre Theoriebildung ein. Als Wissenschaft, die sich vor allem mit der öffentlichen Tätigkeit professioneller Erzieher in Schule und anderen Institutionen beschäftigte, war die Geschichte dieser Institutionen und die Geschichte der Professionalisierung der eigenen Tätigkeit eine wichtige Grundlage für die Selbstvergewisserung einer jungen Disziplin. Im 19. und frühen 20. Jahrhundert war historische Pädagogik zum einen also konzentriert auf die Geschichte von Bildungsideen und pädagogischen Systemen, zum anderen auf die Geschichte pädagogischer In-

---

[42] [367] MEDICK; [385] SCHLUMBOHM.
[43] [132] ROTH.
[44] Zum wissenschaftsgeschichtlichen Kontext vgl. vor allem [119] HERRMANN sowie [118] HERRMANN.

stitutionen, speziell auf die Schulgeschichte. Auf diesen beiden Gebieten entwickelte die historisch-pädagogische Forschung des 19. und frühen 20. Jahrhunderts eine ausgiebige Forschungs- und Editionstätigkeit. Speziell in der seit 1886 erscheinenden Serie »Monomenta Germaniae Paedagogica« oder in der Serie »Klinkhardt's pädagogische Quellentexte« wurden zentrale Dokumente des europäischen Erziehungsdenkens und der Schulgeschichte zur Verfügung gestellt. Dem dienten auch die seit 1891 erschienenen »Mitteilungen der Gesellschaft für deutsche Erziehungs- und Schulgeschichte.[45] Daneben wurden große Darstellungen sowohl der pädagogischen Ideengeschichte wie auch der Schulgeschichte erarbeitet.[46]

Mit der »realistischen Wendung« der Pädagogik, die sich nun auf die empirische Erforschung von Sozialisationsprozessen verlegte, war die historische Forschung innerhalb der Pädagogik zunächst an den Rand gedrängt worden. Seit den 1980er Jahren machte sich jedoch eine Rückorientierung bemerkbar. Die geschichtliche Dimension menschlichen Aufwachsens und pädagogischen Handelns wurde zur Grundlage einer Kritik sozialtechnologischer Tendenzen innerhalb der empirischen Erziehungswissenschaft. Diese erneute Zuwendung zur Geschichte konnte aber nicht mehr an die geisteswissenschaftlich-hermeneutischen Traditionen der alten historischen Pädagogik anknüpfen, wenn sie innerhalb des Faches ein ideologiekritisches Potential entfalten wollte. Vielmehr war es notwendig, Erziehungsgeschichte als einen Teil der Gesellschaftsgeschichte zu begreifen. »Das Verständnis der Erziehungswissenschaft als einer *Sozial*wissenschaft zwingt [...] zur Explikation der konkreten sozialen Voraussetzungen und Folgen des Erziehens, Unterrichtens und Ausbildens im Kontext umfassenderer gesellschaftlicher Systeme, d. h. es zwingt zur Restitution der sozialgeschichtlichen und vergleichenden Perspektive bei der Analyse von Sozialisationsprozessen, die *als solche* nur in einem konkreten, historisch explizierbaren Kontext sozialen Wandels [...] verständlich werden.«[47]

Vor diesem Hintergrund hat vor allem Ulrich Herrmann konsequent die Umorientierung der alten historischen Pädagogik hin auf eine Historische Sozialisationsforschung verlangt, theoretisch entfal-

[45] Die [48] MONUMENTA GERMANIAE PAEDAGOGICA wurden 1884 gegründet. Zu der Serie vgl. [124] KRAUSE-VILMAR, zum wissenschaftsgeschichtlichen Kontext auch [118] HERRMANN, S. 33.
[46] Vgl. z. B. [130] PAULSEN.
[47] [117] HERRMANN, S. 67 f.

tet und auch in praktischen Studien betrieben. Im Zuge dieser Umorientierung ergab sich eine enge Verzahnung zwischen pädagogisch-
historischer und sozialhistorischer Forschung. Pädagogen und Historiker arbeiteten seit den ausgehenden 1970er Jahren intensiv an einer
sozialhistorisch ausgerichteten Erneuerung der Schulgeschichts-
schreibung, vor allem aber kam es nun zur Zusammenarbeit in dem
Bereich der Sozialgeschichte von Kindheit, Jugend und Familie im
Sinne einer »Sozialgeschichte des Aufwachsens«.[48]

Mit dieser Hinwendung zur Sozialgeschichte nahm die historische
Pädagogik im Bereich der Jugendforschung Fragestellungen auf, die
bereits in den Jahren nach dem Ersten Weltkrieg von Siegfried Bernfeld formuliert worden waren. Der Freud-Schüler Bernfeld hatte eine
interdisziplinäre Jugendforschung, die Einrichtung eines »Instituts
für Psychologie und Soziologie der Jugend«, gefordert. Bei der soziologischen Perspektive ging es ihm nicht nur darum zu erforschen,
welche Funktionen die Jugend innerhalb der Gesellschaft besaß, sondern auch darum zu untersuchen, welche spezifischen jugendeigenen Sozialformen sie hervorbrachte. Die Ausgestaltung des Gemein-
schaftslebens der Jugendlichen in jugendeigenen Institutionen, die
Jugendsexualität, schichtspezifische Formen der Pubertät usw. sollten
Gegenstand einer umfassenden sozialwissenschaftlichen Jugendforschung sein.[49] Diese Forderungen wirkten in den 1960er Jahren sehr
stark auf die Weiterentwicklung der Jugendsoziologie und gingen von
daher inzwischen auch in die pädagogische und sozialhistorische Forschung ein.[50]

In ähnlicher Weise wie Bernfeld schon nach dem Ersten Weltkrieg
eine pädagogische Sozialgeschichte der Jugend konzipierte, entwik-
kelten verschiedene Pädagogen damals auch in der Geschichte der
Kindheit Ansätze, die für eine Sozialgeschichte aus sozialisationshistorischer Perspektive bedeutsam sind. Gemeint sind hier sogenannte »pädagogische Milieustudien«, die den Einfluß der Umwelt
(Großstadt, Dorf, Armut etc.) auf die Entwicklung von Kindern und
Jugendlichen untersuchten. Diese Milieustudien entstanden zum ei-

---

[48] Vgl. z. B. [493] FEND. Einen wichtigen Niederschlag hat diese Zusammenarbeit zwischen Sozialgeschichtsschreibung und Pädagogik nun auch in dem
großen sechsbändigen »Handbuch der deutschen Bildungsgeschichte« gefunden. Vgl. [29] BERG u. a.
[49] Vgl. [189] BERNFELD.
[50] Die Psychoanalyse allerdings hat die Arbeiten Bernfelds über die schichtspezifischen Formen von Pubertät und Adoleszenz bisher kaum aufgegriffen. Vgl.
dazu auch [489] ERDHEIM, S. 95.

nen im Rahmen der Wiener kinderpsychologischen Schule um Karl und Charlotte Bühler, zum anderen im Anschluß an die Arbeiten der Pädagogen Ernst Meumann und William Stern in Hamburg.[51]

Inzwischen knüpfen pädagogische Untersuchungen zur Historischen Sozialisationsforschung wieder an diese älteren Milieustudien an. Am bekanntesten sind hier die Stadtuntersuchungen von Imbke Behnken, Manuela du Bois-Reymond und Jürgen Zinnecker, die sich mit dem Wandel städtischer Lebensräume als Umwelten von Kindern seit 1900 befassen.[52] Diese Milieustudien sind deshalb anregend, weil sie Kinder und Jugendliche in ihrem näheren Umfeld außerhalb der Familie untersuchen und zeigen, daß sie nicht nur durch Umweltstrukturen beeinflußt werden, sondern daß sie sich umgekehrt auch aktiv ihre Umwelt aneignen und sie verändern.

Methodisch beruhen diese Arbeiten auf einer hermeneutischen Analyse von Lebenserinnerungen, lebensgeschichtlichen Interviews und für die Gegenwart auch auf teilnehmender Beobachtung.[53] Ähnliche Untersuchungen, wie sie Zinnecker und andere im großstädtischen Bereich durchführten, liegen inzwischen auch für ländliche Gemeinden vor. Auch sie versuchen aus lebensgeschichtlichen Erinnerungen und anderen Überlieferungen die spezifische Bedeutung der ländlichen Lebenswelt für die Sozialisation der Kinder zu rekonstruieren.[54]

Ein weiteres Forschungsfeld im Schnittpunkt von Sozialgeschichte und historischer Pädagogik, das in den letzten Jahren aber von der erziehungsgeschichtlichen Forschung fast stärker berücksichtigt wurde als von der sozialgeschichtlichen, ist der Bereich der Mädchenbildung und der geschlechtsspezifischen Sozialisation. Hier sind erst in den letzten Jahren verstärkt Arbeiten sowohl zur Geschichte des Mädchenschulwesens und des Frauenstudiums erschienen, als auch – im Rahmen von Studien zur Veränderung weiblicher Lebenslaufstruk-

---

[51] Vgl. zur Einordnung des »Scientifischen Flügels der Reformpädagogik« die Übersicht bei [134] TENORTH, S. 214 ff.; zu Meumann, Bernfeld und der pädagogischen Jugendkunde vgl. vor allem [478] VON BÜHLER, S. 214 f. In den Umkreis der pädagogischen Milieustudien gehören z. B. [411] DIETZ; [426] HETZER; [449] PFEIL; [439] MUCHOW/MUCHOW; neben diesen wissenschaftlichen Untersuchungen standen in der Zeit nach dem Ersten Weltkrieg auch Kinderstudien mit sozialkritischer Absicht, vgl. z. B. [456] RÜHLE.

[52] [405] BEHNKEN/DUBOIS-REYMOND/ZINNECKER, außerdem [404] BEHNKEN.

[53] Daneben sind aber auch die Ergebnisse quantitativer sozialhistorischer Untersuchungen als Grundlage wichtig; vgl. z. B. [523] TENFELDE.

[54] [441] MUTSCHLER; [494] GESTRICH.

turen – zu Formen der Adoleszenz, des Generationenkonflikts und anderer Aspekte des Aufwachsens von Mädchen.[55]

Die pädagogikgeschichtliche Forschung hat sich also sehr stark an die Fragestellungen der Sozialgeschichte von Kindheit, Jugend und Familie im weitesten Sinne angenähert und diese auch durch eigene, stärker sozialisationsbezogene Perspektiven erweitert und bereichert. Hier hat in den letzten Jahren ein fruchtbarer Austausch stattgefunden. Das läßt sich auch an den vielen Gemeinschaftsunternehmungen von Historikern und Pädagogen zeigen.[56] Gerade in dieser interdisziplinären Zusammenarbeit liegen für die Historische Sozialisationsforschung große Chancen.

3. Biographie und Lebenslaufforschung

In den letzten 20 Jahren kam es in den empirischen Sozialwissenschaften zu einer massiven Hinwendung zu Lebenslauf und Biographie als Forschungsgegenstand. In der Soziologie war der Trend zur Lebenslaufforschung verbunden mit einer Kritik der dominierenden quantitativen Sozialforschung. Für die Sozialisationsforschung hat diese Wiederentdeckung von Lebenslauf und Biographien als Gegenständen bzw. auch als Quellen eine ganz entscheidende Bedeutung.

Die Lebenslaufforschung kennt zwei prinzipielle Zugangsweisen, die unabhängig voneinander entwickelt wurden, aber in enger Verbindung zueinander stehen: Zum einen kann der Lebenslauf gewissermaßen von außen in seinem Verlauf, seinen Gliederungen und Umbrüchen betrachtet werden; zum anderen kann man über im engeren Sinne biographisches Material, also über Selbstbeschreibungen des Lebenslaufs in schriftlichen Dokumenten oder auch in Interviews, die Innensicht des Individuums auf den Verlauf des eigenen Lebens erforschen. Die erste Sichtweise ist stärker, aber keineswegs ausschließlich, von quantitativen Verfahren bestimmt, die zweite von der Analyse qualitativer Quellen. Es hat sich eingebürgert, die erste

[55] Vgl. allgemein und zeitlich umfassend [33] KLEINAU/OPITZ; spezieller sind [475] BENNINGHAUS; [304] KLIKA; [306] KRAUL/LÜTH; [296] HARVEY. Vgl. zum ganzen auch den Literaturüberblick bei [345] GESTRICH, S. 105 bis 113.

[56] Prominentestes Beispiel ist das Handbuch der deutsches Bildungsgeschichte ([29] Berg u. a.), speziell in der Schulforschung gibt es aber auch weit darüber hinaus eine kontinuierliche Zusammenarbeit, ebenso in der Erforschung der Mädchenbildung und der Sozialgeschichte von Kindheit, Jugend und Familie.

dieser beiden Richtungen als Lebensverlaufsforschung zu bezeichnen, die andere als Biographieforschung.

a) Lebensverlaufsforschung

Im Bereich der Lebensverlaufsforschung lassen sich unter Berücksichtigung der verschiedenen Epochen zwei Zugangsweisen besonders hervorheben, die für die Historische Sozialisationsforschung wichtige Ergebnisse erarbeitet haben: demographische Forschungen zum Wandel lebensgeschichtlicher Zäsuren, also zu den Strukturen des Lebenslaufs, und Forschungen zur Einteilung der Lebensalter anhand von sprachgeschichtlichen Befunden.

Die Tatsache, daß die Gliederung des Lebenslaufs interkulturell erhebliche Unterschiede aufweist, führte dazu, daß man auch für die moderne westliche Welt nach den Veränderungen der *Lebenslaufstrukturen* fragte. Dem Wandel der Struktur von Lebensverläufen in Europa während der letzten 200 Jahre ist in den letzten Jahrzehnten vor allem der Berliner Soziologe Martin Kohli intensiv nachgegangen. Die gängige Annahme war, daß ein charakteristisches Merkmal des Übergangs von traditionalen Gesellschaften zu modernen Industriegesellschaften eine zunehmende Individualisierung der Menschen und ihrer Lebensverläufe gewesen sei. »Der historische Prozeß der Individualisierung bedeutet in dieser Perspektive, daß die Person sich nicht mehr über die Zugehörigkeit zu einer sozialen Position bzw. die Mitgliedschaft in einem sozialen Aggregat konstituiert, sondern über ein eigenständiges Lebensprogramm.«[57]

Martin Kohli kann in seinen verschiedenen Arbeiten unter Rückgriff auf die Ergebnisse der Historischen Demographie zeigen, daß sich im 19. und vor allem dann im 20. Jahrhundert im Gegensatz zu der Individualisierungsthese tatsächlich eine immer stärkere Normierung der Lebenslaufstrukturen durchsetzte. In den traditionalen europäischen Gesellschaften des Ancien régimes wies z. B. das Heiratsalter außerordentlich große soziale Differenzen auf. Außerdem besaß aus sozialen und politischen Gründen nur ein Teil der Bevölkerung die Möglichkeit zur Eheschließung. In allen modernen westlichen Gesellschaften wurde dagegen bis etwa 1960 die Eheschließung zur Norm (über 95 % eines Geburtsjahrgangs). Außerdem wurde das Heiratsalter sozial immer homogener und pendelte sich – für Männer

[57] [157] KOHLI, S. 35.

wie für Frauen – auf einem relativ niedrigen Wert in der Mitte des dritten Lebensjahrzehnts ein. Die Zeitpunkte, zu denen im Lebenslauf bestimmte Ereignisse wie Einschulung, Eintritt in die Berufsausbildung oder den Beruf, Heirat, Ausscheiden aus dem Beruf und schließlich auch der Tod stattfinden, wurden in der Moderne – zumindestens bis in die 1960er Jahre – immer einheitlicher.

Individualisierung und zunehmende Normierung des Lebenslaufs sind aber nur scheinbar Gegensätze. Beide Entwicklungen sind vielmehr dialektisch aufeinander bezogen. Individualisierung ist nach Kohli ein Prozeß, der nicht einfach als ein Rückgang gesellschaftlicher Steuerung aufzufassen ist, »sondern als Substitution eines Vergesellschaftungsmodus durch einen neuen, der am Individuum ansetzt. [...] Das Individuum wird zum grundlegenden Träger des sozialen Lebens. Individualität wird mit anderen Worten gesellschaftlich institutionalisiert.«[58] Individualität ist aus dieser Perspektive also nicht nur eine Befreiung des Individuums aus den Zwängen der traditionalen Gesellschaft, sondern zugleich eine neue Form sozialer Kontrolle. Der Zwang zum Entwurf der eigenen Biographie verstärkt den Zwang zur Orientierung an einem erwartbaren Lebenslauf. Auch der Lebenslauf wird institutionalisiert: »Der Lebenslauf (als Ereignissequenz und zeitliche Perspektivität) konstituiert ein Vergesellschaftungsprogramm, das an den Individuen als den neuen sozialen Einheiten ansetzt. [...] Institutionalisierung von Individualität und Institutionalisierung des Lebenslaufs sind Teile desselben historischen Prozesses.«[59]

Die Grundlage dieser Überlegungen Kohlis sind zunächst vor allem demographische Untersuchungen zum Wandel des »Lebenslaufregimes« in europäischen Gesellschaften im Übergang von Ancien régime zur Moderne. Für die Epochen vor der Verfügbarkeit demographischer Quellen sind empirisch abgesicherte Aussagen über die soziale Verbindlichkeit von Phasen und Zäsuren im Lebenslauf nur schwer möglich. Hier muß man sich vor allem auf normative Quellen über die Dauer, soziale Stellung und Bedeutung der einzelnen *Lebensalter* stützen. Dazu sind uns seit der Antike Quellentexte überliefert, allerdings mit teilweise auch epochenspezifisch sehr widersprüchlichen Aussagen. Bei der Behandlung der Thesen von Ariès war bereits angedeutet worden, wie schwierig eine klare Einteilung

---

[58] [157] KOHLI, S. 35 f.
[59] [157] KOHLI, S. 37.

der Lebensalter nach festen chronologischen Schnitten ist, wie stark die natürliche Kategorie des chronologischen Alters durch soziale Kategorien wie Stand, Dienst etc. überlagert wurde. Vielfach orientierten sich die Lebensaltereinteilungen auch weniger an entwicklungspsychologischen Beobachtungen als an der symbolischen Bedeutung von Zahlen im Rahmen des antiken bzw. christlichen Weltbildes – wie z. B. bei der Bedeutung der Zahl sieben in der Lebensaltereinteilung in den Etymologien des Isidor von Sevilla (um 560–636). Die Kindheit (infantia) dauert hier bis zum siebten, die Knabenzeit (pueritia) bis zum 14. Lebensjahr, danach beginnt die Jugend (adolescentia).[60] Es läßt sich allerdings aus Rechts- und Verwaltungsquellen feststellen, daß derartige Einteilungen durchaus praktische Relevanz besaßen bei der Versorgung von Kindern, bei der Eingliederung in den Arbeitsprozeß etc. Bis in die jüngste Gegenwart hinein blieb dieser Rhythmus von 7 (Einschulung), 14 (Konfirmation, Lehrbeginn) und 21 Jahren (Volljährigkeit) für die Unterteilung von Kindheit und Jugend von erheblicher Bedeutung.

Für die Antike sind ähnliche Einteilungen überliefert, und auch hier lassen sich normative Quellen durchaus mit anderen Nachrichten zu einem konsistenten Bild von »Lebenslaufregimes« verbinden. Der antike Schriftsteller Varro (117–27 v. Chr.) unterteilte den menschlichen Lebenslauf idealtypisch in fünf Perioden von je 15 Jahren (pueritia, adulescentia, iuventus etc.).[61] Die Altersgrenze von 15 Jahren zwischen Kindheit und Jugend fällt für Männer auch in etwa mit dem in Rom sozial so wichtigen Eintritt in den Militärdienst mit 17 Jahren zusammen sowie mit der in Familien mit großen Feierlichkeiten begangenen Anlegung der toga virilis. Für beide Zäsuren waren allerdings die Altersgrenzen keineswegs ganz starr festgelegt, und auch Varros Terminologie läßt sich nach den literarischen und epigraphischen Befunden keineswegs ganz klar bestimmten Altersgruppen zuordnen.[62] Dennoch wird deutlich, daß in der römischen Antike, stärker als im Mittelalter und in der Frühen Neuzeit, relativ klare Strukturen des Lebenslaufs vorgegeben waren.

Die Lebensverlaufsforschung hat also je nach historischer Epoche

---

60 Vgl. [402] ARNOLD, S. 18 ff., sowie o. S. 43 f.
61 Vgl. dazu mit weiteren Literaturangaben v. a. [490] EYBEN, S. 21 ff., sowie [491] EYBEN, S. 6 ff., und [145] EYBEN.
62 Vgl. dazu v. a. [504] KLEIJWEGT, S. 51 ff., mit Kritik an Eyben. Für eine bildliche Darstellung der Entwicklungsstufen eines römischen Jungen vgl. Quellenanhang, Quelle 15.

sehr unterschiedliche Quellen zur Verfügung. Es gelingt aber im Prinzip für alle Epochen anhand des jeweiligen Materials die sozialen Konstruktionsprinzipien von Lebensläufen herauszuarbeiten und damit den Rahmen abzustecken, innerhalb dessen sich individuelle Entwicklungen und vor allem sozial- und schichtspezifische Unterschiede entfalten konnten. Dabei sind allerdings für die Antike und das Mittelalter die Nachrichten über männliche Lebensverläufe weit differenzierter als die von Mädchen und Frauen. Ähnliches gilt auch noch für die Neuzeit, wenngleich hier zumindest für den historisch-demographischen Bereich keine geschlechtsspezifischen Unterschiede bestehen.

b) Biographieforschung

Neben der Lebensverlaufsforschung, die stärker auf die quantifizierenden Verfahren setzt, hat sich in den letzten Jahren in der sozialwissenschaftlichen Forschung vor allem die Beschäftigung mit qualitativen Quellen zum Lebenslauf, also mit autobiographischen Zeugnissen oder sogenannten »Ego-Dokumenten« zunehmender Beliebtheit erfreut.[63] Dabei spielt die weiter unten besprochene Methode der Oral History zwar eine zentrale Rolle, die Biographieforschung geht darin jedoch nicht auf. Denn die Oral History ist primär ein Verfahren zur Gewinnung biographischer Quellen und keine Methode der Interpretation.

In der Soziologie wird biographisches Material erhoben und interpretiert, »um das Handlungsverständnis und das Handeln innerhalb bzw. unterhalb der Regeln institutioneller Strukturen kennenzulernen«.[64] Hinter diesem Ansatz steht in der Soziologie ein Unbehagen an einer Sichtweise auf Gesellschaften, die die handelnden Individuen als Träger sozialer Prozesse vernachlässigen. Dieses Unbehagen hatte schon zu Beginn des 20. Jahrhunderts dazu geführt, daß Soziologen verstärkt auf Ego-Dokumente und speziell auch Autobiographien zurückgriffen. Begründet wurde die sogenannte »biographische Methode« in der Soziologie von den polnischstämmigen Soziologen W. I. Thomas und F. Znaniecki, die in Chicago lehrten.[65] Theoretische Grundlage der biographischen Methode ist die Über-

---

[63] Zum Begriff der Ego-Dokumente vgl. [171] SCHULZE.

[64] [146] FUCHS, S. 142.

[65] Vgl. Zur Geschichte der »biographischen Methode« in der Soziologie v. a. [172] SZCZEPANSKI und [158] KOHLI.

zeugung, daß Gesellschaften nur dann richtig verstanden werden können, wenn man sie als das ›Produkt‹ einer kontinuierlichen Interaktion zwischen individuellem Bewußtsein und einer objektiven sozialen Realität sieht. »In this connection the human personality is both a continuous producing factor and a continuously produced result of social evolution, and this double relation expresses itself in every elementary social fact«.[66] In der biographischen Methode geht es also nicht um das psychologische Studium von Individuen, sondern um das Verständnis sozialer Prozesse aus der Perspektive des Handelns von Individuen.

Um diese angemessen zu erfassen, um Einstellungen und Situationsdefinitionen herauszufinden, benutzten die frühen Anhänger der biographischen Methode in den USA und Polen Autobiographien und weitere Ego-Dokumente als Quellen. Dabei blieb aber in der soziologischen Lebenslaufforschung der allen Historikern geläufige Unterschied zwischen Autobiographien und Memoiren auf der einen Seite und Briefen, Tagebüchern und anderen Ego-Dokumenten auf der anderen Seite unberücksichtigt. Der für die historisch-kritische Methode so bedeutsame Unterschied zwischen »Überrestquellen« und »Traditionsquellen«, also die Unterscheidung, ob Quellen für die Benachrichtigung der Nachwelt und für die Übermittlung einer ganz bestimmten Interpretation vergangenen Geschehens produziert wurden oder ob sie im Vollzug des täglichen Lebens entstanden und zufällig erhalten blieben, ist jedoch auch für die soziologische Biographieforschung grundlegend. Die soziologische Biographieforschung hat diese Unterscheidung inzwischen aufgenommen, und der kritische Umgang mit den Quellen gehört zum Standard der Interpretation.[67]

Inzwischen geht es der soziologischen Biographieforschung nicht mehr ausschließlich um die Sicht auf soziale Prozesse vom Individuum aus, sondern auch um den Lebenslauf selbst und dessen autobiographische Deutung. Die soziologische Biographieforschung beschäftigt sich ebenfalls mit der Konstruktion von Identität über die Deutung sozialer Erfahrungen und ihrer Integration zu einem sinnvollen Lebenszusammenhang. Dies ist auch die Perspektive psychologischer und pädagogischer Biographieforschung.[68] Eine Überwin-

---

[66] [173] THOMAS/ZNANIECKI, S. 1831.
[67] Vgl. dazu v. a. [158] KOHLI.
[68] Vgl. als Überblick v. a. [154] JÜTTEMANN/THOMAE. Es ist allerdings merkwürdig, daß dieser Band – abgesehen von der Oral History – von biographi-

dung der strikten Abgrenzung der Fächer und ihrer Perspektiven ist gerade in der Biographieforschung besonders sinnvoll und notwendig.

Biographieforschung in diesem Sinne hat es vor allem mit Lebensrückblicken im Sinne von Autobiographien oder biographischen Interviews zu tun, also mit bewußt produzierten Sinngebungsprozessen des eigenen Lebens. Aus den sich daraus ergebenden quellenkritischen Problemen erwuchsen im Prinzip zwei Strategien, mit diesem Material umzugehen, die in sich wiederum verschiedene Varianten aufzeigen. Die eine Richtung geht gewissermaßen von dem Grundsatz der Freudschen Psychoanalyse aus, daß die Menschen gerade die wichtigsten Erfahrungen ihrer Sozialisation verdrängen und sie nicht an die Oberfläche des Bewußtseins kommen lassen. Das hat zur Folge, daß die wissenschaftliche Analyse autobiographischen Materials versuchen muß, unter die Oberfläche des Erzählten zu dringen, um die verborgenen Strukturen herauszufinden. Die andere Richtung geht umgekehrt davon aus, daß der geschriebene oder gesprochene autobiographische Text die eigentlich wesentlichen Informationen, nämlich den subjektiv wahrgenommenen Sinn lebensgeschichtlicher Erfahrungen, enthält und daß dieser Sinn der wissenschaftlichen Interpretation zugänglich ist. Hintergrund dieser unterschiedlichen Zugangsweisen zur Interpretation lebensgeschichtlicher Texte ist die Skepsis bzw. das Vertrauen gegenüber gewöhnlichen hermeneutischen Interpretationen für das Erfassen von fremden Sinnkonstruktionen und von Subjektivität, aber auch unterschiedliche anthropologische Auffassungen von der Struktur des Psychischen und der Möglichkeit des Menschen, sich selbst zu erkennen und sich dadurch zu wandeln.

Der ersten, skeptischen Richtung gehört zum einen die Psychoanalyse an, wenigstens soweit sie sich auf Sigmund Freud bezieht. Einer der Grundsätze der Psychoanalyse ist, daß die wirklich wichtigen Sozialisationserfahrungen, zumindest die traumatischen, nicht offen thematisiert, sondern »verdrängt« werden. Auch im psychotherapeutischen Gespräch sind sie nicht direkt zugänglich, sondern müssen vom Psychiater in einem langwierigen Prozeß aus bestimmten Formen der Symbolbildung oder der sprachlichen Äußerung (Witzen,

---

scher Forschung in der Geschichtswissenschaft keine Notiz nimmt. Dies liegt nicht nur an der mangelnden Innovationsbereitschaft der Historiker auf diesem Gebiet.

Versprechern, Träumen etc.) herausgearbeitet werden. Es gibt also psychische Instanzen ›hinter‹, ›unter‹ oder ›über‹ dem Ich, die dessen konkretes Verhalten steuern, ohne daß dieses der handelnden Person bewußt ist. Für Freud sind diese Instanzen das Un- bzw. Vorbewußte, das Es und das Über-Ich. Die klassische Psychoanalyse beschäftigte sich vor allem mit diesen Ebenen, während sie dem Ich, also dem bewußten Teil des handelnden Menschen, weniger Aufmerksamkeit schenkte.[69]

Wer biographische Bedeutungsstrukturen aus Texten herauslesen möchte, der muß also, folgt man dieser Richtung, unter die Oberflächenstruktur der Quellen vordringen. Der Weg dazu ist allerdings umstritten. Der Interpretationsansatz der klassischen Psychoanalyse wird wegen seiner Bedeutung für die Sozialisationsforschung in einem eigenen Kapitel über die *Psychohistorie* behandelt werden. Hier sollen weitere Ansätze vorgestellt werden, die zwar in ganz unterschiedlichen theoretischen Kontexten entwickelt wurden, aber der Annahme verpflichtet sind, daß es solche nicht-bewußten Ebenen gibt, die das Wahrnehmen, Denken und Handeln der Menschen steuern

Eine Richtung ist die von dem Psychoanalytiker Alfred Lorenzer entwickelte »Tiefenhermeneutik«. Es geht dabei um eine kritische Weiterentwicklung der Freudschen psychoanalytischen Theorie und zugleich um eine Übertragung aus dem engen therapeutischen Zusammenhang auf eine allgemeine psychoanalytische Sozial- und Kulturanalyse. Die Tiefenhermeneutik will vermeiden, daß soziales Handeln, sofern es sich in Texten niederschlägt, durch seine Subsumption unter Theoriebruchstücke der Psychoanalyse psychologisiert und pathologisiert wird. Die Tiefenhermeneutik verläßt also den engeren Rahmen der psychoanalytischen Theorie, behält aber dafür zentrale methodische Prämissen der psychoanalytischen Praxis bei, indem sie vor allem die besondere Situation des Psychiaters bzw. des Interpretierenden berücksichtigt und die Prozesse von Übertragung und Gegenübertragung[70] durchsichtig macht. Dies geschieht bei der Tie-

---

[69] Dazu trägt heute vor allem die Ich- und die Objektpsychologie bei. Zu diesen Ansätzen und ihrer Bedeutung für die Sozialisations- und Biographieforschung vgl. [209] GOLDBERG; [220] MERTENS; [219] LOEWENBERG.

[70] In der Psychoanalyse versteht man darunter die Verlagerung eines Affektbezugs von einem Mitmenschen auf andere, in der Regel von den Eltern auf den behandelnden Psychiater bzw. dessen eigene affektive Reaktion auf diesen Übertragungsvorgang.

fenhermeneutik durch Interpretation von Texten in Gruppen nach der Art der psychoanalytischen Balint-Gruppen, die diese Übertragungsprozesse in der Psychoanalyse aufhellen und damit helfen sollen, Fehlinterpretationen zu vermeiden.[71]

In scharfem Kontrast zu Lorenzer hat der Frankfurter Soziologe Ulrich Oevermann seine Methode der »objektiven Hermeneutik« formuliert. Wie die Tiefenhermeneutik geht auch die objektive Hermeneutik davon aus, daß es unter der Oberfläche des Textes latente Bedeutungs- und Sinnstrukturen gibt. Oevermann beansprucht, ein Verfahren der Interpretation entwickelt zu haben, das diese latenten Ebenen erstmals einer wirklich wissenschaftlichen Erkenntnis zugänglich macht. Diese latenten Sinnstrukturen sind den historischen Akteuren nicht bewußt, stellen aber die Regeln für ihre eigenen subjektiven Bedeutungszuweisungen bereit. Ihr Verständnis ist gleichzeitig auch die Voraussetzung einer adäquaten wissenschaftlichen Analyse von Subjektivität: »Bevor in den Geistes-, Kultur- und Sozialwissenschaften die Frage behandelt werden kann, was jemand, eine Person, eine Gruppe, eine Organisation oder eine Institution mit einer Handlung beabsichtigte und bezweckte bzw. welche Funktion diese erfüllte, oder was sich an Dispositionen der handelnden Subjektivität aus ihr herauslesen läßt, muß, so zeigt die objektive Hermeneutik, beantwortet worden sein, was diese Handlung objektiv nach geltenden Regeln der Bedeutungserzeugung bedeutet.«[72]

Dieser Blick unter die Oberfläche der Bedeutungsstrukturen biographischen Erzählens und der Durchgriff auf die latenten Sinnstrukturen und damit auf die objektiven Regeln der subjektiven Sinngebung gelingen nach Oevermann durch ein bestimmtes Verfahren, das die »Spuren« oder »Protokolle«, die die latenten Sinnstrukturen in den Handlungen oder Äußerungen von Handlungssubjekten hinterlassen haben, kenntlich macht. Das dazu angewandte Verfahren ist die sogenannte Sequenzanalyse, d. h. die Zerlegung von Texten, vor allem auch von lebensgeschichtlichen Beschreibungen, in kleine und kleinste Einheiten, die jeweils nicht aus dem Gesamtkontext des folgenden Textes, sondern aus sich selbst heraus auf ihren möglichen Sinn hin untersucht werden. Dies geschieht dadurch, daß man für jede einzelne Äußerung zunächst sämtliche möglichen sinnvollen Zusammenhänge, in die sie gestellt werden kann, auflistet und erst dann

[71] Vgl. [160] LORENZER; dazu [159] KÖNIG.
[72] [164] OEVERMANN, S. 112 f.

ihre Bedeutungseinschränkung durch die nächste Sequenz untersucht. Am einfachen Beispiel einer Fernsehansage, die mit »Guten Abend, meine Damen und Herren, und willkommen im Ersten Programm« beginnt, zeigt Oevermann, daß über »Guten Abend« zunächst eine Begrüßungshandlung mit Gegenseitigkeit eingeleitet werden soll, der Zusatz »und willkommen im Ersten Programm« macht diese Deutung der Begrüßungshandlung auf Gegenseitigkeit sinnlos bzw. ihr Sinn liegt gerade in der Vortäuschung von reziproker Kommunikation. Der latente Sinn der Fernsehansage wäre also die Vortäuschung einer realen Kommunikationssituation.

Dieses hier am simplen Beispiel der Fernsehansage nur oberflächlich demonstrierte Verfahren wurde von Oevermann auf viele verschiedene Textsorten, auch auf biographische Texte ausgeweitet.[73] Anhand von Analysen von Gesprächssequenzen zwischen Kindern und Eltern konnte er zeigen, daß unterhalb des gesprochenen Textes gewissermaßen noch ein Subtext mitläuft, über den latente Sinnstrukturen vermittelt werden, die »den Bildungsprozeß des Subjekts unabhängig von dessen entwicklungsstandspezifischer Kapazität der Sinninterpretation« beeinflussen.[74] Oevermann geht also davon aus, daß die latenten Sinnstrukturen vom Kind übernommen werden, auch wenn es von seiner Entwicklung her noch nicht in der Lage ist, sie zu verstehen.

Oevermanns Theorie der objektiven Hermeneutik stellt sicher einen Versuch dar, den sozialwissenschaftlichen Umgang mit Texten methodisch intensiv zu reflektieren und überprüfbar zu machen. Insofern ist die objektive Hermeneutik eine Methode, mit der sich die Lebenslaufforschung auseinandersetzen muß. Auf der anderen Seite ist der Aufwand dieser Sequenzanalysen außerordentlich groß, und an den von Oevermann angeführten Beispielen wird nicht immer ganz deutlich, inwieweit die Squenzanalyse im Ergebnis nicht auch über eine kritische Lektüre von Texten und mit einer common sense-Interpretation erreicht werden kann. Ob, wie von Oevermann behauptet, die objektive Hermeneutik allein in der Lage ist, sozialwissenschaftliches Interpretieren von Texten auf eine wissenschaftliche Grundlage zu stellen, kann bezweifelt werden. Schließlich, und dies ist der

---

[73] Zum obigen Beispiel vgl. [165] OEVERMANN; [164] OEVERMANN; [168] REICHERTZ; [163] OEVERMANN u. a. Kurze Zusammenfassung der Position Oevermanns auch bei [147] FUCHS-HEINRITZ, S. 15 f.

[74] [163] OEVERMANN u. a., S. 373.

gravierendste inhaltliche Einwand, geht die objektive Hermeneutik wie die Tiefenhermeneutik und die Psychoanalyse davon aus, daß diese latenten Sinnstrukturen feststehend (und allenfalls durch psychoanalytische Behandlung veränderbar) sind, die Lebensgeschichte des Menschen also keine Wandlungen der latenten Sinnstrukturen kennt.[75]

Eine weitere Richtung, die ebenfalls nicht auf die Oberflächenstruktur von Texten schaut, sondern wie die objektive Hermeneutik eine latente Aussageebene herausarbeiten will, ist die oben bereits erwähnte Historische Verhaltensforschung August Nitschkes. Nitschke sucht nach bestimmten Mustern der in Text und Bildern dargestellten Interaktionsformen sowie nach den Wirkungen von Aktionen.[76] Bei seinen formalen Analysen von Texten und bildlichen Quellen entdeckte er, daß die Wirkungen von Handlungen in unterschiedlichen Zeiten und Gesellschaften verschieden wahrgenommen und dargestellt wurden, daß sich deshalb auch die Vorstellungen der Menschen, welche Verhaltensweisen als besonders wirkungsvoll gelten, ändern. »Das Ziel der Historiker, die so vorgehen, ist es festzustellen, welche Handlungen in einer Gesellschaft als besonders wirksam gelten. Sie gehen davon aus, daß die Effektivität einer Handlung unter anderem davon abhängt, wer nach Meinung der Angehörigen einer Gesellschaft Veränderungen herbeiführen kann, die Handelnden selber oder Personen oder Aktionen ihrer Umgebung.«[77]

Nitschke unterscheidet vor allem zwischen Gesellschaften, in denen autodynamische Verhaltensweisen überwiegen, und solchen, in denen heterodynamischen Verhaltensweisen der Vorzug gegeben wird. Im ersten Fall wird eigenes Handeln als wirkungsvoller betrachtet, im anderen die Angleichung an Personen oder Prozesse in der Umwelt. Das Vorgehen ist im Prinzip ganz ähnlich wie bei der objektiven Hermeneutik, in dem vom größeren Kontext der jeweiligen Quelle abstrahiert wird und einzelne Sequenzen genau beschrieben werden. Die Orientierung an den Wirkungsweisen erlaubt zugleich eine Integration von naturwissenschaftlichen Texten in die Analyse. Auch hier konnte Nitschke zeigen, daß sich die Wirkungsweisen, mit denen Gesellschaften rechnen, ändern und diese Veränderungen parallel laufen zu den Wandlungen sozialer Verhaltens-

[75] [143] BUDE, S. 138 f.
[76] S. o. S. 15 seine erste Fragestellung nach kulturspezifischen Dynamikformen.
[77] [274] NITSCHKE, S. 79.

weisen.[78] Im Gegensatz zu Oevermanns »objektiver Hermeneutik« wurde Nitschkes Historische Verhaltensforschung nicht im Zusammenhang der Bemühungen um eine wissenschaftliche Fundierung der Sozialisationsforschung entwickelt. Sie ließe sich jedoch in solche Studien gewissermaßen als Grundlagenforschung einbauen.

In gewisser Weise hat es allen diesen hier beschriebenen Richtungen, die das eher naive und intuitive Verstehen von Texten durch ein auf die methodisch kontrollierte Erkenntnis der objektiven Strukturen gerichtetes Verfahren ersetzen wollen, an einer breiteren Akzeptanz innerhalb der jeweiligen Fachdisziplinen gefehlt. Sie setzen das Verlassen altbewährter Verfahren voraus, laufen immer wieder in der Tat auch Gefahr, durch ihre starke Formalisierung der Quelleninterpretation Kontexte nicht angemessen zu berücksichtigen, enthalten aber doch ein noch keineswegs ausgeschöpftes Innovationspotential. Die historische Sozialisationsforschung und Lebenslaufforschung sollten diese Methoden deshalb nicht aus ihrem Ansatz ausschließen.

Die zweite große Richtung der Interpretation autobiographischer Quellen geht davon aus, daß diese Texte selbst die relevanten Aussagen enthalten und daß es einen tieferliegenden, verborgenen Sinn entweder nicht gibt oder daß er über das autobiographische Material zumindest wissenschaftlich kontrollierbar nicht zugänglich ist. In autobiographischen Quellen (Interviews, Lebenserinnerungen etc.) sehen die Anhänger dieser Richtung Konstruktionen des eigenen Lebenslaufs, über die die Verfasser die Ereignisse ihres Lebens in einen sinnvollen, erzählbaren Zusammenhang bringen. Es sind Äußerungen von Subjekten, die aus der nicht darstellbaren Vielzahl der Ereignisse, Erfahrungen und Zusammenhänge eine Auswahl treffen und über die Zuweisung ihrer biographischen Bedeutung ihre eigene Subjektivität zum Ausdruck bringen. »Das Subjekt ist das, wodurch der einzelne so ist, wie er sich zeigt.«[79] Das heißt nicht, daß das individuelle Leben ausschließlich das Resultat rationaler Entscheidungen ist. Die Regeln der eigenen Handlungsführung sind den Individuen in der Tat oft nicht bewußt. Sie können aber im Prinzip bewußt werden und sind damit im Verlauf des Lebens auch prinzipiell revidier-

---

[78] Eine weitere Methode, auf latente Textaussagen zu stoßen, war die von Michel Foucault entwickelte Diskursanalyse. Vgl. [254] FOUCAULT; [253] FOUCAULT.

[79] [142] BUDE, S. 250.

bar. Für den Forscher sind sie der Oberflächenstruktur der Texte entnehmbar, da bestimmte Erzählstrukturen und -stile auf spezifische Formen der Lebenslauforganisation hindeuten.

Aus dieser Grundposition ergeben sich verschiedene Verfahren, autobiographische Dokumente zu interpretieren. Ein vor allem für die Oral History wegweisender (aber keineswegs nur auf sie anwendbarer) Ansatz stammt von Fritz Schütze, der den »kognitiven Figuren des autobiographischen Stegreiferzählens« nachgeht.[80] Schütze unterscheidet zunächst drei verschiedene Prozeßstrukturen des Lebenslaufs, die in lebensgeschichtlichen Erzählungen zum Tragen kommen. Dies sind zum einen intentionale Prozeßstrukturen. Bei ihnen erscheinen Abschnitte oder Sequenzen im Lebenslauf durch die klare Formulierung eigener Lebensziele geprägt. Daneben stehen »institutionelle Ablaufmuster«, bei denen das Durchlaufen von Institutionen (Schule, Berufskarriere etc.) ausschlaggebend sind. Schließlich kann es Phasen im Lebenslauf geben, in denen weder die institutionellen noch die intentionalen Muster dominieren, sondern das passive Erleiden von Kräften, die von außen auf das Individuum einwirken. Schütze bezeichnet diese passiven Prozeßstrukturen als »Verlaufskurven«[81], weil das eigene Leben als ein von außen gesteuerter Verlauf erfahren und dargestellt wird.

Diese verschiedenen Prozeßstrukturen ergeben sich aus der inhaltlichen Analyse lebensgeschichtlicher Erzählungen. Aufschluß über ihre zeitliche Abfolge im Lebenslauf geben bestimmte Formen und Sequenzen des Erzählens, die durch Brüche im Erzähltext oder andere Markierungen kenntlich gemacht sind. Eine solche Interpretation setzt somit eine intensive philologisch-kritische Beschäftigung mit den Texten voraus.

Unter sozialisationshistorischen Aspekten ist an dem Ansatz Schützes auch wichtig, daß er davon ausgeht, daß die Identität des einzelnen nicht in diesen verschiedenen Prozeßstrukturen des Lebenslaufs aufgeht, sondern einem langsameren Entwicklungsmuster folgt. Alkoholiker z. B. haben lange ein anderes Bild von sich selbst, als ihr Bericht über die tatsächlichen, vom Muster der »Verlaufskurven« dominierten Prozeßstrukturen ihres Lebenslaufs es nahelegt. Diese Differenz genau zu markieren ist wichtig. Nur so gelingt es, die Pro-

---

[80] Vgl. v. a. [185] SCHÜTZE.
[81] [185] SCHÜTZE, S. 89. Solche »Verlaufskurven« dominieren die Prozeßstrukturen des Lebenslaufs z. B. von Alkoholikern u. a. Menschen am Rande der Gesellschaft.

duktion und Bedeutung von Selbstbildern für die Integration des eigenen Lebenslaufs in einen einheitlichen, wenngleich möglicherweise illusionären Lebenszusammenhang wissenschaftlich zu analysieren.

Mit ähnlichen Strategien der inhaltlichen und formalen Analyse von lebensgeschichtlichen Erzählungen arbeitet auch der Volkskundler Albrecht Lehmann.[82] Er untersucht die Leitlinien des Erzählens in lebensgeschichtlichen Interviews. Diese Leitlinien sind Hilfsmittel, die Erinnerungen an das vergangene Leben zu strukturieren, sie in eine chronologische Ordnung zu bringen und gleichzeitig eine gewisse Hierarchie von Bedeutungen einzelner Erzählstränge zum Ausdruck zu bringen. Läßt man sich in lebensgeschichtlichen Interviews den Gang eines Lebens frei erzählen, so können dem Erzähler die Stufen der beruflichen Entwicklung als »Leitlinie« des Erzählens dienen, oder auch Urlaubsreisen oder die Entwicklung und die Ausbildungsstationen der Kinder usw. Die Auswahl dieser Leitlinien sind zwar eine »subjektive Leistung« des Erzählers, aber dennoch nicht unabhängig von sozialer Lage oder Geschlecht.[83]

Für die Historische Sozialisationsforschung lassen sich aus der Analyse der Leitlinien autobiographischen Erzählens die Bedeutungsstrukturen ablesen, die bestimmten Erfahrungszusammenhängen oder Zäsuren im Lebensrückblick beigemessen werden. In diesen Leitlinien des Erzählens sind mithin Interpretationen über den eigenen Lebenszusammenhang verdichtet greifbar. Zugleich bieten sie sich an für Untersuchungen zu schicht- und generationenspezifischen Formen der Selbstreflexion und Identitätsbildung.

4. Oral History

Im Gegensatz zu den anderen hier behandelten Themen ist die Oral History kein thematisch begrenztes Forschungsfeld, sondern eine Methode. Sie zielt darauf ab, durch mündliche Befragung Aufschluß über die Vergangenheit und vor allem über das Erleben und Erinnern von Geschichte zu bekommen. Oral History wird als wichtiges Mittel zur Erhebung von Fakten besonders in solchen Fällen eingesetzt,

---

[82] [180] LEHMANN.
[83] [180] LEHMANN, S. 26: »Leitlinien des Erzählens erweisen sich als Selbstgestaltungen, als subjektive Leistungen, die aber abhängig sind von gesellschaftlichen Erfahrungen.«

in denen eine andere, schriftliche oder visuelle, Überlieferung nicht zur Verfügung steht. Dies ist z. B. in vielen kolonialen Gesellschaften v. a. Afrikas der Fall, in denen die schriftliche Überlieferung von Geschichte fast ausschließlich die Perspektive der Europäer wiedergibt, während die Erfahrungsgeschichte der kolonialen Situation allenfalls durch mündliche Überlieferung greifbar wird.

Aber auch in Europa existieren über die Lebenserfahrungen und das Handeln eines Großteils der Menschen kaum oder gar keine schriftlichen Quellen. Oral History wurde daher von der Geschichtswissenschaft als Methode der Informationsgewinnung eingesetzt, als sie sich im Rahmen der Sozial- und Alltagsgeschichte verstärkt den Lebensbedingungen und -erfahrungen der ›einfachen Leute‹ zuzuwenden begann. »Eine demokratische Zukunft bedarf einer Vergangenheit, in der nicht nur die Oberen hörbar sind«, begründete Lutz Niethammer, einer der wichtigsten Förderer der Oral History in der Bundesrepublik, 1980 seine Hinwendung zu dieser Quellengattung.[84]

Neben der Ausweitung der sozialen Basis der Geschichtsschreibung brachte die Oral History aber auch eine Verschiebung des Interesses weg von der reinen Rekonstruktion von lokalhistorischen oder biographischen Fakten zum Prozeß der Erinnerung. Oral History ist nicht nur mündliche Weitergabe von Geschichte, sondern Weitergabe erinnerter Geschichte. Gerade dieser Aspekt macht die Oral History für die Historische Sozialisationsforschung besonders interessant. Die Erinnerung an die Erfahrungen, die ein Individuum in Kindheit und Jugend machte, an die Interaktionsformen in der Familie, an die Akzeptanz oder Zurückweisung von Werten und Verhaltensformen, gibt auch Auskunft über die lebensgeschichtliche Bedeutung, die eine Person diesen Sozialisationserfahrungen zuweist.

Aus dieser doppelten Perspektive der Oral History, der Erhebung zusätzlicher faktischer Informationen und der Erschließung von Deutungen, ergaben sich verschiedene Methoden der Interviewpraxis und der Interpretation. Geht es darum, zusätzliche Informationen über objektive Lebensumstände oder historische Ereignisse und Zu-

---

[84] [183] NIETHAMMER, S. 7. Dieser Band bietet zugleich einen guten Überblick über die Entwicklung der Oral History in verschiedenen Ländern und bietet wichtige Beiträge zur Methode. Einen guten Überblick bieten auch [188] VORLÄNDER sowie [146] FUCHS, S. 95 ff. Die beste Einleitung in die Praxis und Arbeitsorganisation bieten die Studienbriefe der Fernuniversität Hagen von [176] BRÜGGEMEIER/WIERLING sowie der Einführungsband des Nestors der britischen Oral History [187] THOMPSON.

sammenhänge zu bekommen, so stellt die Tatsache, daß unser Gedächtnis uns oft trügt, daß wir Dinge vergessen oder falsch interpretieren, eine erhebliche Schwierigkeit für den Historiker dar. Er muß versuchen, durch die Variation von Interviewsituationen, Kontrollinterviews oder durch die Standardisierung von Interviews bei Massenuntersuchungen derartige Fehlerquellen auszuschalten.

Geht es dagegen um die Erhebung des Zusammenhangs zwischen Sozialisationserfahrungen und lebensgeschichtlicher Erinnerung, sind diese subjektiven Faktoren und Wertungen dasjenige, was von besonderem Interesse ist. Das heißt, es müssen Interviewtechniken angewandt werden, die diese Elemente gerade nicht ausschalten, sondern erlauben, daß sie möglichst genuin zum Vorschein kommen. Solche lebensgeschichtlichen Interviews werden daher in der Regel als ›freie Interviews‹ durchgeführt. Das heißt, daß der Interviewer möglichst keine Vorgaben machen und auch möglichst wenig selbst fragen, sondern den Interviewpartner sein Leben erzählen lassen sollte. Nur so kommen die subjektiven Bedeutungshierarchien der Erinnerung und die lebensgeschichtlichen Zäsuren, die das Individuum für sich setzt, klar zum Vorschein.[85] Lebensgeschichtliche Interviews erfordern darüber hinaus meist mehrfache Gesprächstermine. In diesen Wiederholungssitzungen bietet sich dann dem Interviewer die Möglichkeit, selbst stärker nachzufragen, unklare Zusammenhänge zu klären und weitere Erinnerungen durch gezielte Fragen anzuregen.

Die Schwierigkeiten dieser lebensgeschichtlichen Interviews liegen zum einen in der Interviewsituation und zum anderen bei den Methoden der Interpretation. Lebensgeschichtliche Interviews basieren auf der Bereitschaft der Interviewpartner zu offenem Erzählen. Sie setzen somit ein gewisses Vertrauensverhältnis voraus und ein Respektieren des Bedürfnisses nach Vertraulichkeit. Hierbei kann man als Forscher oft in Konflikt mit den eigenen Interessen kommen, denn diese vertraulich erzählten Informationen sind meist die wichtigsten, gerade sie sollen jedoch nicht an die Öffentlichkeit dringen. Sehr häufig verlangen Interviewpartner in solchen Situationen auch,

---

[85] ›Kontrollmöglichkeiten‹ ergeben sich auch durch die Aufforderung an die Interviewpartner, ihre Lebensgeschichte selbst noch einmal aufzuschreiben. Untersuchungen zu derartigen Parallelerhebungen haben gezeigt, daß bezeichnende Unterschiede zwischen mündlicher Erzählung und schriftlicher Fixierung der Erinnerungen bestehen. Vgl. dazu v. a. [175] WARNEKEN, S. 58 f. und [188] VORLÄNDER, S. 16.

daß das Tonband abgeschaltet wird. Solche Gespräche müssen dann über ein nachträgliches Gesprächsprotokoll festgehalten werden. Über ihre Verwendung in der Darstellung kann nicht ohne nochmalige Rücksprache mit dem Interviewpartner entschieden werden. Das andere Problem ist das der Interpretation lebensgeschichtlicher Interviews. Im Prinzip gelten bei der Oral History keine anderen Interpretationsregeln, als sie die Geschichtswissenschaft für die Gattung der Traditionsquellen (Memoiren etc.) insgesamt entwickelt hat. Bei der Oral History ist allenfalls noch die größere Bedeutung des Interviewers zu berücksichtigen, der durch bestimmte Fragen natürlich auch bestimmte Antworten provozieren kann. Die verschiedenen Interpretationsmethoden lebensgeschichtlicher Interviews wurden bereits in dem Abschnitt über die Lebenslaufforschung vorgestellt. Hier sollen deshalb nur noch einige spezifische Aspekte der Interviewsituation berücksichtigt werden.

Die Arbeit mit lebensgeschichtlichen Interviews setzt eine präzise Analyse der Erzählstrukturen, der Wortwahl, der Wiederholungen, Pausen etc. voraus. Ein Einsatz von Oral History ist daher nur dann sinnvoll, wenn die Möglichkeit zur präzisen Transkription der Interviews besteht.[86] Dies ist ein zeitraubendes Unternehmen, ist aber die Grundlage jeder wissenschaftlichen Beschäftigung mit diesen Quellen. Transkripte erleichtern auch die intersubjektive Überprüfbarkeit von Interpretationen. Wie jede andere wissenschaftliche Arbeit muß auch die Oral History sicherstellen, daß ihre Quellen für andere zugänglich sind. Eine Angabe darüber, wo die Gesamttranskripte von Interviews und evtl. auch die Tonbänder selbst verwahrt werden, gehört daher zum wissenschaftlichen Standard von Arbeiten, die diese Methode einsetzen.

Oral History schafft ein Vertrauensverhältnis zwischen erzählender Person und Forscher. Voraussetzung für das Gelingen von Interviews ist daher meist, daß das Forschungsinteresse klar gemacht und Mißtrauen gegen die Neugier des Außenstehenden abgebaut werden kann. Dies gelingt oft besser, wenn man eine Gewährsperson nennen kann, die eine gewisse Mittlerrolle im Dorf oder dem Stadtteil übernehmen kann.

Schließlich sollten alle, die lebensgeschichtliche Interviews durchführen, sich darüber klar sein, daß sie zwar keine psychoanalytischen Sitzungen machen, daß bei ihren Interviewpartnern aber häufig durch

---

[86] Zur Transkription vgl. z. B. [146] FUCHS, S. 269 ff.

das lebensgeschichtliche Erzählen Erinnerungen wieder wach werden, die traumatischer Art sein können und oft zu menschlich schwierigen Situationen im Gespräch führen. Auf solche Situationen sollte man gefaßt und zugleich bereit sein, die Interviewpartner dann nicht mit ihren Erinnerungen allein zu lassen. Wiederholungsinterviews können auch der Betreuung von Interviewpartnern dienen. Oft entstehen dadurch allerdings besonders bei älteren und einsamen Personen Erwartungshaltungen an Wiederholungsbesuche, die gerade Studierende auf die Dauer nicht erfüllen können. Es ist wichtig, hier dem Interviewpartner gegenüber offen die Grenzen des eigenen Engagements darzulegen.

5. Psychohistorie

Es gibt wohl keinen methodischen Zugang zur Vergangenheit, der so umstritten ist wie der der sogenannten Psychohistorie. Psychohistorie ist der Versuch, die Motive des Verhaltens von Menschen in der Vergangenheit aus ihren lebensgeschichtlichen Erfahrungen zu erklären und dabei das theoretische und methodische Instrumentarium der Psychoanalyse einzusetzen. Die Psychohistorie ist der Überzeugung, daß mit diesem Instrumentarium sowohl individuelle wie gruppenspezifische Handlungsmotivationen erklärt werden können. In ihrer selbstbewußtesten und kompromißlosesten Version, der Schule von Lloyd deMause, geht die Psychohistorie sogar davon aus, daß nur sie wirklich historische Erklärungen im wissenschaftlichen Sinne bereitstelle, während die Geschichtswissenschaft sich auf das Erzählen beschränke bzw. dort, wo sie Erklärungen menschlicher Motivationen zu geben behauptet, sich auf einen unreflektierten Ökonomismus bzw. auf vulgärpsychologische Versatzstücke Freudscher Theorie stütze.[87]

Dieser hohe Anspruch von Lloyd deMause wurde nicht nur von allgemeinen Fachhistorikern vehement bekämpft, sondern auch von gemäßigteren psychoanalytisch ausgebildeten oder informierten Historikern skeptisch betrachtet oder abgelehnt. Von den ›Normal-

---

[87] Vgl. [195] DEMAUSE, S. 23 f.: »Psychohistorie […] ist […] damit beschäftigt, Gesetzmäßigkeiten herauszuarbeiten und Ursachen zu entdecken […] Das Verhältnis zwischen Geschichtswissenschaft und Psychohistorie entspricht dem Verhältnis zwischen Astrologie und Astronomie«.

Historikern‹ wurde der Psychohistorie umgekehrt der Vorwurf gemacht, daß sie mehr oder weniger Scharlatanerie betreibe.[88]

Läßt man die gegenseitigen Mängelzuweisungen einmal unberücksichtigt und unterstellt, daß die Psychoanalyse eine Methode ist, die wissenschaftlich überprüfbare Ergebnisse über Sozialisationsprozesse herausfinden kann und sich aus der therapeutischen Situation heraus auf historisches Quellenmaterial übertragen läßt, dann ergeben sich für die Historische Sozialisationsforschung verschiedene fruchtbare Felder der Zusammenarbeit:

Die zentrale Fragestellung der Psychoanalyse ist die Erforschung der lebensgeschichtlichen Ursachen von psychischen Störungen, aber auch ganz allgemein von handlungsleitenden Motiven. Sie sucht diese Ursachen meist in frühkindlichen Erfahrungen, aber auch in späteren Traumatisierungen. Dieser Ansatz ist für die Historische Sozialisationsforschung natürlich von hoher Bedeutung und stellt zugleich eine erhebliche methodische Herausforderung dar.[89]

Im Gegensatz zur traditionellen Geschichtswissenschaft geht die Psychoanalyse von dem Grundsatz aus, daß die Begründungen, die die Akteure selbst für ihre Handlungen geben, gerade in den wichtigsten Fällen vordergründig sind und die wahren Motive verbergen. Der Ansatz der Psychoanalyse zielt darauf, Verdrängungen, Abwehrhaltungen, Übertragungen etc. zu identifizieren, um den Klienten zum eigentlichen Kern seines Problems zu führen. Ist ein ausreichendes Quellenmaterial vorhanden, so kann diese Aufklärungsarbeit nicht nur im therapeutischen Gespräch geleistet, sondern auch auf die Analyse historischer Persönlichkeiten und die von ihnen hinterlassenen Quellen übertragen werden. Das ist zumindest die Auffassung vieler Psychoanalytiker, vor allem jener, die sich als Psychohistoriker bezeichnen.[90]

---

88 Die schärfste, aber auch brisanteste Auseinandersetzung mit der Praxis, vor allem aber auch mit dem wissenschaftstheoretischen Status der Psychohistorie und der Psychoanalyse findet sich bei [233] STANNARD. Der Titel dieses Buches »Shrinking History. On Freud and the Failure of Psychohistory« spielt mit dem umgangssprachlichen englischen Begriff »shrink« für Psychiater. Die Psychohistoriker scheinen sich mit Stannard bisher kaum auseinandergesetzt zu haben. Eine wichtige Kritik an einer unhistorischen Psychohistorie jetzt auch bei [558] KIMMERLE, S. 77 ff.

89 Vgl. als Überblick über das Verhältnis von Psychoanalyse und Geschichtswissenschaft jetzt v. a. [230] RÜSEN/STRAUB, darin v. a. [235] STRAUB.

90 Die beste Einführung in das Gebiet der Psychohistorie ist wohl noch immer [219] LOEWENBERG, v. a. S. 14–41 das Kapitel »Psychohistory. An Overview over the Field«, mit reichhaltigen Literaturangaben. Sehr stark der Schule von deMause verpflichtet ist [225] NYSSEN/JANUS.

Freud selbst hat mehrere solcher historischen Arbeiten vorgelegt. Gerade seine Versuche machen allerdings auch die Schwierigkeiten und Grenzen der Methode deutlich.

Der zentrale methodische Ansatzpunkt für die Psychoanalyse sind die Prozesse von Übertragung und Gegenübertragung. Der Analysand überträgt in der Analyse bestimmte Gefühle, Konflikte und Erfahrungen mit signifikanten Anderen (meist Eltern oder Geschwister) auf den Analytiker. Dieser reagiert seinerseits mit einer Gegenübertragung. Beide Prozesse zusammen konstituieren die »psychoanalytische Situation«. Die Arbeit an diesen Prozessen führt den Analytiker auf die Fährte der verborgenen Motive, auf die Ursachen neurotischer Strukturen etc. Seine eigene Gegenübertragung ist dem Analytiker jedoch nur dann richtig zugänglich, wenn er im Rahmen einer Lehranalyse auch sein eigenes Unbewußtes kennengelernt hat und sich so selbst aus kritischer Distanz betrachten kann.

Auch die psychohistorische Interpretation beruht auf einer spezifischen Dynamik zwischen dem Quellenmaterial und dem Interpreten. Zwar kann es logischerweise keinen Prozeß der Übertragung von der untersuchten historischen Person auf den Historiker geben, sehr wohl aber einen der Gegenübertragung, des Widerstands und der Angst von seiten des Historikers auf sein Objekt. Dieser Prozeß der Gegenübertragung bei der historischen Interpretation beruht nach dem Psychohistoriker Peter Loewenberg auf einem »basic intellectual-emotional bond between the historian and his material from the past ... The historian should be capable of some kind of genuine contact with the cognitive and emotional communications from the past«.[91]

Über diesen Weg arbeitet sich der Psychohistoriker in das Material ein und rationalisiert zugleich seinen Interpretationsansatz, der zunächst über den Prozeß der Gegenübertragung von seinen eigenen, auf das historische Material projizierten Ängsten etc. determiniert ist. Wie in der klinischen Praxis, so setzt auch in der Psychohistorie die qualifizierte Arbeit am Prozeß der Gegenübertragung eine psychoanalytische Ausbildung und Selbstanalyse voraus. Psychohistorie kann also nicht einfach als Anwendung einiger Versatzstücke psychoanalytischer Theorie praktiziert werden, sondern nur mit einer Doppelqualifikation als Historiker und als Analytiker. In den USA wurde

---

[91] [219] LOEWENBERG, S. 5.

diese Doppelqualifikation an vielen Universitäten nachhaltig gefördert und mit eigenen Studiengängen in Psychohistorie verbunden. In Europa gibt es bisher nur wenige Historiker, die zugleich auch als Analytiker tätig sind, und keine expliziten Ausbildungsgänge in Psychohistorie.

Das Konzept der Gegenübertragung weitet das allen hermeneutisch orientierten Wissenschaften bewußte Problem der Person des Interpreten, seines weltanschaulichen Standpunktes, seiner Vorurteile und seines Vorwissens auf seine eigene psychische Struktur und seine Lebensgeschichte, speziell seine Kindheitserfahrungen, aus. Daß die Geschichtswissenschaft dies bislang nicht getan hat, steht im Zentrum des Vorwurfs der Unwissenschaftlichkeit, der den traditionellen Historikern von seiten der Psychohistorie gemacht wird. Liest man manche historischen Interpretationen, so legt sich in der Tat der Verdacht nahe, daß hier Projektionen persönlicher Erfahrungen und Konflikte in die Interpretation eingeflossen sind. Die Sozialgeschichte der Kindheit scheint ein Feld zu sein, das solche Projektionen und Gegenübertragungen in erheblichem Maße anzieht. Anders sind die oft so widersprüchlichen Interpretationen vergangener Lebensverhältnisse von Kindern kaum erklärbar.[92]

Andererseits sind Historiker zu Recht skeptisch, was die von Loewenberg geforderte »kognitive und emotionale Kommunikation mit der Vergangenheit« anbetrifft.[93] Sie setzt voraus, daß die kognitive und emotionale Struktur der Menschen in der Vergangenheit die gleiche war wie die in der Gegenwart oder zumindest so ähnlich, daß eine solche auf Empathie, also auf Einfühlung beruhende Kommunikation

---

[92] Vgl. [235] STRAUB, S. 31. Auf der anderen Seite basiert Geschichtswissenschaft – wie jede Wissenschaft – auf der intersubjektiven Überprüfbarkeit der Ergebnisse und der gegenseitigen Kritik. Das unterscheidet sie z. B. ganz wesentlich von der therapeutischen Sitzung der Psychoanalyse. Kritiker wie deMause scheinen dieses Grundprinzip von Wissenschaft nicht besonders ernst zu nehmen. Viele Psychohistoriker – von Freud angefangen – pflegen zudem einen außerordentlich laxen Umgang mit den Quellen und sind oft nicht in der Lage, sie in einen präzisen historischen Kontext einzuordnen. Das klassische Beispiel ist Freuds Leonardo-Studie, bei der der Großteil der historischen Grundannahmen nachweislich falsch oder außerordentlich unwahrscheinlich ist. Die Literatur dazu ist zusammengefaßt bei [233] STANNARD, S. 3 ff.; vgl. zu Freuds Leonardo-Studie außerdem [217] KIMMERLE sowie [201] ELMS, S. 35 ff. Ähnlich problematisch scheinen mir z. T. die weitaus ohne historischen Kontext operierenden Interpretationen v. a. zu Heinrich Suso bei [206] FRENKEN.

[93] [219] LOEWENBERG, S. 5.

und ein direktes Verständnis der vergangenen Lebensäußerungen, möglich ist. Historiker sehen es im allgemeinen als einen Fortschritt gegenüber der auf eben dieser Annahme beruhenden Geschichtswissenschaft des 19. und frühen 20. Jahrhunderts an, daß sie heute nicht mehr ohne weiteres von einer solchen Identität menschlichen Wahrnehmens, Denkens und Fühlens über die Zeiten hin ausgehen. Eine kritische Auseinandersetzung mit der Vergangenheit erfordert dann gerade ganz andere Methoden als die der Psychoanalyse mit ihrer traditionellen Hermeneutik.[94]

Neben dieser Psychohistorie im engeren Sinne, die die »psychoanalytische Situation« auf die historische Arbeit überträgt, gibt es eine Schule, die gewissermaßen nur die aus der klinischen Beobachtung gewonnenen Modelle der psychischen Entwicklung von Kindern und Jugendlichen an historischem Material erprobt bzw. sie als Hypothesen zur Erklärung menschlichen Handelns einsetzt. Zu dieser Richtung gehören vor allem die einflußreichen Arbeiten Erik H. Eriksons, die sowohl auf die historische wie auch auf die ethnologische Forschung einen ungeheuren Einfluß ausgeübt haben.[95]

Erikson hat das Freudsche Modell der drei Phasen kindlicher Entwicklung (oral, anal, genital) erweitert und vor allem auch die Phase der Jugend in sein psychoanalytisches Entwicklungsmodell einbezogen. Im Zentrum von Eriksons Arbeiten steht die Frage nach der Herausbildung der persönlichen Identität bzw. ihrer Störung durch spezifische Entwicklungsbedingungen in Kindheit und Jugendalter. Er faßt seinen Ansatz zu einer »epigenetischen Entwicklungstheorie« zusammen. Sie besagt, etwas vereinfacht, daß jede Entwicklungsstufe durch besondere Entwicklungsaufgaben, aber auch -probleme gekennzeichnet ist und daß die Art, wie diese Probleme gelöst wurden, die Problemlösungskapazitäten auf der jeweils nächsten Stufe beeinflußt.

In der Phase der Adoleszenz stehen dann gewissermaßen noch einmal alle Probleme erneut zur Diskussion und müssen zu einer für das Individuum sinnvollen Form der Ich-Identität integriert werden. Dies heißt, daß Adoleszenz gewissermaßen eine konstitutionelle Kri-

---

[94] Dies ist der Ansatzpunkt z. B. von Foucault, aber auch der Historischen Verhaltensforschung August Nitschkes und vieler Autoren, die sich mit der Geschichte des Wandels der Mentalitäten beschäftigen. Vgl. z. B. die vorzügliche Untersuchung von [244] GURJEWITSCH zu den Vorstellungen vom Individuum im europäischen Mittelalter.

[95] Vgl. dazu oben S. 24.

senzeit ist. Es bedeutet aber auch, daß zumindest bis zu diesem Alter Problembereiche auch nochmals produktiv neu bearbeitet und gelöst werden können. In der Zeit der Jugend wird allerdings auch der Kampf der Jugendlichen um ihre eigene Identität schärfer. Die Bedrohung der eigenen Entfaltungsmöglichkeiten durch überzogene Erwartungshaltungen der Eltern und der Familie führen zu heftigen Gegenreaktionen oder dazu, daß Jugendliche sich an Vorbildern außerhalb der Familie orientieren, an starken Männern (Führern), Cliquen, Ideologien.[96]

Interessant ist, daß Eriksons Identitätstheorie dabei von einer ganz ähnlichen anthropologischen Grundannahme ausgeht wie die geradezu antipsychoanalytisch orientierte Historische Verhaltensforschung August Nitschkes. Beide betonen, daß Kinder und Jugendliche die Überzeugung haben müssen, daß sie »effizient« (Nitschke) handeln können, bzw. daß sie die Gewißheit haben müssen, daß ihr Handeln »sinnvoll« (Erikson) ist, so daß sie für sich die Überzeugung gewinnen können, »daß man auf eine erreichbare Zukunft zuschreitet, daß man sich zu einer bestimmten Persönlichkeit innerhalb einer nunmehr verstandenen sozialen Wirklichkeit entwickelt«.[97]

Auch die Psychoanalyse beruht auf anthropologischen Vorannahmen, die sie in ihrer Theorie nicht weiter reflektiert. Aus historischer Perspektive müssen solche Vorannahmen durchaus kritisch auf ihre geschichtliche Reichweite hinterfragt werden. Die Ergebnisse der Historischen Verhaltensforschung stützen den Eriksonschen Ansatz in gewisser Hinsicht historisch ab. Die Folgerungen, die Erikson aus dieser Prämisse ableitet, sind allerdings sehr viel stärker familien- und integrationsbezogen als die Aspekte, die Nitschke betont. Ihm geht es um das Innovationspotential der Jugend, das sich seiner Ansicht nach mit einem psychoanalytischen Ansatz gerade nicht erklären läßt, sondern nur aus einem sozialisationsunabhängigen Wandel der Wahrnehmungsweisen von Wirklichkeit, zu dem es nach Nitschke kommt, wenn sich in Umbruchszeiten das Handeln, die Bewegungsweisen und die Phantasie von Kindern im Alter zwischen 8 und 12 Jahren

---

[96] Die Ergebnisse der historischen Verhaltensforschung weisen allerdings darauf hin, daß diese Außenorientierung zum Teil schon in einem früheren Alter stattfindet, und daß Kinder auch nicht nur nach anderen Personen als Vorbildern suchen, sondern daß sie sich in ihrer Phantasie auch an anderen Räumen und an Ortsveränderungen orientieren können. Vgl. dazu [512] NITSCHKE, S. 27 ff.

[97] [204] ERIKSON, S. 107.

ändern.[98] Erikson dagegen geht es um die Herausbildung einer Identität, die dem Individuum das Leben in der Gesellschaft ermöglichen muß.

Neben diesen verschiedenen Strängen psychoanalytisch-biographischer Forschung hat sich die Psychohistorie bzw. die historisch und interkulturell vergleichend arbeitende Psychoanalyse, für die hier das Werk Eriksons stand, in den letzten Jahren vor allem mit Problemen der Traumatisierung und deren generationsübergreifenden Folgen beschäftigt. Zentrales Forschungsfeld waren zunächst die ›Vererbung‹ von Traumata bei Holocaust-Überlebenden. Inzwischen wurden auch Täter- und Mitläuferfamilien in die Untersuchungen einbezogen. Schließlich wurden Verdrängung und Erinnerungsvermögen auf gesamtgesellschaftlicher Ebene thematisiert. In diesem Bereich der – wie im Deutschland der Nachkriegszeit – ganze Generationen umfassenden Verdrängung von Schuld, Versagen, aber auch von traumatisierenden Kriegserfahrungen hat die Psychohistorie eine genuine und teilweise aus ihrer therapeutischen Praxis selbst entstehende Aufgabe. Aber auch im nicht-klinischen Bereich können Quellen durch biographische Interviews hier in einer Weise und Qualität erschlossen werden, die für weiter zurückliegende Zeiten so nicht zur Verfügung stehen.

Insgesamt läßt sich sicher sagen, daß die Psychohistorie nur dann wirklich überzeugende Ergebnisse hervorbrachte, wenn sie von Forschern mit einer Doppelqualifikation in Geschichte und Psychoanalyse betrieben wurde, und daß im Rahmen der zeitgeschichtlichen Forschung die wichtigeren und historisch besser fundierten Arbeiten entstanden, als in der zu weiter zurückliegenden Perioden der Geschichte. Hier gelang auch der Übergang von der Individual- zur Gruppen- oder Massenpsychologie am überzeugendsten. Bei der Übertragung psychoanalytischer Erklärungen auf die entferntere Vergangenheit sind Historiker und manche Psychoanalytiker zu Recht zurückhaltend und fordern eine Historisierung der Psychoanalyse selbst, also die Einsicht in die Wandelbarkeit der psychischen Natur

---

[98] Es ist interessant, daß auch Piaget hier eine ähnliche Kritik an Eriksons Identitätstheorie vorbringt wie Nitschke (der allerdings nicht explizit auf Erikson eingeht), indem er schreibt, daß die psychoanalytischen Theorien Freuds und Eriksons »kaum die Rolle der konkreten Autonomie, die in der 2. Hälfte der Kindheit erworben wurde ..., und vor allem nicht die Rolle der kognitiven Konstruktionen gesehen [hätten], die jene Vorwegnahme der Zukunft und jene Öffnung für neue Werte ermöglichen, von denen wir eben gesprochen haben.« [86] PIAGET/INHELDER, S. 150.

des Menschen. Der Psychoanalytiker Hans Kilian formuliert dies ironisch so: »A hundred years after Freud's Studies on Hysteria I would like to recommend to her [der Psychoanalyse] a vocational training: ›Studies on Historia‹!«⁹⁹ Etwas ernsthafter und sachlich exakt das Problem benennend, schreibt Gerd Kimmerle: »Die Auflösung von historischen Bedingungen ist für die wissenschaftliche Forschung nicht denkbar. Sie würde sich selbst mit auflösen. Auch die Psychoanalyse muß sich daher endlich von der Illusion verabschieden, sich geschichtsfrei selbst auf den Weg gebracht zu haben.«¹⁰⁰

Inzwischen macht sich in den USA sogar eine Gegenbewegung zur Dominanz psychoanalytischer Denk- und Erklärungsmuster in den Sozialwissenschaften bemerkbar. Man spricht von der »invention of the psychological« und erforscht die Medien und Mechanismen der Prägung der amerikanischen Gesellschaft durch die Psychoanalyse und den Aufstieg der Psychoanalytiker zu Experten, die sich gewissermaßen für alle Lebens- und Handlungsbereiche für zuständig erklären.¹⁰¹ Manches scheint inzwischen gerade in den USA darauf hinzudeuten, daß die Akzeptanz und Erklärungskraft der Psychoanalyse am Ende des 20. Jahrhunderts wieder im Schwinden ist.

6. Culture and personality-Forschung und Kulturanthropologie

Im Zentrum der sogenannten *culture and personality-Forschung* steht die Frage, ob es über die Einheit des Körperbaus und die Fähigkeit zur Sprache hinaus auch Universalien der psychischen Struktur und des Verhaltens der Menschen gibt, gewissermaßen einen kleinsten gemeinsamen Nenner, der sich durch alle Kulturen zieht und sich als

---

⁹⁹ [216] KILIAN, S. 293.
¹⁰⁰ [558] KIMMERLE, S. 182.
¹⁰¹ Vgl. dazu die brillante Aufsatzsammlung [226] PFISTER/SCHNOG, v. a. den Beitrag von [227] PFISTER. In der deutschen Forschung hat diese Historisierung der Psychoanalyse schon eine längere Tradition. Die Arbeiten von Norbert Elias sind ein Beispiel dafür. Vgl. aber auch [65] GEULEN, S. 23, mit Hinweisen auf die Strukturverwandtschaft des Denkens von Durkheim und Freud: »Es ist kein Zufall, daß fast gleichzeitig um die Jahrhundertwende bei Autoren verschiedener Herkunft das Modell einer verinnerlichten gesellschaftlichen Instanz aus der Erfahrung des Zwangscharakters sozialer Normen entwickelt wurde.« Vgl. dazu auch das Plädoyer von psychoanalytischer Seite von [216] KILIAN.

Kern der »menschlichen Natur« definieren ließe, oder ob die Unterschiede zwischen den Kulturen auch völlig unterschiedliche ›Konstruktionen‹ des psychischen Apparats der Menschen zur Folge haben. Für jede ernsthafte Historische Sozialisationsforschung ist die Beschäftigung mit der Kulturanthropologie eine Grundvoraussetzung, werden hier doch auf der synchronen Ebene des interkulturellen Vergleichs genau die Probleme behandelt, die die Historische Sozialisationsforschung im Kontext des diachronen Wandels zu erforschen sucht.

Schon aus der kurzen Beschreibung ihrer Ziele ergibt sich, daß der wichtigste methodische Ansatz dieser Richtung anthropologischer Grundlagenforschung der interkulturelle Vergleich ist. Die Einordnung von bestimmten psychischen Strukturen, Denk- und Verhaltensweisen in die Kategorie »Ergebnis kulturspezifischer Erfahrungen« läßt sich erst vollziehen, wenn dies über vergleichende Studien zum gleichen Gegenstand abgesichert ist. Dies wurde in den Jahren nach dem Zweiten Weltkrieg in interdisziplinären und internationalen Großprojekten zu diesem Thema versucht. Die amerikanischen Anthropologinnen Ruth Benedict und Margaret Mead koordinierten einen Verbund der vergleichenden culture and personality-Forschung, an dem 120 Forscher aus 16 Nationen und von 14 verschiedenen humanwissenschaftlichen Disziplinen beteiligt waren.[102] Dies war anwendungsbezogene, praktische Wissenschaft, die nicht zuletzt auch Regierungen Aufschluß geben sollte über die Spezifik bestimmter Gesellschaften und ihrer Mitglieder, ihrer zu erwartenden Reaktionsformen in bestimmten Situationen und den Möglichkeiten, sie zu beeinflussen.

Über den interkulturellen Vergleich ließen sich bestimmte Merkmale als kulturspezifisch isolieren oder als allgemein verbreitet nachweisen und so in ihrer Wirkungsweise einschätzen. Die Historische Sozialisationsforschung hat sich des Instrumentariums des systematischen Vergleichs bisher sicher zuwenig bedient.[103] Daß mit dem interkulturellen wie mit dem historischen Vergleich allerdings auch enorme methodische Probleme verbunden sind, kann hier nur angedeutet und nicht im Detail behandelt werden. Im Gegensatz zur

[102] Ein Ergebnis dieses Großprojekts war [438] MEAD/WOLFENSTEIN. Vgl. zum Projekt auch ebd. das Vorwort.

[103] Wo er ansatzweise oder explizit durchgeführt wird, erweist er gleich seine Stärke. Vgl. z. B. [457] SCHLUMBOHM zusammen mit [458] SCHLUMBOHM; [408] BUDDE.

Geschichtswissenschaft hat sich die Kulturanthropologie mit diesen methodischen Problemen jedoch von Anfang an systematisch auseinandergesetzt. Die Beschäftigung mit der Kulturanthropologie ist deshalb auch methodisch von erheblicher Bedeutung.[104]

Die Frage nach ›Natur‹ und ›Kultur‹ im Menschen hat innerhalb der anthropologischen Forschung unterschiedliche Antworten gefunden. Speziell die anglo-amerikanischen Anthropologen und Anthropologinnen des frühen 20. Jahrhunderts suchten primär nach einer Bestätigung für die kulturelle Relativität der menschlichen ›Natur‹. Margaret Meads Studien zu Kindheit und Jugend in der Südsee z. B. verbanden einen kulturrelativistischen Ansatz mit einer gegen die weiße amerikanisch-europäische Mittelklassenerziehung und ihre Ideologie von der Natur ›des‹ Menschen gerichteten Kulturkritik. Die Unterdrückung jugendlicher Sexualität, die Adoleszenzkrisen, die untergeordnete Stellung der Frau etc. sollten mit den Vorstellungen und Gestaltungsmöglichkeiten anderer Gesellschaften in diesen Bereichen konfrontiert werden.[105] Grundlage des kulturrelativistischen Ansatzes war eine Vorstellung von Sozialisation als Prägung eines im Prinzip in seinen Entwicklungspotentialen undeterminierten Organismus (Tabula rasa-Vorstellung).[106] Nicht Triebe, Instinkte oder ein bestimmter im Organismus verankerter Entwicklungsrhythmus, sondern die Gebräuche und Sitten der Umwelt und die Formen der Interaktion mit dem Kind waren danach die eigentlichen Determinanten der individual- wie sozialpsychologischen Strukturen.

Dies war die Grundlage für die Entwicklung des Konzepts der modalen Persönlichkeit. Die culture and personality-Forschung versuchte, mit Hilfe einer Kombination von Analyseinstrumenten, vor allem Rorschach-Tests[107], und der Auswertung biographischer Interviews und ethnologischer Beobachtungen Zusammenhänge zwischen bestimmten ausgeprägten Tendenzen und Sozialisationspraktiken

[104] Zur Vergleichsproblematik in bezug auf die culture and personality-Forschung vgl. die verschiedenen Beiträge in [95] KAPLAN, S. 445 ff.
[105] [97] MEAD, v. a. S. 104 ff., 490 ff., 590 f. Zur Problematik von Meads Forschungen und zur Relativierung ihrer Ergebnisse durch die späteren Forschungen vgl. unter sozialisationsgeschichtlichen Gesichtspunkten v. a. die knappe und klare Literaturzusammenfassung bei [88] TILLMANN, S. 43 ff.
[106] Vgl. dazu oben S. 22.
[107] In dem von Hans Rorschach entwickelten Testverfahren werden der Versuchsperson zehn Tintenklecksbilder zur Deutung vorgelegt. Die Art der Deutung wird als Indikator für bestimmte Persönlichkeitsstrukturen betrachtet. Vgl. [24] FUCHS, Bd. 2, S. 578.

einer Kultur (z. B. Aggressivität, Narzißmus, frühes Abstillen der Kinder usw.) und dominanten individuellen Persönlichkeitsmerkmalen nachzuweisen.[108] Der Begriff »modale Persönlichkeit« deutet zugleich darauf hin, daß es sich hier um Verfahren handelt, die statistische Validität beanspruchen, indem sie die in den Beispielsgruppen statistisch am häufigsten vorkommenden Merkmale, den sogenannten Modus, zur Grundlage ihrer weiteren Korrelationen mit kulturellen Parametern machen.[109]

Die Ergebnisse dieser Untersuchungen haben langfristig das Konzept der modalen Persönlichkeit jedoch nicht wirklich bestätigt. In einzelnen Kulturen waren die Unterschiede zwischen den Individuen verschiedener Untergruppen oft größer als die zwischen den Individuen dieser Gruppen und denen der Vergleichsgruppen aus anderen Kulturen.[110] Methodische Schwierigkeiten der Verbindung von Individual- und Sozialpsychologie bestanden ebenso wie Probleme beim empirischen Nachweis der langfristigen Folgen bestimmter Sozialisationspraktiken.[111] Das Konzept ist insgesamt relativ statisch. Auch in seinen Modifizierungen als Erforschung von National- oder Sozialcharakteren konnte es nicht wirklich überzeugen. Das Verhältnis zwischen Kultur und Individuum ist komplexer, als dies die culture and personality-Forschung mit ihren statistischen Verfahren erfassen konnte. Kulturen bieten einen Handlungsrahmen für Individuen, innerhalb dessen sie sinnvoll handeln können, den sie durch ihr Handeln reproduzieren, den sie aber auch verändern können und immer verändern. Dieser dynamische Aspekt stand zumindest am Anfang nicht im Zentrum des Interesses.[112]

Dennoch muß festgehalten werden, daß die Kulturanthropologie (wie auch die kulturvergleichende Historische Verhaltensforschung, die den Begriff der modalen Persönlichkeit nie übernahm) im Rahmen dieser Forschungen zum Zusammenhang von Kultur und Per-

---

[108] Einen guten Überblick über die vielfältigen Ansätze der culture and personality-Forschung bietet [96] LEVINE, S. 3 ff.

[109] Vgl. oben S. 14 f.

[110] Vgl. dazu den Literaturüberblick bei [99] SINGER, S. 33 ff.

[111] Vgl. [96] LEVINE, S. 244 f.; [99] SINGER, S. 67 ff.

[112] Damit im Zusammenhang steht die starke Konzentration auf die familiale Sozialisation des Kleinkindes und die Vernachlässigung der Adoleszenz. Vgl. dagegen unten in diesem Abschnitt die Ausführungen zur neueren Ethnopsychoanalyse, die der Adoleszenz und dem Wandel besondere Aufmerksamkeit schenkt. Zur Kritik an der culture and personality-Forschung vgl. auch [94] ERDHEIM, S. 280 f.

sönlichkeit eine Vielzahl wertvoller Beobachtungen zu kulturellen Unterschieden in Sozialisationspraktiken, in den Vorstellungen von Persönlichkeit, in den Bestimmungen von Geschlechtsrollen etc. hervorgebracht hat. Dieses Material geht in der Intensität und methodischen Reflexion seiner Erhebung meist über die Arbeiten der sozialwissenschaftlichen Sozialisationsforschung in europäischen Gesellschaften hinaus. Die kulturanthropologische Forschung, so faßte Hans-Ulrich Wehler dies kürzlich gerade im Hinblick auf die Sozialisationsforschung zusammen, »gleicht einer Goldmine, die von Historikern und Historikerinnen zum guten Teil noch nicht einmal entdeckt, geschweige denn methodisch genutzt worden ist.«[113]

Gegen den ursprünglichen kulturrelativistischen Ansatz hatte sich speziell in der amerikanischen Ethnologie und Anthropologie allerdings unter dem wachsenden Einfluß der Psychoanalyse schon in den 1950er Jahren auch eine Gegenbewegung vollzogen, die zum Teil ebenfalls in die culture and personality-Forschung eingegangen war. Die Einbeziehung psychoanalytischer Theorien und Methoden in die anthropologische Forschung führte dazu, daß viele Forscher sich auf die Suche nicht mehr nach Unterschieden, sondern nach Universalien menschlicher Entwicklung machten. Im Zentrum standen psychoanalytische Kategorien wie Freuds oder Eriksons Stadien kindlicher Entwicklung oder der Ödipus-Komplex.[114] Speziell Eriksons Entwicklungstheorie regte wiederum auch Ethnologen zu vergleichenden Forschungen an. Erikson selbst führte ebenfalls umfangreiche interkulturelle Vergleichsstudien zur Sozialisation von Kleinkindern durch.[115]

Die Frage der Universalität psychoanalytischer Kategorien, v. a. der des Ödipus-Komplexes, ist noch immer umstritten.[116] Im Rahmen der Erforschung der interkulturellen Übertragbarkeit psychoanalytischer Kategorien hat sich inzwischen ein eigenständiger Wissenschaftszweig, die Ethnopsychoanalyse, herausgebildet. Sie griff in gewisser Weise die Fragestellungen der älteren culture and personality-Forschung unter einer spezifisch psychoanalytischen Ausrichtung auf. Einer der interessantesten Vertreter der Ethnopsychoana-

---

[113] [262] WEHLER, S. 137.

[114] Ein materialreicher Überblick über diese Wende in der anthropologischen Forschung findet sich bei [99] SINGER, S. 18 ff.

[115] Vgl. den Literaturüberblick bei [99] SINGER, v. a. S. 61 ff.

[116] Vgl. [199] DEVEREUX, S. 173 ff. Vgl. zu Unterschieden in der Ausprägung in westlichen Gesellschaften auch [438] MEAD/WOLFENSTEIN, S. 420 ff.

lyse, der zugleich auch immer bemüht ist, den Kontakt zur Geschichtswissenschaft herzustellen, ist Mario Erdheim.[117]

Erdheim knüpft in seinen Arbeiten vor allem an Freuds Theorie der Zweizeitigkeit der sexuellen Entwicklung des Menschen und der Nachträglichkeit an. Die *Zweizeitigkeit* der sexuellen Entwicklung, also die Tatsache, daß eine erste sexuelle Entwicklungsphase in der frühen Kindheit durch eine Latenzphase vom Erreichen der vollen sexuellen Potenz in der Pubertät getrennt ist, bedeutet für Freud die Vorbedingung für Kultur, denn in der Adoleszenz werden die in der Kindheit erworbenen Formen der geschlechtlichen und sozialen Identität nochmals auf den Prüfstein gelegt und mit einem höheren Grad an Freiheit des Individuums neu bestimmt. Das Prinzip der *Nachträglichkeit* weist gerade auf diese Möglichkeit hin, daß Erfahrungen und Eindrücke von früheren Entwicklungsstufen später noch umgearbeitet werden können und dadurch einen neuen Sinn und veränderte lebensgeschichtliche Wirkung erlangen.[118]

Erdheim greift diese Gedanken Freuds auf und setzt sie im Rahmen der Ethnopsychoanalyse ein. Die Adoleszenz ist nach Erdheim eine der Voraussetzungen dafür, daß der Mensch Geschichte macht und die überkommenen Institutionen nicht nur überliefert, sondern auch ändert.[119] Er schreibt der Erforschung der kulturellen Ausgestaltung der Adoleszenz deshalb große Bedeutung zu. Mit dem strukturalistischen Ethnologen Claude Levi-Strauss unterscheidet Erdheim zwischen »kalten« und »heißen« Kulturen. Kalte Kulturen versuchen, den Kulturwandel möglichst gering zu halten, indem sie die innovative Lebensphase der Adoleszenz verkürzen und durch Initiationsriten ersetzen. In heißen Kulturen wird der Kulturwandel positiv bewertet. Das führt zu einer Verlängerung von Adoleszenz.[120]

Die unterschiedlichen Formen der Adoleszenz lassen sich dann mit unterschiedlichen Möglichkeiten der Neuverarbeitung von Omni-

---

117 Einen Überblick über Fragestellungen und Forschungsgeschichte der Ethnopsychoanalyse bietet [94] ERDHEIM, S. 9 ff.

118 [94] ERDHEIM, S. 273 ff. Dies ist in gewisser Weise auch die Grundlage von Eriksons epigenetischer Entwicklungstheorie. Auch das Evolutionsmodell von [195] DEMAUSE beruht auf dieser Berücksichtigung der Zweizeitigkeit und Nachträglichkeit. Vgl. dazu auch [225] NYSSEN/JANUS, S. 17 ff.

119 [94] ERDHEIM, S. 296.

120 [94] ERDHEIM, S. 296 ff. Dies knüpft in gewisser Weise an Bernfelds schon in den 1920er Jahren gemachte Beobachtung von der »einfachen« und der »gestreckten Pubertät« in den verschiedenen sozialen Schichten europäischer Gesellschaften an. Vgl. [56] BERNFELD.

potenzphantasien und Narzißmus aus der Zeit der frühen Kindheit verbinden und beeinflussen so wesentliche Elemente der unbewußten Strukturen unseres Denkens und Handelns, die Herrschaft der Männer über Frauen, ihre Disposition zu Bewährung ihrer Männlichkeit im Krieg usw.[121]

Nicht nur an Erdheims Arbeiten wird deutlich, daß die verschiedenen Verbindungen von Kulturanthropologie und Psychoanalyse der Phase der Adoleszenz eine zunehmend größere Beachtung schenken und damit die Determinierung der menschlichen Entwicklung durch frühkindliche Erfahrungen zurückdrängen und zugleich ein differenzierteres Instrumentarium bereitstellen für die Erklärung von Differenz und Wandel innerhalb von Kulturen. Für die Historische Sozialisationsforschung bietet die Zeit der Adoleszenz ebenfalls ein vielversprechendes Terrain, lassen sich hier – im Gegensatz zur quellenarmen Lebensphase der Kindheit – die historischen Subjekte sehr viel besser als Handelnde erfassen und in ihren eigenen Lebensäußerungen untersuchen.[122] Prozesse von Anpassung an und Ablehnung von bestehenden Lebensformen und Strukturen lassen sich hier in ihrem kulturellen, lebensgeschichtlichen und generationsspezifischen Kontext analysieren und darstellen.

7. Geschlechtergeschichte und geschlechtsspezifische Sozialisationsforschung

Geschlechtergeschichte hat sich in den letzten Jahrzehnten aus der Frauengeschichte heraus entwickelt. Sie stellt die Konsequenz der Einsicht dar, daß die Geschichte der Frauen und die Definition von Geschlecht und Geschlechtsrollen nur sinnvoll erforscht werden können, wenn man sie im Kontext des anderen, des männlichen Geschlechts analysiert. Da ›Geschlecht‹ keine ausschließlich biologische Kategorie ist, sondern auch das Ergebnis historisch gewordener Macht- und Herrschaftsverhältnisse, verfestigter Zuschreibungen und Praktiken der Interaktion, hat sich im angelsächsischen Sprachgebrauch eingebürgert, die kulturelle Dimension von Geschlecht mit dem Begriff »gender« zu bezeichnen, die biologische dagegen mit

---

[121] [94] ERDHEIM, S. 273 ff.
[122] Vgl. als Beispiele [480] CHAUSSINAND-NOGARET; [481] CLARKE; [487] ELKAR; [491] EYBEN; [494] GESTRICH.

dem Begriff »sex«.[123] Die deutsche Sprache bietet diese Differenzierungsmöglichkeit zwischen »sex« und »gender« nicht. Wenn im folgenden von Geschlecht und Geschlechtergeschichte die Rede ist, dann ist damit der kulturelle Aspekt von »gender« gemeint.

Geschlechtsspezifische Sozialisation ist ein Teilgebiet, das praktisch sämtliche Bereiche der Sozialisationsforschung tangiert und sich auch durch alle der hier bisher aufgeführten Ansätze mehr oder weniger deutlich hindurchzieht. Insgesamt läßt sich sicher sagen, daß die soziologische, psychologische und ethnologische Sozialisationsforschung der Frage der Geschlechtsspezifik von Sozialisationsbedingungen und von Interaktionen bisher sehr viel mehr Aufmerksamkeit gewidmet haben, als die ältere historische Frauenforschung und die Sozialgeschichte von Kindheit, Jugend und Familie. Die traditionelle Frauengeschichte hatte sich sehr viel stärker auf ein altes Lieblingsthema der Frauenbewegung, die Mädchen- und Frauenbildung (mithin auf die Institutionengeschichte, die Geschichte der Chancenungleichheit und den Wandel normativer Leitbilder für die Mädchenerziehung), als auf die konkreten Sozialisationsprozesse verlegt.[124] Dies änderte sich erst in den letzten Jahren durch die stärkere Zuwendung aller Humanwissenschaften zur biographischen Forschung auch im Bereich der Geschichtswissenschaft und der Historischen Sozialisationsforschung. Gute historische Arbeiten zur geschlechtsspezifischen Sozialisation sind dennoch immer noch selten.

Das Spektrum möglicher Themen, Aufgaben und methodischen Ansätze einer Historischen Sozialisationsforschung aus geschlechtsspezifischer Perspektive läßt sich anhand der internationalen empirischen Sozialisationsforschung auf diesem Gebiet ganz gut zusammenstellen. Im Zentrum aller Forschungen zur Geschlechtergeschichte steht die historische Entwicklung der geschlechtsspezifischen Arbeitsteilung und ihrer Bedeutung für die Sozialisation in Geschlechtsrollen hinein; damit eng verbunden ist auch die geschlechtsspezifische

---

[123] Vgl. [317] SCOTT; [311] ORTNER/H. WHITEHEAD; [293] HABERMAS. Die Geschlechtergeschichte umfaßt daher auch die Männergeschichte und die Konstruktionsprinzipien des Zusammenhangs bzw. der Abgrenzung der Geschlechter. Vgl. zur Geschlechtergeschichte aus männlicher Sicht auch [525] TOSH.

[124] Dies galt nach [279] BILDEN, S. 783 f., bis in die 1970er Jahre allerdings auch für die empirische Sozialisationsforschung in der Bundesrepublik. Die wichtigste, sozialisationshistorisch relevante Überblicksdarstellung ist bezeichnenderweise ein Handbuch zur Geschichte der Mädchen- und Frauenbildung. Vgl. [33] KLEINAU/OPITZ.

Zuordnung von Räumen, die Trennung zwischen privater und öffentlicher Sphäre und schließlich die Frage der Verlaufsformen weiblicher (Berufs-)Biographien; wichtig für die Interaktionen zwischen Eltern und Kindern sind unterschiedliche Formen der Zuwendung zu Jungen und Mädchen bereits im frühesten Säuglingsalter und natürlich auch in den folgenden Entwicklungsstufen unter dem immer stärker werdenden Einfluß von normativen Erziehungsvorgaben; damit zusammen geht auch die große sozialisatorische Bedeutung der Geschlechtsspezifik in der Sprache und die geschlechtsspezifisch unterschiedlichen Formen der Adoleszenz. All diese Phänomene wurden im Zusammenhang der Frage untersucht, ob es durch die biologischen Unterschiede zwischen Mann und Frau determinierte Geschlechtscharaktere gibt oder ob die Unterschiede im Verhalten zwischen Männern und Frauen durch Erziehung erworben sind. Gibt es eine genetische Grundlage dafür, daß Frauen andere Rollen und Aufgaben zugewiesen werden als Männern und daß sie praktisch in allen bekannten Gesellschaften zuständig waren für Nahrungszubereitung und Kleinkinderversorgung? Die Ergebnisse der kulturanthropologischen und psychologischen Forschung zeigen, daß es angeborene Geschlechtscharaktere nicht oder allenfalls in einem sehr eng umgrenzten Bereich (z. B. einer etwas höheren Disposition von Männern zu aggressivem Verhalten und einer Überlegenheit im räumlich-visuellen Denken, der Frauen dagegen im Bereich der verbalen Intelligenz) gibt.[125] Das heißt, daß die Historische Sozialisationsforschung angehalten ist, die Determinanten der Herausbildung von Geschlechtsidentität im jeweiligen kulturellen und sozialen Kontext historischer Gesellschaften herauszuarbeiten. Dies ist eine zentrale Aufgabe, bei der die Forschung noch ganz in den Anfängen steckt.

Methodisch am schwierigsten ist für die Historische Sozialisationsforschung der Zugang zu dem geschlechtsspezifisch unterschiedlichen Umgang der Eltern mit dem Kleinkind. Neuere empirische Studien zeigen, daß Eltern schon von den ersten Lebenstagen an klare Unterschiede in der Behandlung von Mädchen und Jungen machen. Jungen werden in der Regel häufiger gefüttert als Mädchen, Mütter sind auch eher bereit, Söhne zu stillen als Töchter, Jungen werden von den Müttern eher optisch-visuell, Mädchen eher akustisch stimuliert usw.[126]

---

[125] Gute Zusammenfassung der Forschung bei [88] TILLMANN, S. 42 ff. und 49 ff.
[126] Vgl. die Zusammenfassung der Forschungsliteratur bei [279] BILDEN, S. 787 ff.

Die Quellen, die den Historikern zum Umgang der Eltern mit den Säuglingen zur Verfügung stehen, sind sehr spärlich. Abgesehen vielleicht von Erziehungstagebüchern, die bürgerliche Mütter seit dem 19. Jahrhundert ab und zu zu führen pflegten, sind für diesen Bereich allenfalls Hebammentagebücher überliefert, die im 19. Jahrhundert in manchen Territorien des Deutschen Reiches festhalten mußten, ob und wie lange eine Mutter stillte. Eine geschlechtsspezifische Auswertung dieser Quellen wurde bisher noch nicht vorgenommen.[127] Auch die Untersuchungen zur Säuglingssterblichkeit, die vielleicht einen Hinweis auf Vernachlässigung von Mädchen geben könnten, differenzieren in der Regel nicht nach dem Geschlecht. Doch scheinen große Unterschiede hier in der Neuzeit nicht hervorzutreten, signifikanter sind – zumindest im ländlichen Bereich – die jahreszeitlichen Schwankungen der Kindersterblichkeit.[128] Die vermehrte Aussetzung und Tötung von Mädchen in Griechenland und Rom ist dagegen ein bekanntes, wenngleich quantitativ ebenfalls schwer zu belegendes Faktum.[129]

Einen gewissen Ersatz für mangelnde Quellen über den tatsächlichen Umgang der Eltern mit ihren kleinen Söhnen und Töchtern könnte vielleicht eine systematische Durchsicht der normativen medizinischen Literatur zur Säuglingspflege auf Hinweise zu einer frühen geschlechtsspezifischen Differenzierung des Umgangs mit den Kleinkindern geben. Daß z. B. unterschiedliche Formen beim Wikkeln angewendet werden konnten, die z. T. auch mit geschlechtsspezifischer Symbolik besetzt waren, zeigt Françoise Loux an bretonischen Beispielen.[130]

So schwierig die geschlechtsspezifischen Interaktionsformen der Eltern mit den Kleinkindern historisch zu rekonstruieren sind, so

---

[127] [356] KASCHUBA/LIPP, S. 551 ff., wertet z. B. Hebammentagebücher aus, aber nur unter dem Gesichtspunkt der Säuglingssterblichkeit. Ein wichtiger Hinweis für das Spätmittelalter findet sich allerdings bei [561] KLAPISCH-ZUBER, S. 98 ff. Sie kann zeigen, daß im spätmittelalterlichen Florenz Mädchen eher zu Ammen gegeben wurden als Knaben, und daß Mädchen auch eher zu Ammen außerhalb des Hauses gegeben wurden, während die Eltern eher bereit waren, für die Söhne eine Amme ins Haus zu holen, was erheblich teurer war. Vgl. ähnlich auch [559] KING, S. 35 ff.

[128] [356] KASCHUBA/LIPP, S. 565 ff.

[129] Vgl. dazu ausführlicher unten S. 121 mit Anm. 112.

[130] Vgl. [564] LOUX, S. 191, z. B. das bretonische Sprichwort: »Wenn man einen Jungen in Windeln wickelt, die aus den Resten eines Unterrocks … gemacht sind, wird er niemals Priester werden.« Zur Bedeutung der Interaktionen mit dem Säugling auch [570] NITSCHKE, S. 192 ff.

diffizil ist es, Belege für geschlechtsspezifische Reaktionsweisen und Verarbeitungsformen der Kinder zu finden. Im Zentrum der psychoanalytischen Forschung steht die Frage, ob es auch einen weiblichen Ödipuskomplex gibt und wie weit dieser für die Herausbildung der Geschlechtsidentität von Mädchen zentral ist. Die neuere geschlechtsspezifische Sozialisationsforschung tendiert dazu, die Bedeutung der ödipalen Konstellation für Mädchen gering zu bewerten und die Bedeutung der vor-ödipalen Phase für die Herausbildung von Geschlechtsidentität höher zu veranschlagen:

>»Mütter neigen dazu, ihre Töchter als sich selbst ähnlicher und als kontinuierlicher zu erleben. Dementsprechend neigen Mädchen dazu, Teil der dyadischen, primären Mutter-Kind-Beziehung zu bleiben. Das bedeutet, daß auch das Mädchen fortgesetzt mit Fragen der Verschmolzenheit und Loslösung konfrontiert bleibt, in einer Beziehung, die durch primäre Identifikation und Verschmelzung von Identifikation und Objektwahl charakterisiert ist. […] Die früheste Form der Individuation, die primäre Konstruktion des Ich und seiner inneren Objektwelt, die ersten Konflikte und ersten unbewußten Selbstdefinitionen, die ersten Bedrohungen der Individuation und die ersten Ängste, aus denen Abwehrformen entstehen – sie alle sind bei Knaben und Mädchen unterschiedlich, weil sich der Charakter ihrer frühen Mutterbeziehung unterscheidet.«[131]

Diese Analysen sind aus der Beobachtung von Kindern sowie aus psychoanalytischen Untersuchungen gewonnen. Eine Überprüfung an historischem Material ist außerordentlich schwierig. Eine intensive Auswertung von privaten Familienüberlieferungen, Tagebüchern, Briefwechseln zwischen Töchtern und Müttern hat in Deutschland noch kaum begonnen. Zumindest für das 18. und 19. Jahrhundert liegen hier noch reichhaltige, unter diesen Fragestellungen nicht bearbeitete Überlieferungen in den Archiven und Bibliotheken.[132]

[131] N. J. Chodorow, Das Erbe der Mütter. Psychoanalyse und Soziologie der Geschlechter, München [3]1990, S. 216 f., zit. nach [88] TILLMANN, S. 69; ebd., S. 62 ff., ein Überblick über die Auseinandersetzung der neueren Forschung mit der problematischen Typisierung der Geschlechter in der Theorie Freuds.

[132] Ein wichtiger Schritt in diese Richtung stellen die Arbeiten von [408] BUDDE; [430] KLIKA; [431] KÖSSLER; [460] SEYFARTH-STUBENRAUCH dar. Wie reichhaltig und sprechend dieses Material auch unter psychohistorischen Gesichtspunkten ist, zeigt auch [206] und [207] GAY. Neue Möglichkeiten bietet in diesem Bereich auch die oral history. In ihren Interviewstudien konnte z. B. [379] ROSENBAUM, S. 200 ff., zeigen, wie wenig körperliche Emotionen El-

Sehr viel verbreiteter als Studien zur geschlechtsspezifischen Sozialisation in der frühen Kindheit sind Arbeiten zur unterschiedlichen schulischen Ausbildung[133] und zur geschlechtsspezifischen Arbeitserziehung[134] sowie zum Wandel von Berufsmöglichkeiten und Berufsbiographien von Frauen. Mit letzterem beschäftigt sich die Biographie- bzw. Lebensverlaufsforschung. Dabei stößt sie aber z. T. auf erhebliche Quellenprobleme. In männlichen Lebensläufen spielen schon lange Statuspassagen bei Ausbildung und Beruf eine wesentliche Rolle. Sie haben sich auch in verschiedenen statistisch auswertbaren Quellen niedergeschlagen. Frauen dagegen sind »repräsentiert in der Kategorie des Haushalts bzw. des Status des Mannes als eine seiner notwendigen Produktionsvoraussetzungen. Derart nicht individuell subsumiert zählen Frauen statistisch nicht einmal.«[135] Dies änderte sich allmählich mit der zunehmenden Einbeziehung der Frauen in die außerhäusliche Erwerbsarbeit seit dem 19. Jahrhundert, wobei allerdings die öffentliche Anerkennung der Berufsbiographien von Frauen bis heute mangelhaft ist.

Die schlechte Forschungslage zu den Berufsbiographien von Frauen liegt aber nicht nur an den besonderen Lebensumständen von Frauen oder den schlechten Quellen, sondern zum Teil auch am Widerstand der feministischen Forschung gegen quantifizierende Verfahren. Die Fruchtbarkeit solcher statistischer Ansätze bzw. die Notwendigkeit ihrer Verbindung mit qualitativen Analysen fordert Ilona Ostner nachdrücklich ein. Sie verweist darauf, daß gerade auf der Grundlage von quantitativen Untersuchungen zum weiblichen Lebenslauf differenzierte Zugänge möglich sind. Erst vor dem Hintergrund der Veränderungen weiblicher »Normalbiographien«, also zum Beispiel des Wissens, daß heute der »Zeitraum von Eheschließung bis zur Geburt des letzten Kindes nur etwa 5 Jahre (vor 100 Jahren zwölf) und weniger als 10 % des weiblichen Lebens (gegenüber 20 %)« beträgt, kann man die Chancen und Widerstände einschätzen, die sich für Frauen bei der Planung ihres Lebenslaufs heute ergeben.[136]

tern gegenüber ihren Kindern in proletarischen Familien um die Jahrhundertwende zeigten, wobei hier auch ein deutlicher geschlechtsspezifischer Aspekt (Väter und Töchter) enthalten war.

[133] Vgl. v. a. das Handbuch zur Geschichte der Mädchen- und Frauenbildung [33] KLEINAU/OPITZ.

[134] Vgl. v. a. die Beiträge in [309] MARTIN/ZOEPFFEL.

[135] [167] OSTNER, S. 104.

[136] [167] OSTNER, S. 110; vgl. auch [148] GEISSLER/OECHSLE und [139] BECK-GERNSHEIM.

Die Lebensverlaufsforschung kann somit zumindest für die Neuzeit über die Rekonstruktion von »Normalbiographien« und ihren Abweichungsmöglichkeiten den Erwartungshorizont rekonstruieren, innerhalb dessen sich die Lebensplanung von Mädchen und jungen Frauen bewegte, sie kann die Veränderungen deutlich machen und natürlich auch schichtspezifische Unterschiede. Dadurch bekommt man eine Matrix, vor deren Hintergrund dann auch kollektive Biographien von Gruppen (z. B. Studentinnen) und Generationen geschrieben werden können. Speziell die Versuche, Jugendgenerationen als Ausdruck gemeinsamer altersspezifischer Erfahrungen, Erwartungen und Konfliktlagen zu beschreiben, war bislang fast ausschließlich auf die männliche Jugend konzentriert. Die Erforschung der weiblichen Jugend hat hier noch einen großen Nachholbedarf.[137]

---

[137] Ein wichtiger erster Versuch, auch Mädchen entsprechend mit zu berücksichtigen, ist der Band [516] ROSEMAN, v. a. die Beiträge von [296] HARVEY und [527] USBORNE.

III. Ergebnisse der Historischen Sozialisationsforschung

1. Sozialisationsziele:

a) Wandelnde Bilder vom Erwachsenen

Alle Gesellschaften treffen auf irgendeine Weise Arrangements, um die nachwachsenden Generationen zu integrieren und ihnen die grundlegenden Werte und Verhaltensformen zu vermitteln. Wie diese Arrangements aussehen, hängt ganz wesentlich davon ab, welchen Begriff die jeweilige Gesellschaft vom Erwachsensein hat und was sie unter erfolgreicher Sozialisation versteht. Das wiederum basiert auf anthropologischen Grundannahmen über Person und Persönlichkeit.

Wird z. B. beim Erwachsenen der Zwang zur Autonomie, zur individuellen Identität betont, so werden allgemeine gesellschaftliche Sozialisationsarrangements und intentionale Erziehungshandlungen darauf ausgerichtet sein, diese Individualität zu fördern. Dominieren dagegen Ansichten vom Menschen, die diesen sehr viel stärker in den Kontext von Kollektiven stellen, in den Zusammenhang von Stand, Konfession, Geschlecht, Familie, Dorf etc., werden Sozialisationsprozesse entsprechend anders inszeniert werden. Für die Sozialisationsforschung ist die Frage nach der Veränderung solcher Grundorientierungen des Menschen zentral, da damit auch die Frage zusammenhängt, inwiefern die psychische Ausstattung des Menschen und die Modi seiner Verarbeitung von Sozialisationserfahrungen konstant oder variabel sind.

Über diese anthropologischen Grundannahmen vergangener Gesellschaften gibt es in der historischen Forschung zwei grundsätzlich unterschiedliche Positionen: Die eine geht von der Identität der seelischen Strukturen des Menschen zumindest in der uns faßbaren geschichtlichen Zeit aus und damit auch von einer gewissen Gleichartigkeit der historischen Vorstellungen vom Erwachsensein. Die Anhänger dieser Position nehmen also an, daß Menschen sich schon immer als Person, als Individuum fühlten, das über eine innere Instanz verfügt, »die dem Denken, Fühlen, Wollen und Handeln inmitten der wechselnden leiblichen Impulse, der physischen und sozialen

Zwänge und der vielfältigen Situationen Struktur und Richtung und lebensgeschichtliche Kontinuität und Identität gibt«.[1]

Die andere Position geht von der »Geschichtlichkeit des See-lischen«[2] aus. Sie behauptet einen zwar langsamen, aber doch deut-lichen Wandel in den Persönlichkeitsstrukturen der Menschen. Die Herausbildung eines Ich- oder Subjektbewußtseins ist danach ein Ergebnis der europäischen Zivilisationsgeschichte. Dieser Prozeß wird entweder grundlegenden, epochenspezifischen Wandlungen der Wahrnehmung von Selbst und Umwelt zugeschrieben oder (häufiger) autonomen Veränderungen in der Umwelt.[3]

Diese Frage nach dem Wandel der anthropologischen Vorstellungen von Person und Individualität ist keineswegs neu und nicht auf das Feld der Historischen Sozialisationsforschung beschränkt. Philo-sophie, Anthropologie, Religionswissenschaft und alle mit der grie-chischen Antike beschäftigten Wissenschaften sind seit langem und immer wieder der Frage nachgegangen, ob die Menschen in archai-scher Zeit, wie sie in den homerischen Epen dargestellt werden, be-reits ein Ich-Bewußtsein hatten, ob sie im modernen Sinne Indivi-duen waren. Diese Frage wurde von vielen Forschern verneint, indem sie, wie Bruno Snell, darauf hinwiesen, daß Homer »die Vorstellung von einem Mittelpunkt, der das organische System beherrscht«, noch fremd gewesen sei.[4] Ihm folgte die Forschung weitgehend und legte die »Erfindung der Seele« (Schmitz) als Sitz von Individualität in die Zeit der frühen Polis, etwa in das 5. vorchristliche Jahrhundert.[5] Wiersing bestreitet in einer Lektüre Homers aus der Sicht einer pädagogischen Anthropologie diese Annahme und kommt zu dem Schluß, daß auch den Menschen im Mythos »eine eigenständige, selbstbewußte und eigenverantwortliche Lebensführung« möglich war und auch abverlangt wurde.[6] Er hält zwar die Struktur des See-lischen und die Vorstellung von Individuum und Persönlichkeit eben-

[1] [239] WIERSING, S. 59.
[2] [213] JÜTTEMANN.
[3] Der Wandel kann entweder als von der Umwelt des Menschen induziert ge-dacht werden oder als autonome Wandlung des Menschen selbst oder als Er-gebnis einer spezifischen Interaktion des Menschen mit der Umwelt. Vgl. dazu den instruktiven Überblick von [224] NITSCHKE.
[4] [261] SNELL, S. 35. Vgl. dazu und zum folgenden auch [239] WIERSING, S. 59 f.
[5] Vgl. [263] BÖHME, S. 251 ff.
[6] [239] WIERSING, S. 66.

falls für historisch wandelbar, geht aber für den europäischen Kulturbereich von einer seit der archaischen Zeit relativ einheitlichen und sich nur sehr langsam wandelnden Struktur aus.

Eine sehr scharfsichtige Analyse der Persönlichkeitsvorstellungen in der Antike und eine plausible Periodisierung der Veränderungen nahm Jean-Pierre Vernant in einer Auseinandersetzung mit den Arbeiten Louis Dumonts über die Entwicklung des europäischen Individualismus vor.[7] Sie rückt auch Wiersings Einwände in die richtige Perspektive. Vernant unterscheidet drei Aspekte von Individuum bzw. Individualismus: das Individuum als Rollenträger mit einem bestimmten Platz in der Gesellschaft und mehr oder weniger Autonomie gegenüber dem institutionellen Rahmen seiner Gruppe; das Subjekt, das von sich in der ersten Person spricht und sich selbst Merkmale zuerkennt; das Ich als »ein besonderes Individuum, dessen wahre Natur ganz im Geheimnis seines Innenlebens beschlossen ist, im Kern einer Intimität, zu der, da sie als Bewußtsein seiner selbst bestimmt ist, niemand außer ihm selbst Zugang haben kann«.[8]

In der frühen Antike gibt es nach Vernant natürlich eine Vorstellung von Individuum und Subjekt, aber keine vom Ich in diesem dritten, selbstreflexiven Sinn. »Es gibt keine Introspektion. Das Subjekt stellt keine geschlossene Innenwelt dar, in die es eindringen muß, um sich zu finden oder vielmehr zu entdecken.«[9] Dies kommt erstmals in der christlichen Spätantike, zwischen dem dritten und vierten nachchristlichen Jahrhundert auf. Mit dem Auftreten christlicher Asketen, christlicher Gottessucher und Heiliger setzt sich eine neue Beziehung zum Ich durch, jene peinliche Introspektion, die im Hinblick auf das jenseitige Seelenheil das Individuum »durch seine innersten Gedanken, seine geheimen Phantasien, seine nächtlichen Träume, seine sündhaften Triebe, durch alle Formen der in seinem Innersten immer bereitliegenden, ständig lauernden Versuchung« definiert.[10] Damit trat zugleich eine neue Quellengattung auf: Die heidnische Antike kannte zwar Biographien und auch Autobiographien, aber keine Tagebücher und Bekenntnisse. Sie finden sich erst im spätantiken Christentum. Augustins (354–430) »Confessiones« bilden den An-

---

[7] [275] VERNANT; [264] DUMONT.
[8] [275] VERNANT, S. 27.
[9] [275] VERNANT, S. 38.
[10] [275] VERNANT, S. 46, basierend auf [251] BROWN, S. 81 ff.

fang und zugleich einen Höhepunkt der Gattung der Bekenntnisschriften und signalisieren den neuen Zugang des Individuums zu sich selbst.[11]

Inwieweit sich diese Möglichkeit der Erlangung von ›Selbst-Bewußtsein‹ durch Selbstreflexion im Mittelalter erhielt, wird unterschiedlich beurteilt. In gewisser Weise wiederholen sich hier in der Forschung die Positionen, die auch für die Einschätzung der antiken Persönlichkeitsvorstellungen charakteristisch waren.[12] Unumstritten ist jedoch, daß sich eine intensivierte Form der Selbstreflexion spätestens im 13. und 14. Jahrhundert erneut ausbreitete, als breite Kreise der Bevölkerung von der Bewegung der Mystik ergriffen wurden.[13] Von daher zieht sich dann eine Linie auch zur pietistischen Autobiographie der Neuzeit und überhaupt zur modernen Selbstreflexion.

Ob dadurch allerdings bereits im Mittelalter eine moderne Form der Individualität erreicht wurde, oder ob nicht der neuzeitliche Individualisierungsprozeß nochmals eine neue Qualität besitzt, wird in der Forschung unterschiedlich gesehen. Geht man allein textimmanent von den autobiographischen Quellen aus, dann mag eine Betonung der Ausbildung von Ich-Bewußtsein und und vielleich sogar Individualität im Rahmen mittelalterlicher Religiosität richtig sein.[14] Berücksichtigt man aber die gesellschaftliche Bedeutung von Individualität im Sinne von Kohlis These von der »Institutionalisierung« von Individualität, dann wird man die Differenz nicht hoch genug veranschlagen können.[15]

Kohli argumentiert, daß es durch die Auflösung der traditionalen

---

[11] Vgl. auch [268] HADOT, S. 132 f.

[12] Für die Andersartigkeit und Fremdheit des mittelalterlichen Menschen vgl. v. a. [244] GURJEWITSCH, S. 327 ff.; [258] NITSCHKE; [194] CZERWINSKI; [162] MISCH, Bd. 3, Teil 2. Die entgegengesetzte Position vertreten mit unterschiedlichen Ansätzen z. B. [238] WIERSING; [205] FRENKEN. Einen ausgezeichneten Überblick auch über die Forschungsentwicklung gibt [243] GURJEWITSCH, S. 9 ff., mit der Warnung, eine zu große teleologische Entwicklung des Individualismus vom Mittelalter bis in die Gegenwart hinein anzunehmen und statt dessen die Bedeutung und Begrenzung von Individualität im jeweiligen historischen und kulturellen Kontext zu sehen (ebd., S. 21).

[13] [169] RÖCKELEIN argumentiert anhand von autobiographischen Texten, daß lateinische Autobiographien des 11. und 12. Jahrhunderts bereits einen ähnlich reflektierten Umgang mit dem Ich aufweisen. Vgl. dagegen die skeptische Einschätzung bei [243] GURJEWITSCH, S. 24 ff., mit dem Vorschlag, zwischen Individualität und Persönlichkeit zu unterscheiden.

[14] Dies ist der Ansatz bei [169] RÖCKELEIN.

[15] Vgl. zu Kohli ausführlich oben S. 54 f.

ständischen Gesellschaften des Ancien régime im Zuge des Aufstiegs der arbeitsteiligen kapitalistischen Wirtschaft, der Säkularisierung und Demokratisierung zu einem Individualisierungsschub gekommen sei. Individualität im Sinne der Fähigkeit zu Selbstreflexion und personalem Identitätsbewußtsein sei nicht nur eine Chance moderner Gesellschaften, sondern zugleich ein Zwang. Das Zurücktreten ständischer, religiöser oder familialer Vorgaben habe bewirkt, daß der einzelne in modernen Gesellschaften einem hohen Zwang unterliege, sich als Individuum zu entwerfen, »sich selbst den Plan seines Verhaltens [zu] machen« (Kant).[16]

Der zentrale Wandel der letzten zwei Jahrhunderte war aus dieser, die Veränderungen betonenden Perspektive also, daß sich ausgehend von der Schicht des Bürgertums in modernen Gesellschaften die Auffassung durchgesetzt hat, daß Individuen individuell sein müssen, daß sie ihr Selbstbild und ihren Lebensplan für sich entwerfen und nach außen vermitteln müssen, daß von ihnen erwartet wird, daß sie sich als autonome und nach außen hin abgeschlossene Subjekte darstellen.

Wie wenig dies im ländlichen Bereich oder auch in den städtischen Unter- und Mittelschichten bis um die Wende zu diesem Jahrhundert tatsächlich der Fall war, haben viele Untersuchungen gezeigt.[17] Die Menschen definierten sich über den Hof, die Familie, den Stadtteil. Die Reflexion auf den eigenen Lebenslauf vollzog sich immer über dessen Einbindung in die Geschichte von Gruppen. Noch in Interviews mit Dorfbewohnern, die um 1900 geboren wurden, zeigte sich immer wieder, wie sehr die Geschichte des Dorfes in die eigene Lebensgeschichte verwoben war:

»An keinem Punkt der Erzählungen jedenfalls stilisierte sich einer unserer Gesprächspartner zum einmaligen, unverwechselbaren Subjekt seiner Lebensgeschichte; oft werden die Erinnerungen sogar erst über ihre Querverbindungen zu anderen Lebensgeschichten erzählbar. Anstelle grammatikalischer Ich-Konstruktionen überwiegt das kollektive ›wir‹ oder ›man‹, in dem das ›Ich‹ sein soziales Selbstverständnis findet, und der geringe Anteil persönlicher Autonomieansprüche äußert sich in Pas-

---

[16] Zit. nach [152] HERRMANN, S. 303. Vgl zum gesellschaftsgeschichtlichen Zusammenhang auch [157] KOHLI.

[17] Vgl. z. B. [458] SCHLUMBOHM sowie [441] MUTSCHLER und [494] GESTRICH.

siv-Formulierungen, in denen die Erinnerungen an die Kindheit und Jugend als ›Zudiktate von Lebensgeschichte‹ [Sloterdijk] erscheinen, die wenig oder keinen Raum für eigenmächtige Alternativvorstellungen ließen.«[18]

Es ist also auch von diesen modernen Befunden her wenig sinnvoll, eine einheitliche, teleologische Entwicklung eines modernen Ich- und Individualitätsverständnisses vom hohen Mittelalter bis in die Gegenwart hinein zu konstruieren. Vielmehr muß der soziale Kontext, in dem diese Vorstellung teils früher, teils später Sinn machte, rekonstruiert und auf seine Bedeutung für die Organisation von Sozialisationserfahrungen befragt werden. Die Differenz, die die Kulturanthropologie zwischen den Persönlichkeitsvorstellungen europäischer und außereuropäischer Gesellschaften feststellt, läßt sich auch auf das Innere Europas übertragen. Auch hier gilt, was Clifford Geertz für die Kulturanthropologie formulierte, daß es notwendig ist, »die Erfahrungen anderer Leute im Kontext ihrer eigenen Ideen über Person und Selbst [zu] betrachten«,[19] wenn man die Organisation ihrer Sozialisation und die Konstruktionsprinzipien ihres Lebenslaufs verstehen will.

b) Geschlechterrollen

Zentrale soziale Differenzierungen werden in allen menschlichen Gesellschaften mit natürlichen Kategorien verknüpft. Die wichtigsten Formen der ›Naturalisierung‹ sozialer Differenzen sind Alter, Verwandtschaft und Geschlecht.[20] Diese naturalisierten sozialen Strukturen durchziehen praktisch alle Bereiche der Gesellschaft. Die bipolare Geschlechterdifferenz strukturierte die europäischen Gesellschaften in der gesamten historisch faßbaren Zeit und brachte so ein System polarer geschlechtsspezifischer Zuschreibungen und Bedeutungen hervor, die die Wahrnehmungen und Erfahrungen der Menschen so grundlegend prägte, daß sie tief im Alltagsbewußtsein verankert wurden:

---

[18] [441] MUTSCHLER, S. 141, mit Zitat aus Peter SLOTERDIJK, Literatur und Organisation von Lebenserfahrung. Autobiographien der Zwanziger Jahre, München 1978, S. 78.
[19] [257] GEERTZ, S. 294.
[20] Vgl. zur kulturellen Kategorie Geschlecht und zum Unterschied zwischen sex und gender oben S. 82 f.

»Der Erwerb einer unveränderlichen Geschlechtsidentität ist Grundvoraussetzung (und Folge) der Teilhabe am sozialen Leben.«[21] Geschlechtsspezifische Sozialisation ist also ein Basisprozeß aller Gesellschaften. Seine psychischen ›Mechanismen‹ sind ebenso vielgestaltig wie die Wirklichkeitsbereiche, die durch diesen Gegensatz der Geschlechter strukturiert werden. Im folgenden können nur einige Hinweise auf zentrale Ergebnisse der geschlechtsspezifischen Sozialisationsforschung gemacht werden.

Ein grundlegender Mechanismus der Markierung von Geschlechterdifferenz und der Zuordnung von Geschlechtsrollen ist die Verräumlichung dieser Unterschiede. Lange Zeit galt die Zuordnung von privater und öffentlicher Sphäre als eine Grundkategorie der Unterscheidung in Frauen- und Männerräume. Im antiken Griechenland z. B. war die Trennung zwischen Haus (oikos) und Gemeinde (polis) eine deutlich geschlechtsspezifisch besetzte Einteilung. Die Frauen waren stark auf den Bereich des Hauses beschänkt und hatten – mit der Ausnahme einiger religiöser Feiern und Kulte – keine Funktion und auch keinen direkten Zutritt zur sozialen und politischen Öffentlichkeit der Polis.[22] Innerhalb des Hauses standen die Frauen zwar unter der prinzipiellen Kontrolle des Mannes, allerdings waren sie hier keineswegs rechtlos. Ihnen kam die Leitung des Haushalts zu, auch bezüglich ihrer Mitgift hatte der Mann kein unbeschränktes Verfügungsrecht.[23]

Die historische Frauenforschung und die Geschlechtergeschichte sind den Verräumlichungen der Geschlechterdifferenz und der gesamten Problematik der Trennung von Privatheit und Öffentlichkeit intensiv für alle Epochen der europäischen und außereuropäischen Geschichte nachgegangen.[24] Sie haben aber jüngst vor allem auch davor gewarnt, die Begriffe »privat« und »öffentlich«, so wie sie uns seit dem 19. Jahrhundert geläufig sind, unbesehen auf die Vergangenheit zu übertragen und damit die jeweils zeitspezifischen Aushandlungs-

---

[21] [280] BILDEN, S. 294.

[22] [312] PATEMAN; [290] FOXHALL; [323] WALKER; [320] VERSNEL; [303] JUST.

[23] Vgl. zu Einzelaspekten des Verhältnisses zwischen Mann und Frau in Griechenland auch [362] LACEY, passim; [289] FOXHALL; [329] ZOEPFFEL; [327] WOLFF.

[24] Hier ist nicht der Ort, diese Geschichte ausführlich für die römische Gesellschaft, das europäische Mittelalter und die Neuzeit darzustellen. Vgl. dazu z. B. [291] GARDNER, v. a. S. 5 ff., 117 ff., 233 ff.; [321] VEYNE, v. a. S. 45 ff.; [285] DAVIDOFF/HALL.

prozesse und Durchsetzungsformen männlicher Dominanz oder auch weiblicher Machtstrategien zu verdecken.[25]

Trotz dieser Warnungen läßt sich unter sozialisationshistorischen Aspekten sicher festhalten, daß die in allen Gesellschaften anzutreffende Verräumlichung von Geschlechtsunterschieden tiefe Prägungen für die Entwicklung von Geschlechtsidentitäten bereitstellt.[26] Darüber hinaus bedeutet die räumliche Segregation der Geschlechter die Unterstützung »homosozialer Sozialisationsumwelten«. Sie gelten in der modernen Sozialisationsforschung als ein wichtiger Faktor geschlechtsspezifischer Sozialisation, obwohl die räumliche Segregation der Geschlechter in modernen Industriegesellschaften zwar nicht aufgehoben, aber doch wesentlich zurückgedrängt ist.[27] Bilden weist mit Lipman-Blumen darauf hin, »daß auch heute noch in unserer Gesellschaft von Kindheit an Männer sehr viel Zeit in engem Kontakt mit Männern und Frauen mit Frauen verbringen und daß diese ›Welten‹ unterschiedlich funktionieren«. Dabei sozial die männliche Welt, »von der Frauen ausgeschlossen sind, gegenüber der sie machtlos sind, wo Männer sich gegenseitig stimulieren und sich gegenseitig verstärken«.[28] Diese Welten und das dazugehörige Verhalten entstehen bereits in der Kindheit. Jungen wollen oder dürfen sich sehr viel früher und mehr in gleichgeschlechtlichen Gruppen auf der Straße ohne Aufsicht von Eltern und Schule bewegen. Sportvereine, Militär, Stammtisch etc. verstärken im späteren Leben diese Tendenzen noch.

Die sozialisationsgeschichtliche Bedeutung solcher geschlechtsspezifisch homogenen Sozialisationsumwelten sind allerdings für Frauen inzwischen sehr viel besser untersucht als für Männer.[29] Für die Frauen war dies in der Neuzeit zugleich die Geschichte der Verdrängung aus gewissen Möglichkeiten zu beruflicher Selbständigkeit, aus gewerblichen Tätigkeiten und formellen oder informellen Ausbildungsgängen.[30] Das hieß aber nicht, daß Frauen in der frühen Neuzeit keine (Aus-)Bildung hätten erlangen können und daß sich

---

[25] Zentral ist der Aufsatz von [316] ROSALDO. Vgl. aber auch [299] HAUSEN sowie weitere Aufsätze zum Problem in diesem Band.

[26] Vgl. auch [276] ARDENER; [310] MITTERAUER, S. 824 ff., mit Beispielen für geschlechtsspezifische Sitzordnungen beim Essen in osteuropäischen Bauernfamilien etc.

[27] [307]. LIPMAN-BLUMEN; vgl. [279] BILDEN, S. 793 f.

[28] [279] BILDEN, Sozialisation, S. 793.

[29] *Zu Frauen*: [318] SMITH-ROSENBERG; *zu Männern*: [322] VÖLKER/VON WELCK; [308] LUNDT.

[30] Vgl. z. B. [324] WIESNER-HANKS.

Frauen und Mädchen nicht ihre geschlechtsspezifischen Gegenwelten aufgebaut hätten.[31]

Eine ähnlich prägende körperliche Repräsentation von Geschlechtsrollen wie die räumliche Segregation ist auch die damit verbundene geschlechtsspezifische Arbeitsteilung. Mit ihr hat sich die Geschlechtergeschichte ebenso umfassend beschäftigt wie die Historische Anthropologie und die Kulturanthopologie.[32] Die Zuordnung bestimmter Arbeitsaufgaben in Landwirtschaft und Gewerbe folgte seit der Antike einem Muster, das verknüpft war mit der Unterscheidung zwischen »oikos« und »polis«. Frauen wurden neben der eigentlichen Hausarbeit in aller Regel Tätigkeiten zugeteilt, die näher am Haus (in der Landwirtschaft z. B. Garten und Stall statt Acker und Wald) und weniger marktorientiert waren. In protoindustriellen Handwerker- und in Arbeiterfamilien konnte diese Aufteilung zwar bisweilen umgekehrt werden, so daß Männer stärker im Haushalt und Frauen in der gewerblichen (Textil-)Produktion tätig waren. Die Regel war dies jedoch nicht.[33]

Aus der Perspektive der Sozialisationsforschung stellt sich sowohl bezüglich der räumlichen Trennung der Geschlechter wie auch derjenigen der Arbeitsteilung die Frage, inwieweit, in welcher Lebensphase und über welche »Mechanismen« diese Erfahrungen von Kindern und Jugendlichen internalisiert und zum Teil ihrer Geschlechtsidentität werden. Man spricht umgangssprachlich davon, daß bestimmte Erfahrungen einen »prägenden Einfluß« besitzen. Über diesen Vorgang der Prägung gibt es im Rahmen der Lern- und Kognitionspsychologie eine breite und durchaus kontroverse Diskussion.[34] Die Historische Sozialisationsforschung sollte sich immer bewußt

---

[31] Als Überblick über die geschlechtsspezifischen Bildungsinstitutionen vom Mittelalter bis in die Gegenwart vgl. die Beiträge in [33] KLEINAU/OPITZ; zu informellen Mädchen- und Frauengruppen vgl. [494] GESTRICH, S. 92 ff.

[32] Einen umfassenden Überblick über den Forschungsstand der anthropologischen, historischen und ethnologischen Literatur bietet der Sammelband [309] MARTIN/ZOEPFFEL; für das Mittelalter [277] ARNOLD, für die Frühe Neuzeit [328] WUNDER.

[33] Ein knapper Überblick über die Literatur zur geschlechtsspezifischen Arbeitsteilung und ihren Umkehrmöglichkeiten im 19. und 20. Jahrhundert bei [345] GESTRICH, S. 103 ff. Einen guten Überblick über die Berufstätigkeit von Frauen im antiken Rom gibt [412] EVANS, S. 101 ff.

[34] Einen hervorragenden Überblick über den Forschungsstand bietet gerade aus der Perspektive der Herausbildung geschlechtsspezifischer Identität [88] TILLMANN, v. a. S. 74 ff.

sein, daß sie bei Rückschlüssen von Erfahrungskonstellationen auf Persönlichkeitsstrukturen implizit mit solchen psychologischen Modellen arbeitet, die kompliziert und auch in der empirischen Forschung keineswegs unumstritten sind.[35]

c) Werthaltungen: Religiosität und Arbeitsbereitschaft

Neben der kulturspezifischen und im Alltag kaum weiter reflektierten Vorstellung von Person und der Differenzierung der Geschlechter wirken auf den Prozeß der Sozialisation bzw. der bewußten Erziehung auch die expliziten Werthaltungen der Erwachsenen. Diese sind natürlich von unterschiedlichem Gewicht und beeinflussen so die Strukturierung der alltäglichen Interaktionen zwischen Eltern und Kindern auf jeweils sehr verschiedene Weise.

Sucht man in der europäischen Geschichte nach zentralen epochenübergreifenden Werthaltungen im Erziehungsbereich, so ist hier sicher an erster Stelle die christliche Religion zu nennen. Die Bibel gibt im engeren Sinne zwar kein pädagogisches Programm vor, aber über die christliche Anthropologie und über die Exempla der biblischen Geschichten hat sich doch ein über lange Zeiten sehr homogener, auch schichtübergreifend einheitlicher Rahmen christlicher Erziehung herausgebildet, den jeder Ansatz zur Historischen Sozialisationsforschung in der europäischen Geschichte berücksichtigen muß, zumal er nicht nur einzelne Erziehungsmaßnahmen rechtfertigte, sondern der gesamten Struktur von Familie bzw. Haushalt und Gesellschaft religiösen Sinn gab.[36]

Die religiöse Erziehung der Kinder war im Christentum eine zentrale Aufgabe der Eltern bzw. auch der Klöster und Schulen.[37] Über die tägliche religiöse Praxis der Familie und die Unterweisung im Christentum vollzog sich ein nicht unbeträchtlicher Teil der Kom-

---

[35] Schließt man sich z. B. an Piagets und Kohlbergs System der kognitiven Entwicklung des Kindes an, so ist von Bedeutung, in welchem Alter welche Erfahrungen gemacht werden, denn die Art der Kinder, ihre Umwelt wahrzunehmen und die Erfahrungen zu verarbeiten, ändert sich im Zuge der physischen Entwicklung. Die Lerntheorie dagegen reflektiert diese zeitliche Dimension nicht. Vgl. dazu auch oben S. 22 f.

[36] Vgl. für das Mittelalter z. B. [349] HERLIHY, Households, S. 132 ff., für die Frühe Neuzeit mit Verweisen auf die Hausväterliteratur [532] VAN DÜLMEN, Kultur, Bd. 1, S. 38 ff.

[37] Vgl. z. B. [540] BORST, S. 564 ff. Zum Bedürfnis von Kindern nach religiöser Unterweisung im 6. und 7. Jahrhundert vgl. [512] NITSCHKE, S. 17 ff.

munikation zwischen Eltern und Kindern: »Die Religion zählte zu den wichtigsten Kommunikationsbereichen zwischen Eltern und Kindern. Über Religion wurde gesprochen, Religion wurde gelehrt und Religion wurde gemeinsam gelebt«, ist das Fazit einer Analyse von bürgerlichen Autobiographien des 18. Jahrhunderts.[38] Im ländlichen Bereich war dies nicht anders.[39] Erst in der zweiten Hälfte des 19. Jahrhunderts ging zumindest in bürgerlichen Kreisen die Dominanz der Religion im Alltag und in der Erziehung in beiden großen Konfessionen zurück.[40]

Interessant und wichtig für die geschlechtsspezifische Sozialisation ist, daß religiöse Unterweisung in der Familie im 19. Jahrhundert sehr stark in die Kompetenz von Frauen überging, Frauen auch in der Öffentlichkeit ein engeres Verhältnis zu Religion und Kirche bewahrten. Die christliche Religion, ihre Werte und Formen der Frömmigkeit wurden sehr viel stärker zu zentralen Bestandteilen weiblicher Lebensentwürfe, als sie die männlichen Kinder und Jugendlichen beeinflußten. Auch der öffentliche Kirchgang wurde bereits im 19. Jahrhundert besonders in den Städten zu einer Domäne der Frauen und Mädchen.[41] Für weibliche Sozialisationsprozesse im 19. Jahrhundert wurde diese enge Beziehung zur religiösen Bildung wichtig, da die Religion und das religiöse Wissen für Mädchen in gewisser Weise ihren Ausschluß von der den Söhnen vorbehaltenen höheren Bildung kompensierte. Zugleich taten sich speziell für bürgerliche Mädchen in dem von den Kirchen überwachten Bereich der Wohltätigkeit Möglichkeiten eines öffentlichen Wirkens und eines eigenständigen Berufsganges auf.[42]

Einen besonders einflußreichen Aspekt christlicher Erziehung in der Neuzeit stellen die verschiedenen protestantischen Sekten und innerkirchlichen Strömungen dar, wie die Quäker und Puritaner in England und Amerika oder der Pietismus auf dem europäischen Kontinent. In diesen Strömungen, die alle auf eine »Reformation des Lebens«, auf die praxis pietatis setzten, wurden besondere Anforde-

---

[38] [567] MESCHENDÖRFER, S. 81.
[39] Vgl. z. B. [441] MUTSCHLER, S. 77 ff. Allgemein zu religiöser Erziehung vgl. auch [43] HARDACH-PINKE, S. 128 ff.
[40] [408] BUDDE, v. a. S. 391 ff., mit dem Hinweis auf die langsamere Säkularisierung des Familienalltags in englischen Mittelschichtfamilien.
[41] Vgl. v. a. [549] HABERMAS (mit ausführlichen Literaturhinweisen auch zu der umfangreichen englischen Literatur zu diesem Thema) und [553] HÖLSCHER.
[42] Vgl. [549] HABERMAS, S. 131 ff.

rungen an das Verhalten der Kinder und Jugendlichen gestellt. Auf der einen Seite betonte besonders der Pietismus den Aspekt der Sündhaftigkeit des Menschen, auch des Kindes, und die Notwendigkeit, sich zu bekehren, um errettet zu werden. Zeichen der Sündhaftigkeit des Kindes war sein »Eigenwille«, den es im Hinblick auf sein Seelenheil zu retten galt. Daraus ließ sich eine außerordentlich strenge, teilweise harte Erziehung ableiten.[43]

Auf der anderen Seite brachten diese Strömungen durch ihre besondere Betonung der Herzensfrömmigkeit und vor allem der Bekehrung eine neue Dimension der Selbst- und Fremdbeobachtung im Entwicklungsprozeß. Tagebuch und Autobiographie nahmen einen bedeutsamen Aufschwung, und auch die Anfänge der Psychologie als »Erfahrungsseelenkunde« waren eng mit der pietistischen Introspektion verknüpft.[44] Allerdings wurden damit auch ganz neue Ansprüche der Eltern an die seelisch-religiöse Entwicklung der Kinder und neue Formen des Eindringens in die Persönlichkeit verknüpft. Sie konnten zu schweren Konflikten und auch seelischen Beschädigungen führen, vor allem, wenn von den Eltern eine religiöse Bekehrung ihrer Kinder erwartet wurde und diese sie nicht erlangen konnten oder wollten.[45]

Eine besondere Betonung legten diese protestantischen Frömmigkeitsbewegungen mit ihrer Körperfeindlichkeit auf die Kontrolle der Sexualität von Kindern, wobei dies allerdings speziell im 18. und 19. Jahrhundert zu einer allgemeinen Charakteristik bürgerlicher Erziehung gehörte. Speziell die Unterdrückung der Masturbation wurde zu einer Obsession von Pädagogen und Medizinern.[46]

Neben der Religiosität war ein zentrales Anliegen zumindest neuzeitlicher Erziehung nicht nur die konkrete Befähigung zur Arbeit, sondern auch die positive Einstellung dazu. Dies galt natürlich nicht für die Erziehung des europäischen Adels, aber für die anderen Stände kam es vor allem im Protestantismus in der Frühen Neuzeit zu

---

[43] Für Amerika vgl. z. B. [547] GREVEN.
[44] Vgl. dazu [548] GÜNTHER; [567] MESCHENDÖRFER, S. 87 ff.; [546] GRAE-VENITZ; [161] MAURER, S. 440 f. Die »klassische« pietistische Autobiographie ist der Bildungsroman »Anton Reiser« von Karl Philipp Moritz.
[45] Vgl. z. B. [551] HERRMANN.
[46] Zur zeitgenössischen Diskussion vgl. [206] GAY, S. 304 f., mit ausführlicher Dokumentation der Literatur; als Fallgeschichte einer extremen Sexualunterdrückung [577] SCHATZMAN, S. 72 ff.; zur autobiographischen Erinnerung an Umgang mit Sexualität z. B. [43] HARDACH-PINKE, S. 21 ff.; [161] MAURER, S. 239 ff. Vgl. auch Quellenanhang, Quelle 6.

einer religiösen Besetzung des Arbeitsbegriffs. Arbeit wurde gewissermaßen Selbstzweck und eine Art des Gottesdienstes.[47] Speziell im 18. und 19. Jahrhundert dominierte die Erziehung zu Fleiß und Arbeitsdisziplin die Werteskala der Eltern wie der professionellen Erzieher: »Arbeitsam muß jeder Mensch seyn, der Geschäfte hat [...]. Damit die Kinder arbeitsam werden, müssen sie nie ohne Beschäftigung gelassen werden«,[48] hieß es z. B. in einer Erziehungsschrift des ausgehenden 18. Jahrhunderts. Speziell die asketisch ausgerichteten protestantischen Sekten sahen in der Erziehung der Kinder zur Arbeit eines der wichtigsten Mittel, um sie vor Sünden zu bewahren.[49]

Allerdings gab es unabhängig von diesem religiösen Kontext und auch außerhalb der bürgerlichen Welt eine Arbeitsethik, die in der Erziehung der Kinder zu Fleiß und Arbeitsbereitschaft eines der wichtigsten Erziehungsziele sah. Dies haben z. B. Oral History-Studien zur ländlichen Erziehung im frühen 20. Jahrhundert ergeben. Hier konnte einerseits gezeigt werden, wie die Arbeitsanforderungen der Eltern das Leben der Kinder dominierten. Andererseits wurde an diesen Lebenserinnerungen deutlich, daß Kindern durch ihre Arbeitsleistungen ein besonderes Maß an Anerkennung durch die Erwachsenen zuteil wurde. Kinder konnten durch die Tatsache, daß sie mit ihrer Arbeit wesentlich zum Unterhalt der Familie beitrugen, einen großen Teil ihres Selbstbewußtseins schöpfen. Ihre Einstellung zur Arbeit war also funktional und ihre Erinnerung an den Arbeitszwang in der Kindheit nicht durchweg negativ.[50]

Auf der anderen Seite gab es gerade im 19. Jahrhundert natürlich auch den Mißbrauch der kindlichen Arbeitskraft in der frühen Industrie wie in der Landwirtschaft. Viele Kinder mußten in den Fabriken weit über ihr physisches Vermögen hinaus arbeiten, auch im 20. Jahrhundert mußten sie vor allem in Kriegszeiten in der Landwirtschaft oft die fehlenden Männer ersetzen. Auch diese Überforderung kommt in den Lebenserinnerungen zur Sprache und wurde speziell

---

[47] Einen gedrängten Überblick über die komplexe Geschichte der Bewertung der Arbeit gibt aus sozialisationshistorischer Perspektive und mit ausführlichen Literaturangaben [161] MAURER, S. 378 ff.; vgl. auch [43] HARDACH-PINKE, S. 116 ff.

[48] Johann Georg Sulzer, Anweisung zu Erziehung seiner Töchter, 1781, zit. in: [49] MÜNCH, S. 212. Vgl. auch Quellenanhang, Quelle 5.

[49] Dazu gut [161] MAURER, S. 282 ff.

[50] Vgl. v. a. [441] MUTSCHLER, S. 114 ff; zu ganz ähnlichen Ergebnissen gelangt [448] PAPATHANASSIOU, v. a. S. 283 ff.

von Frauen oft im Zusammenhang mit fehlenden Bildungsmöglichkeiten eher bitter erinnert.

Der generelle Wandel der Einstellung zum Kind und seiner Schutzbedürftigkeit sowie die Verwissenschaftlichung der Pädagogik haben über das 19. und 20. Jahrhundert hin in Europa allmählich zu einer weitgehenden Verdrängung von Kindern aus den Arbeitsprozessen und zu einer strengen gesetzlichen Regulierung der Kinderarbeit geführt, aber auch zu einer generellen Entwertung von Leistungs- und Arbeitsbereitschaft, Disziplin und Pflichterfüllung als zentralen, über Erziehung zu vermittelnden »Tugenden«. Kulturkritiker sehen darin ein Zeichen des zunehmenden Verfalls der traditionellen Wertegemeinschaft[51] oder der zunehmenden Sentimentalisierung der Kindheit. Die völlige Verbannung der Kinder in eine Welt des artifiziellen Spielzeugs und die Vorenthaltung von Erfahrungen des »wirklichen Lebens« scheint aus ihrer Sicht den kindlichen Bedürfnissen und Entwicklungsmöglichkeiten nicht angemessen und eher Zeichen einer zunehmenden Infantilisierung der Erwachsenengesellschaft, als einer Orientierung an den Bedürfnissen und Potentialen der Kinder.[52]

2. Phasen der Sozialisation

Ziel dieses Abschnitts ist es zu klären, welche Vorstellungen von der sozialisatorischen Bedeutung bestimmter Lebensalter einzelne Gesellschaften entwickelten und wie sich dies in spezifische sozialisationsrelevante Interaktionen und die Gestaltung von Sozialisationsmilieus umsetzte.

a) Kindheit

Kindheit gilt als zentrale Phase der Sozialisation. Emotionale, kognitive, moralische und motivationale Strukturen der Persönlichkeit werden nach Überzeugung der modernen empirischen Sozialisationsforschung ganz entscheidend in den ersten Jahren des Lebens geprägt. Psychoanalytische, psychologische und andere Ansätze kommen zwar im Detail zu unterschiedlichen Feingliederungen der kindlichen Entwicklung und auch zu unterschiedlichen Modellen über

---

[51] Vgl. zum Weltbild der neokonservativen Pädagogik [493] FEND, S. 26 ff.
[52] Vgl. v. a. [364] LENZEN, S. 232 ff.

kausale Zusammenhänge zwischen Sozialisationserfahrungen und Persönlichkeitsentwicklung. In der Summe jedoch steht die prägende Bedeutung der frühen Kindheitserfahrungen außer Frage. Im folgenden müssen daher zunächst Forschungen skizziert werden, die sich mit dem Einfluß bestimmter Vorstellungen von Kindheit und kindlicher Entwicklung auf die spezifische Ausgestaltung der Sozialisationsphase Kindheit beschäftigt haben. In einem zweiten Schritt kann dann danach gefragt werden, ob sich aus heutiger Sicht gewisse anthropologische Konstanten in der Entwicklung des Kindes feststellen lassen oder ob man eher von einem Wandel des ›psychischen Apparats‹ der Kinder auszugehen hat, und welche Veränderungen in den Sozialisationseffekten bzw. Persönlichkeitsstrukturen sich daraus ergeben können.

Es wurde bereits auf Arbeiten hingewiesen, die zeigten, daß auch in der Antike und im Mittelalter die Vorstellung geläufig war, daß Kindheit ein in verschiedene Stadien untergliederter Prozeß des Heranwachsens ist.[53] Die zeitgenössischen Begründungen dafür waren allerdings nach unseren heutigen wissenschaftlichen Maßstäben oft unpräzise und die Terminologie wenig homogen. Die als infantes oder pueri bezeichneten Personen konnten teilweise sehr verschiedenen Altersgruppen zugehören.[54] Aber von einem Verständnis für kindliches Wachstum kann durchaus ausgegangen werden. So schreibt z. B. der Dichter Horaz über die Entwicklung des Kindes: »Die Altersstufen mußt du, jede in ihrer Eigenart, beobachten; mußt den veränderlichen Charakteren nach dem verschiedenen Alter zugestehen, was ihnen zukommt. Alsbald, wenn der Knabe (puer) den Sprachlaut nachzubilden weiß und sicheren Schrittes gehen kann, gilt sein Eifer dem Spiel mit seinesgleichen; blindlings erzürnt er sich, plötzlich versöhnt er sich; verwandelt findet ihn die nächste Stunde«.[55]

Ähnliche Quellen finden sich auch für das Mittelalter, obwohl für diese Zeit das Verständnis von Kindheit in der Forschung noch umstrittener ist als für die Antike.[56] Das Problem, das hinter der widersprüchlichen Einschätzung historischen Wissens durch die Forschung steht, ist nicht nur, daß die meisten Historiker unterschiedliche Quel-

[53] Vgl. oben S. 43 ff.
[54] Vgl. [339] DIXON, S. 105; [393] SLUSANSKI.
[55] Horatius, Ars poetica 156–160 (übers. V. R. Nitsche), Zürich 1949, zit. nach [413] EYBEN, S. 335. Vgl. auch Quellenanhang, Quelle 15.
[56] Vgl. dazu Quellenanhang, Quelle 12 u. 13 sowie oben S. 44 zu den konträren Positionen von [461] SHAHAR und [459] SCHULTZ.

lengattungen benutzen und gegeneinander ausspielen, sondern auch, daß sie nicht berücksichtigen, daß in vielen Quellen über Kindheit Erwachsene nicht wirklich über Kindheit, sondern über den Status des Erwachsenseins sprechen: »Über Kindheit zu reden heißt, daß *Erwachsene* reden. Insofern reden Erwachsene, wenn sie über Kindheit reden, über sich selbst.«[57] Wenn wir also wirklich etwas über das Verständnis bzw. den Wandel des Verständnisses von Kindheit erfahren wollen, dann müssen wir uns auf die Ebene der Interaktionen, der Berichte über konkrete Verhaltensweisen begeben.

Die moderne Entwicklungspsychologie teilt die Kindheit und Jugend in vier bis acht verschiedene Phasen ein. Ihnen entsprechen nicht nur bestimmte Bedürfnisse, Leistungen und Konflikte, sondern auch bestimmte Anforderungen an die Interaktionen mit der Umgebung. Sie können hier nicht alle detailliert beschrieben und auf ihre historische Verwirklichung hin untersucht werden. Aus heutiger Sicht ist der zentrale Indikator für die Anerkennung der Kindheit als einer in sich gegliederten Entwicklungsphase mit prägender Bedeutung für die spätere Charakterentwicklung die Interaktion zwischen Mutter und Kind in den ersten Lebensmonaten. Die psychoanalytische Theorie hat die Überzeugung kanonisiert, daß frühe emotionale Bindungen zur Mutter oder zu einer konstanten Ersatzperson beim Kind ganz wesentliche Voraussetzungen für den Aufbau von »Urvertrauen« und Ich-Stärke und damit für die spätere Fähigkeit zur Autonomie sind.[58] Sucht man nach einem Indikator für ein solch enges Verhältnis zwischen Mutter und Kind, so bietet sich für die historische Forschung besonders das Stillen der Säuglinge an, da verschiedene Quellengattungen darüber wenigstens ansatzweise Auskunft geben.

Im Bereich der Alten Geschichte sind wir vor allem durch die Arbeit von Suzanne Dixon gut über die römischen Mütter und ihren Umgang mit ihren Kindern unterrichtet.[59] Aus diesen Untersuchungen geht hervor, daß die römischen Mütter der Oberschichten zumindest ein physisch distanziertes Verhältnis zu ihren neugeborenen Kindern hatte. Das Stillen durch Ammen war üblich. Im Gegensatz zur griechischen oder auch zur etruskischen Grabkunst finden sich in Rom bzw. Italien in republikanischer Zeit auch kaum Darstellungen

---

57 [364] LENZEN, S. 11.
58 Besonders einflußreich, aber nicht unumstritten, waren die Studien John Bowlbys. Vgl. [193] BOWLBY und [192] BOWLBY.
59 [339] DIXON, v. a. S. 104 ff.

säugender Mütter.[60] Ammen und Sklavinnen waren in vornehmen Haushalten die primären – und durchaus auch öfter wechselnden – Bezugspersonen für Säuglinge, auch wenn das von manchen ›konservativen‹ Kritikern bereits damals kritisiert wurde.[61]

Für das Mittelalter gibt Shulamith Shahar einen guten Überblick über die theoretischen Traktate über die Bedeutung des Stillens durch die Mütter und die Praxis der Kinderaufzucht.[62] Aus diesen Traktaten wird deutlich, daß die mittelalterlichen Beobachter bereits einen klaren Zusammenhang zwischen Stillen und affektiver Bindung der Kinder an die stillende Person herstellten. Dennoch war das Stillenlassen der Kinder durch Ammen in den gesellschaftlichen Oberschichten eine akzeptierte Praxis. Sie verbreitete sich im Laufe der Frühen Neuzeit europaweit in den städtischen Mittelschichten und im 19. Jahrhundert in Frankreich und Deutschland auch bei der städtischen Arbeiterschaft.[63]

Die Ursachen für das Ammenwesen sind komplex und für die verschiedenen Epochen auch kaum einheitlich. Ein Strang, der sich von der Antike bis in die Frühe Neuzeit verfolgen läßt, ist jedoch die Vorstellung, daß die Milch der Mutter durch eine weitere Schwangerschaft an Qualität verliere und das gesäugte Kind dadurch Schaden erleide. Stillende Mütter sollten daher keine Sexualkontakte haben, da Kontrazeption nicht sicher und seit dem Mittelalter zudem kirchlich verboten war. Für das Mittelalter konstruierte Shahar deshalb eine Rivalität zwischen Sexualität und Kindswohl während der Stillphase. Das Stillen der Kinder durch Ammen wäre somit ein Schutz des Kindes gewesen, den sich die Oberschicht hätte leisten können.[64]

Für die späteren Zeiten läßt sich dieser Zusammenhang zwar nicht mehr ohne weiteres als Begründung aufrechterhalten. Das mittelalterliche Beispiel verdeutlicht aber, daß die Einsicht in die Stadien der kindlichen Entwicklung und ihre lebensgeschichtliche Bedeutung

---

[60] [339] DIXON, v. a. S. 105 f.

[61] Vgl. auch [335] BRADLEY, v. a. S. 13 ff., das Kapitel »The Social Role of the Nurse in the Roman World«.

[62] [461] SHAHAR, S. 53–76. Vgl. auch Quellenanhang, Quelle 13 und 14.

[63] Vgl. [365] LINDEMANN, S. 385; [330] BADINTER, S. 159 ff. Einen hervorragenden Überblick über das Pariser Ammenwesen des 19. Jahrhunderts sowie dessen Vorgeschichte seit dem ausgehenden Mittelalter gibt [414] FAŸ-SALLOIS.

[64] [461] SHAHAR, S. 72 ff. Vgl. dazu auch [561] KLAPISCH-ZUBER, S. 115 f.; insgesamt dort anhand des ungewöhnlichen Florentiner Materials die wohl beste Analyse der Strukturen und vielfältigen Zusammenhänge des spätmittelalterlichen Ammenwesens.

auf der Ebene der Praktiken des Umgangs mit dem Kind immer in eine Vielzahl anderer sozialer, wissenschaftlicher und moralischer Bezüge und Strukturen eingebaut ist. Eine wirkliche Ablehnung des Ammenwesens setzte deshalb erst spät ein. Erst seit der Mitte des 18. Jahrhunderts versuchten Mediziner, Theologen und Pädagogen in einer Flut von Erziehungstraktaten, Mütter zum Stillen ihrer Kinder zu bewegen, indem sie ihnen die schädlichen Konsequenzen des Ammenwesens für die charakterliche Entwicklung ihrer Kinder vorhielten.[65]

Es ist sicher kein Zufall, daß das Stillen des Kindes durch die Mutter selbst genau in jener Zeit zu einem Testfall für die Anerkennung der Bedeutung der ersten Lebensphase des Kindes wurde, als sich die Strukturen der bürgerlichen Familien so verändert hatten, daß die alten Rollen- und Verhaltensvorgaben des »ganzen Hauses« obsolet wurden. Die emotionale Bindung der Mutter an das Kind begründete auf neue Weise ihre Stellung im Haus und in der Familie, aber auch die ›Arbeitsteilung‹ zwischen Mann und Frau.[66] Die Frauen wurden über ihre »natürliche« Zuständigkeit für das Kind und sein Wohl moralisch und faktisch an das Haus gebunden.

Der Wandel der Stillpraktiken zeigt, daß bereits die Interaktionen mit den kleinsten Kindern in ein kompliziertes Geflecht symbolischer Handlungen eingelassen sind, die keineswegs nur auf das Kind ausgerichtet sind. Das wird auch aus ethnologischen Vergleichen deutlich. Es gibt z. B. Gesellschaften, in denen Mütter bewußt fremde Kinder stillen, um Verbindungen zwischen Familien herzustellen.[67] Was die biologische Verhaltensforschung als instinktives Verhalten von Müttern klassifiziert, die Ernährung des Säuglings, ist in menschlichen Gesellschaften tatsächlich hochgradig kulturell überformt. In diesem Bereich sind weitere Forschungen notwendig und möglich. Das Potential der bereits erwähnten Hebammentagebücher und wahrscheinlich auch das privater Korrespondenzen und Tagebücher ist hier noch keineswegs ausgeschöpft.[68]

Unter systematischen sozialisationshistorischen Aspekten schließt sich an diese Feststellungen die Frage an, ob dies auch bedeutet, daß sich die angeblich genetisch verankerten Stadien und Strukturen der psychischen Entwicklung von Kindern in einer Weise kulturell so

---

[65] Vgl. [340] DONZELOT, S. 23 ff.
[66] [340] DONZELOT, S. 34.
[67] Vgl. [98] MÜLLER, S. 44, 50 f.
[68] Vgl. dazu oben S. 85.

wandeln, daß die Kinder sich an diese unterschiedlichen Bedingungen anpassen und innerhalb ihres Rahmens eine ›normale‹ Entwicklung durchlaufen können? Oder hat man mit einer im Prinzip konstanten Struktur und Bedürfnislage der Kinder und damit letztlich mit psychischen Langzeitfolgen bzw. -schäden zu rechnen?

Dies war, wie wir gesehen haben, die Position der klassischen Psychoanalyse, die auch noch von vielen Psychohistorikern übernommen wird. Diese Position der Psychohistoriker ist umstritten. Ein zentraler Streitpunkt, der vor allem zwischen Psychoanalytikern und Ethnologen bzw. Ethnopsychoanalytikern ausgetragen wurde, ist die Frage, ob das theoretische Zentrum der Psychoanalyse, der Ödipuskomplex, eine anthropologische Universalie ist. Verschiedene Studien der Ethnologie und Ethnopsychoanalyse versuchten das zu widerlegen.[69] Inzwischen hat sich der Schwerpunkt der Ethnopsychoanalyse insofern verschoben, als sie zwar die Universalität des Ödipuskomplexes nicht mehr unbedingt in Frage stellt, dafür aber ganz generell seine Bedeutung relativiert und Pubertät und Adoleszenzkrisen einen sehr viel höheren Anteil an der Persönlichkeitsbildung einräumt. Der Ethnopsychoanalytiker Mario Erdheim schreibt dazu:

»Bedenkt man …, daß die frühe Kindheit, besonders in Europa, offenbar starken traumatisierenden Einflüssen ausgesetzt war …, so muß man sogar annehmen, daß bei einer ausschließlichen Determinierung durch die ersten Jahre die europäische Kultur schon längst ausgestorben wäre. Wenn das nicht der Fall war, so deshalb, weil die Erfahrungen der frühen Kindheit nicht so ausschlaggebend sind, wie man glaubte, und die Dynamik der Adoleszenz einen entscheidenden Beitrag zur Möglichkeit des Kulturwandels leistet.«[70]

Es ist interessant, diese Ergebnisse der Ethnopsychoanalyse mit Befunden der historischen Forschung zu vergleichen. Der wichtigste Befund für die römische Kindheit ist in dieser Hinsicht, daß die Ernährung durch Ammen und die allgemeine körperliche Distanz der Mutter in den ersten Lebensmonaten oder Jahren nicht dazu führte, daß römische Kinder später ein gestörtes Verhältnis zu ihren

---

[69] Berühmt ist hier vor allem die 1928 veröffentlichte Studie von [97] MEAD, die nachzuweisen sucht, daß ödipale Konflikte und Adoleszenzkrisen in diesen Südseegesellschaften fehlen. Vgl. zur Bedeutung und kontroversen Diskussion des Ödipuskonflikts in der Ethnologie auch [99] SINGER, S. 18 ff.

[70] [94] ERDHEIM, S. 276.

Eltern und vor allem zu ihrer Mutter gehabt hätten. Die römischen Mütter waren, das kann Dixon zeigen, von sehr viel größerer Bedeutung für die heranwachsenden Kinder als für die Kleinkinder. Der Einfluß der Mütter auf die erwachsenen Söhne war enorm groß, ebenso deren Bindung an die Mutter. Die römischen Mutter-Kind-Beziehungen folgten also deutlich anderen Mustern als die moderner westlicher Gesellschaften. Dennoch gibt es, so Dixon, keinen Hinweis darauf, daß die römische Gesellschaft deshalb einen größeren Anteil an Psychopathen hervorgebracht hätte.[71] Vor der einfachen Extrapolation frühkindlicher Sozialisationsbedingungen zu kausalen psychoanalytischen Erklärungen für individuelle oder kollektive Persönlichkeitsmerkmale kann daher vor dem Hintergrund solcher Befunde nicht nachdrücklich genug gewarnt werden.

Interessant ist in diesem Zusammenhang der Überprüfung der Anwendbarkeit psychologischer Entwicklungstheorien mit Universalitätsanspruch nicht nur die psychoanalytische Theorie, sondern auch Piagets Theorie von den genetisch gesteuerten Stadien der kognitiven und moralischen Entwicklung des Kindes.[72] Lassen sie sich in irgendeiner Weise an historischen Quellen auf ihre Übertragbarkeit überprüfen? Shulamit Shahar leitet aus ihrer Untersuchung normativer lateinischsprachiger Texte des Mittelalters zu den Vorstellungen über die Entwicklung des Kindes die an Piaget erinnernde These ab: »They ... acknowledged the existence of distinct features of childhood at all stages, and also recognized a process of progressive development of the logical constructs, even if they did not formulate their convictions in these terms.«[73] Mittelalterliche Autoren beobachteten also ebenfalls verschiedene Stadien der kognitiven Entwicklung des Kindes. Gibt es aber auch die Möglichkeit zur konkreten Beobachtung an kindlichem Verhalten?

Historiker haben sich bisher mit diesen Fragen sehr wenig auseinandergesetzt. Es gibt zwar viele Untersuchungen zu Autobiographien und Schilderungen von Kindheit in Familienbriefen. In aller Regel machen sich die Historiker aber nicht die Mühe, bestimmte Verhaltensformen von Kindern präzise zu beschreiben und mit dem jeweiligen Lebensalter zu korrelieren. Eine Ausnahme stellt hier August Nitschkes Untersuchung »Junge Rebellen« dar.[74] Unter unserer

[71] [339] DIXON, v. a. S. 135.
[72] Vgl. dazu oben S. 24 f.
[73] [461] SHAHAR, S. 31.
[74] [512] NITSCHKE.

Fragestellung ist Nitschkes Beobachtung interessant, daß in Quellen vom 6. bis zum 20. Jahrhundert durchgehend das Innovationspotential von Kindern um das 12. Lebensjahr besonders groß war. Wenn Kinder nicht nur möglichst früh die Rechte der Erwachsenen wollten, sondern radikal neue Orientierungen anstrebten und ihre Umwelt anders wahrnahmen, dann bahnte sich dies nach Nitschke meist in diesem vorpubertären Alter deutlich an. Diese Beobachtung fällt direkt zusammen mit derjenigen Piagets zur Intelligenzentwicklung des Kindes und zur besonderen Bedeutung der Phase der Voradoleszenz für neue Orientierungen. Sie ist nach Piaget die Phase der Entwicklung, »in der der junge Mensch sich vom Konkreten löst und das Wirkliche in ein System von möglichen Transformationen einordnet«.[75]

Liest man Piaget vor der Folie der Ergebnisse von Nitschkes historischer Verhaltensforschung (oder umgekehrt), so scheint es plausibel, bestimmte Strukturen der kognitiven Entwicklung des Kindes als anthropologische Konstanten anzunehmen oder sie zumindest als Forschungshypothesen zu formulieren und weiter zu überprüfen. Eine sorgfältige Lektüre von Quellentexten auf solche Strukturen hin scheint zumindest ein interessantes und lohnendes Unterfangen zu sein, das die historische Sozialisationsforschung bisher kaum ernsthaft verfolgt hat.[76]

b) Jugend

In allen Disziplinen der empirischen Sozialisationsforschung wurde in den letzten Jahrzehnten die lebensgeschichtliche Bedeutung der frühkindlichen Erfahrungen relativiert und der Entwicklung in der Zeit der Jugend ein größerer Einfluß auf die Formierung individueller wie kulturspezifischer Persönlichkeitsstrukturen eingeräumt. Das moderne Konzept von Sozialisation als einer produktiven Verarbeitung von Realität,[77] aber auch psychoanalytische Ansätze wie die Identitätstheorie Eriksons,[78] weisen alle der Jugend eine besondere

---

[75] [86] PIAGET/INHELDER, S. 133.
[76] [461] SHAHAR nimmt zwar mehrfach auf Piaget Bezug, greift seine Theorie aber nicht ernsthaft auf. Für epochenspezifische Veränderungen in den Interaktionen zwischen Mutter und älteren Kindern in Mittelalter und Renaissance vgl. auch [443] NITSCHKE.
[77] Vgl. oben S. 14.
[78] Vgl. oben S. 24, 73 f.

Bedeutung für die Persönlichkeitsentwicklung und Identitätsbildung zu. In der Geschichtswissenschaft allerdings ist eine historische Jugendforschung zunächst nur zögernd in Gang gekommen. Seit den 1970er Jahren hat sich dies allmählich geändert, allerdings epochenspezifisch sehr ungleichgewichtig. Über die Jugend in der Antike liegen inzwischen sehr viel mehr grundlegende Studien vor als über die im Mittelalter,[79] die Jugend des 20. Jahrhunderts ist wesentlich besser erforscht als die des 18. oder 19. Jahrhunderts, bürgerliche Jugend natürlich besser als Landjugend oder Arbeiterjugend.[80]

Aus sozialisationshistorischer Perspektive weisen die Problemkreise der historischen Jugendforschung zunächst einige Parallelen zur Kindheitsgeschichte auf. Ausgehend vor allem von ethnologischen Befunden, wurde gefragt, ob es Jugend als Lebensphase überhaupt in allen Gesellschaften gibt oder ob sie nicht vielmehr ein Phänomen moderner Industriegesellschaften ist. Die Jugend sei um die gleiche Zeit erfunden worden wie die Dampfmaschine, schrieb der englische Soziologe Frank Musgrove. Dieser »Erfinder« der Jugend sei Jean-Jacques Rousseau gewesen, dessen 1762 erschienener Roman »Emile« eine Wende in der Auffassung von Kindheit und Jugend in Europa durchgesetzt habe. Musgrove wollte damit zum Ausdruck bringen, daß Jugend kein rein biologisches Faktum, sondern eine soziale »Institution« und damit historischem und kulturellem Wandel unterworfen sei. Als eine deutlich markierte und altersspezifisch einheitliche Phase im Lebenslauf sei Jugend, so Musgrove, eine Erscheinung moderner europäischer Gesellschaften.[81] Die Problematik ist also die gleiche wie bei der Kindheit: Alle Menschen durchlaufen einen natürlichen körperlichen Wachstumsprozeß. Diese biologische Dimension des Lebens wird aber historisch nicht in gleicher Weise in feste Abschnitte des Lebenslaufs umgesetzt.

Bei der Redeweise von der »Erfindung« der Jugend kommt noch eine weitere Bedeutungsebene des Jugendbegriffs hinzu: die Jugend als soziale Gruppe einer Gesellschaft mit einem gewissen Eigenleben,

---

[79] Einzige umfassende Studie ist noch immer [492] FEILZER; [501] HORN, S. 1 f., weist ebenfalls auf das Desiderat einer Erforschung der Jugend im Mittelalter hin, ebenso [508] MITTERAUER, S. 7, für Jugend in der mittelalterlichen Adelsgesellschaft jetzt [484] DETTE.

[80] Bester Gesamtüberblick [508] MITTERAUER; wichtig jetzt außerdem [506] LEVI/SCHMITT; [521] SPEITKAMP.

[81] [511] MUSGROVE, S. 33. Vgl. dazu auch [572] OESTERLE; [517] ROTH, S. 15 ff.; [582] WILD.

einer eigenen Kultur oder ›Subkultur‹. Daß Jugendliche in einer Gesellschaft schichtübergreifend als soziale Gruppe wahrgenommen werden und auch de facto einen gewissen generationsspezifischen Zusammenhalt besitzen, mag zwar auch im 18. Jahrhundert nicht ganz neu gewesen sein, hat aber seither doch deutlich veränderte Dimensionen angenommen. Im Mittelalter und auch in der Frühen Neuzeit stand ein fünfzehnjähriger Adliger einem zwanzigjährigen Standesgenossen sicher näher als einem gleichaltrigen Schneiderlehrling. Das ist heute in der Regel anders. Diesen Wandel gilt es zu erklären.

Wir haben es bei dem Begriff der Jugend also mit drei Bedeutungsebenen zu tun: einer bestimmten Phase der biologischen Reifung, einer sozial determinierten Phase im Lebenslauf und einer sozialen Gruppe der Gesellschaft. Alle drei Bedeutungsebenen sind im Sozialisationsprozeß eng miteinander verflochten, ihre wechselseitige Verbindung unterliegt aber einem historischen Wandel. Im folgenden geht es zunächst um die beiden ersten Bedeutungsebenen. Jugendgruppen als Sozialisationsinstanzen werden im nächsten Abschnitt gesondert thematisiert.

Grundlage der Definition von Jugend als Phase der biologischen Reifung ist der Eintritt der Geschlechtsreife, der das Ende der Kindheit, aber noch nicht das Ende des körperlichen Wachstums bedeutet. Dieser Eintritt der Geschlechtsreife ist bei Jungen wie Mädchen variabel. Joseph Haydn war 18 Jahre alt, als er wegen Stimmbruchs die Wiener Sängerknaben verlassen mußte. Erste medizinische Statistiken zeigen, daß der Eintritt der Menarche bei Mädchen um die Mitte des letzten Jahrhunderts in den meisten mittel- und nordeuropäischen Staaten um das 17. Lebensjahr einsetzte. Regional lagen die durchschnittlichen Werte zum Teil noch erheblich höher. In den gesellschaftlichen Oberschichten trat die Geschlechtsreife allerdings schon im Mittelalter und in der Frühen Neuzeit deutlich früher ein. Aufgrund der allgemein besseren Ernährungslage haben sich diese Werte heute um etwa fünf Jahre vorverlagert.[82]

Wird der Anfang der Jugend durch eine biologische Veränderung markiert, so ist das Ende der Jugend ausschließlich durch soziale Faktoren bestimmt. Im Kontext der traditionalen europäischen Gesellschaften dauerte die Jugend bis zur Eheschließung. Mit dem Tag der Hochzeit endete auch die Jugend. Sie war im wesentlichen durch den

[82] Vgl. [508] MITTERAUER, S. 11 f.

Ledigenstatus charakterisiert, und Junggesellen und Jungfrauen wurden lange altersunabhängig zur Jugend gezählt.[83]

Dies war ein Muster, das sich vom Mittelalter bis ins frühe 20. Jahrhundert verfolgen läßt. Erst im 20. Jahrhundert verwischte sich diese Grenze durch die Entkoppelung von Sexualität und Ehe. Die Jugend ist heute eine im Prinzip nach hinten offene Phase des Lebenslaufs, abhängig vom eigenen Gefühl der ›Jugendlichkeit‹. An sie schließt sich heute eine als Postadoleszenz bezeichnete Lebensphase an, die gekennzeichnet ist durch soziale, moralische, rechtlich-politische und vor allem sexuelle Selbständigkeit und Mündigkeit einerseits bei gleichzeitiger wirtschaftlicher Abhängigkeit andererseits. Allerdings bedeutet Elternschaft in der Regel auch heute noch einen wesentlichen Einschnitt und das Ende der Jugend im subjektiven Bewußtsein.[84]

Diese Rahmenbedingungen und ihre Veränderungen sind von sozialisationshistorischer Relevanz: Die Frage, wann die Geschlechtsreife durchschnittlich einsetzte und wann Kinder schließlich zur Heirat gelangten, bestimmte in der Neuzeit ganz wesentlich nicht nur die Länge der Jugend, sondern auch die mit diesem Wartestand verbundenen Probleme: wirtschaftliche und soziale Abhängigkeit von den Eltern, Verpflichtung auf eine zölibatäre Lebensweise und vielfach soziale Kontrolle der Partnerwahl. Daraus ergab sich ein Konfliktpotential zwischen Eltern und Kindern, erwuchsen jugendliche Formen der Selbstorganisation, ein jugendeigenes Leben in peer groups und Phasen intensivierten Jugendprotests.

Jugend kann also, je nach Einsetzen der Geschlechtsreife und Heiratschancen, eine eher kurze oder auch eine sehr lange Lebensphase sein. Auch unter Ethnologen umstritten ist die Frage, ob Jugend als Lebensphase ganz umgangen und durch einen Initiationsritus ersetzt werden kann, durch den ein direkter Übergang von der Kindheit ins Erwachsenenalter stattfindet. Die Tendenz der Forschung geht eher dahin zu sagen, daß alle Gesellschaften den jungen Menschen eine Zeit einräumen, in denen sie nicht mehr Kind sind, aber auch noch nicht den vollen Erwachsenenstatus übernehmen müssen oder dürfen.[85]

---

[83] Vgl. [494] GESTRICH, S. 146.

[84] Zum Konzept der Postadoleszenz vgl. [557] JUGENDWERK, Bd. 1, S. 101; [88] TILLMANN, S. 195 f.

[85] Vgl. dazu vor allem die Beiträge in [510] MÜLLER. Zum Fehlen eines umfassenden Initiationsritus in christlichen Gesellschaften Europas vgl. [508] MITTERAUER, S. 44 ff.

Daran schließt sich die Frage an, ob dann auch Adoleszenz als Phase der krisenhaften psychosozialen Reifung ein universales Phänomen ist. Ähnlich wie bei der Debatte um die Universalität des Ödipuskomplexes gibt es auch hier zwei Lager. Die Diskussion erstreckt sich über alle Epochen der Geschichte. In einem eindrucksvollen Überblick über die »unruhige Jugend im Alten Rom« bietet der niederländische Historiker Emiel Eyben einen Einblick in Jugendaktivitäten, aber auch in das Denken und Fühlen römischer Jugendlicher, ihre Annäherung an Themen wie Liebe und Sexualität, Freizeit und Politik.[86] Er geht unter Rückgriff auf die Entwicklungstheorie Eriksons von eindeutigen Anzeichen für die Existenz von Adoleszenzkrisen im antiken Rom aus, die ihren Ausdruck in auffälligem Verhalten, Drogenkonsum, Vandalismus, aber auch in der Suche nach Orientierungsfiguren und Idolen oder in bis zum Selbstmord führenden Krisen fand.[87] Andere Althistoriker bestreiten diese überzeitlichen Ähnlichkeiten von Jugend und Adoleszenz, da viele der von Eyben herangezogenen Quellen sich nicht eindeutig auf bestimmte Altersgruppen beziehen.[88] Eine ähnliche Debatte entstand für das Mittelalter z. B. auch über Eriksons Versuch, Luthers Entscheidung, ins Kloster einzutreten und auch seine theologische Entwicklung als Ausdruck einer Adoleszenzkrise zu interpretieren.[89] Für die neuere Geschichte gab es verschiedene Versuche, die Bedeutung der Adoleszenzkrisen zu hinterfragen und damit das Eriksonsche Modell des Übergangs ins Erwachsenenalter zu relativieren.[90]

Derartige Versuche zur historischen Relativierung von Adoleszenzkrisen können an das bereits von dem Freud-Schüler Siegfried Bernfeld entworfene Konzept der kultur- und schichtspezifisch unterschiedlichen Länge der Pubertät anknüpfen.[91] Bernfeld unterschei-

---

[86] [491] EYBEN.

[87] [491] EYBEN, S. 107 ff.; 172 f.; vgl. zu diesem Problemkontext aus historischer Perspektive außerdem [502] HUMPHRIES, [524] THRASHER, aus ethnologischer Perspektive [507] MAYER/MAYER und aus pädagogischer [555] HURRELMANN, S. 193 ff.

[88] [504] KLEIJWEGT, v. a. S. 27 ff. u. 51 ff.

[89] [201] ERIKSON; [210] HENTSCHEL; unergiebig für das Mittelalter sind in dieser Hinsicht die Beiträge in [506] LEVI/SCHMITT.

[90] [204] ERIKSON; vgl. dazu z. B. [494] GESTRICH, v. a. S. 172 ff.; [513] ORTH-PEINE, v. a. S. 97 ff.; zusammenfassender Überblick bei [508] MITTERAUER, S. 10 ff.

[91] [189] BERNFELD; v. a. [514] PARKER; kritisch gegenüber diesem Ansatz [493] FEND, S. 32 ff.

det zwei Typen der Pubertät, eine »einfache« und eine »gestreckte« oder »neurotische Pubertät«. Im Gegensatz zu der (in bürgerlichen Kreisen normalen) »neurotischen« Pubertät, die von innerer Angst beherrscht wird, »weil das Erwachsensein und seine Sexualität wie eine bedrohende Gefahr erlebt wird oder unbewußt als solche wirksam wird«, zeichnet sich die »einfache Pubertät« dadurch aus, daß die Jugendlichen »die Geschlechtsreife von ihrem ersten Beginn an eindeutig bejahen. Sie benehmen sich, als wäre sie das Anzeichen für das Eintreten eines langersehnten Zustandes: des Großseins, des Erwachsenseins«.[92] Die Folge ist nach Bernfeld ein weitgehendes Ausbleiben von Krisen neurotischer und angstbesetzter Art. Die Ursache für diese verschiedene Entwicklung liegt für Bernfeld vor allem im schichtspezifisch unterschiedlichen Umgang der Eltern mit der kindlichen Sexualität und damit einer anderen Ausprägung des Ödipuskonflikts.

Als Freudschüler bezog Bernfeld die Adoleszenzkrisen noch stark auf die frühkindlichen Erfahrungen und vor allem auf die sexuelle Entwicklung des Kindes. Dies ist im Lichte der neueren Forschung sicher nicht mehr angebracht.[93] Andererseits schärfte Bernfeld den Blick dafür, daß der krisenhafte Verlauf von Adoleszenz keineswegs zwangsläufig ist, sondern abhängt von der Stellung der Lebensphase der Jugend im gesamten Lebenslauf und den jeweiligen Erwartungen und Aussichten für die Zeit des Erwachsenenalters. Es wäre also danach zu fragen, ob die schichtspezifische Differenzierung, die sich in der modernen Jugend finden läßt, auch historisch nachweisbar ist, ob wir es bei den Adoleszenzkrisen junger Römer vor allem mit einem Oberschichtenphänomen zu tun haben (die Quellen beziehen sich ganz überwiegend auf diese Schicht) oder ob sich Adoleszenzkrisen und die damit verbundenen Verhaltensformen quer durch die jeweiligen historischen Gesellschaften finden lassen.

Auch in den empirischen Sozialwissenschaften hatte sich die Adoleszenzforschung lange Zeit auf die männliche Pubertät und Adoleszenz konzentriert. Adoleszenzkrisen erschienen als männliches

---

[92] [189] BERNFELD, S. 308 f.
[93] Vgl. v. a. die Ergebnisse der Ethnopsychoanalyse von [94] ERDHEIM (oben S. 81 f.), außerdem den stark gesellschaftsbezogenen Ansatz bei [542] DÖBERT/NUNNER-WINKLER; dazu aber auch die Kritik bei [88] TILLMANN, S. 235 ff. Stärker aus psychoanalytischer Perspektive zum Zusammenhang des Wandels frühkindlicher Erfahrungen und frühkindlicher Sexualität und den Formen der Adoleszenz prägnant, aber problematisch [584] ZIEHE.

Phänomen. Dies hängt nicht zuletzt mit der speziellen Bedeutung der dritten Ebene des Jugendbegriffs, der Jugend als sozialer Gruppe, zusammen. Das Bild von männlicher Adoleszenz ist stark geprägt vom Auftreten junger Männer in altershomogenen Gruppen. Diese Einbindung der ledigen Jugendlichen in solche nach Jahrgängen, Zünften (Gesellenverbände), Stadtteilen etc. gegliederte Gruppen läßt sich in der Tat bereits für die Antike und das Mittelalter und auch für viele außereuropäische Gesellschaften feststellen.[94] Dies kann zwar nicht als Beweis dafür herangezogen werden, daß Adoleszenzkrisen ein universelles Phänomen sind, der Sachverhalt zeigt aber, daß Jugend als eigene Phase im Lebenslauf keine »Erfindung« des ausgehenden 18. Jahrhunderts war, sondern ein in den meisten Gesellschaften anzutreffendes Phänomen ist.

Das läßt sich zumindest für die männlichen Heranwachsenden sagen. Für Mädchen ist dieser Sachverhalt sehr viel komplizierter. Der Eintritt der Geschlechtsreife, der sich früher in aller Regel mehrere Jahre später als heute vollzog, bedeutete vielfach auch schon Ehefähigkeit.[95] Durch frühe Heirat fiel die Jugend gewissermaßen aus. Aber auch die Durchsetzung von später Heirat für Mädchen wie für Jungen in Westeuropa seit dem Mittelalter führte nicht zur Ausgestaltung einer gleichwertigen Jugendphase für Mädchen. Zwar gewannen Mädchen über den Gesindedienst, der keineswegs nur Ausdruck eines niederen gesellschaftlichen Status war, ebenfalls eine gewisse Unabhängigkeit vom Elternhaus, sie konnten aber in aller Regel keine gleichwertigen altershomogenen Organisationen ausbilden wie die männliche Jugend. Auch im ländlichen Kontext, wo z. B. Spinnstuben der Arbeitsgeselligkeit von Mädchen dienten, war die Tendenz zu altersheterogenen Gruppen groß und wurde von Kirche und Gemeinde in aller Regel auch unterstützt.[96] Mädchen sollten sich nur unter der Aufsicht zuverlässiger Mütter treffen. Allerdings läßt sich zumindest für das 18. und 19. Jahrhundert nachweisen, daß Mädchen sich gerade auch im Kontext des ländlichen Brauchtums Freiräume zu verschaffen suchten und das Bedürfnis zur Bildung altershomogener Gruppen hatten.[97] Im bürgerlichen Milieu konnte sich dieses

---

94 [491] EYBEN, S. 112 ff.; [508] MITTERAUER, S. 162 ff.
95 Vgl. z. B. für Rom [378] RAWSON, S. 21 f. Das durchschnittliche Heiratsalter für Mädchen scheint im Rom der frühen Kaiserzeit bei 12–18 Jahren gelegen zu haben.
96 Vgl. z. B. [494] GESTRICH, S. 92 ff.
97 Vgl. [494] GESTRICH, S. 94 ff., 103 ff.

Bedürfnis erst im Rahmen der Mädchengruppen der Jugendbewegung entfalten.[98]

Auch in der weiblichen Pubertät und Adoleszenz lassen sich historisch zumindest seit der Zeit des 18. Jahrhunderts die Neigung zu auffälligem oder deviantem Verhalten, zu politischer Radikalität, teilweise auch zu Drogenkonsum und Suizid feststellen.[99] Allerdings gibt es zur Sozialgeschichte der Mädchen vor dem 20. Jahrhundert bisher zumindest für den deutschen Bereich kaum Arbeiten, die der Frage nach den Ausdrucksformen weiblicher Adoleszenzkrisen systematisch nachgegangen wäre. Eine altersspezifische Auswertung von Straf- und Gerichtsakten würde hier sicher zu interessanten Ergebnissen führen. Inwieweit die seit der Mitte des 18. Jahrhunderts steil ansteigende Illegitimitätsrate auch Zeichen eines jugendlichen Aufbegehrens gegen die Normen der traditionalen Gesellschaft waren, ist in der Forschung umstritten.[100] Auf jeden Fall ist festzuhalten, daß das Problem sexueller Selbstbestimmung kein modernes ist und daß sich darüber in der europäischen Geschichte schon immer Konflikte besonders zwischen Eltern und ihren Töchtern ergeben haben.[101]

Historische Jugendforschung ist zwar insgesamt ein Forschungsfeld, das in den letzten Jahrzehnten eine stärkere Beachtung gefunden hat, das aber gerade aus der Sicht der historischen Sozialisationsforschung ein besonderes Potential enthält, das noch kaum ausgeschöpft ist. Im Gegensatz zu Kindern können Jugendliche ihren eigenen Standpunkt auch öffentlich formulieren. Sie schreiben Briefe, Tagebücher, treten als Angeklagte und Zeugen in Konfliktfällen auf und geben dadurch auch dem Historiker Einblick in ihr Denken, ihre Probleme und Hoffnungen. Eine altersspezifische Auswertung und sozialisationshistorische Lektüre von solchen Quellen ist daher ein erfolgversprechender Ansatz, der für die weiter zurückliegenden Epochen und vor allem auch für Mädchen noch keineswegs ausreichend abgearbeitet ist. Es gilt hier generations-, schicht- und auch regionalspezifische Muster des Jugendlebens herauszuarbeiten und

[98] Vgl. [518] SCHADE; [536] ANDRESEN.
[99] Vgl. zum politischen Engagement [550] HAUCH; [563] LIPP (beide allerdings ohne jugendspezifischen Ansatz); zum auffälligen Verhalten von Mädchen im frühen 20. Jahrhundert [527] USBORNE; [296] HARVEY.
[100] So die These von [391] SHORTER, S. 99 ff.
[101] Zum allgemeinen Kontext vgl. [579] VAN USSEL; zu spezifischen Konflikten z. B. im ländlichen Bereich [494] GESTRICH, S. 164 ff.

vor allem die Konzentration auf die bildungsbürgerlichen Schichten durch die Heranziehung von staatlichen Konfliktquellen zu durchbrechen. Nur so werden sich jene historischen Tiefendimensionen der kulturellen Konstruktionsprinzipien von Jugend und Persönlichkeitsentwicklung im Jugendalter erschließen, die eine fundierte Kritik universalistischer Jugendtheorien ermöglichen.

c) Lebenslanges Lernen

Im Rahmen der Betrachtung der Jugend als spezifischer Phase der Sozialisation wurde bereits deutlich, daß sich die empirische Sozialisationsforschung nicht mehr allein auf die frühkindliche Entwicklung konzentriert, sondern weitere Phasen des Lebenslaufs einbezieht. Dies ist zunächst eine Folge der Tatsache, daß unter den Bedingungen des raschen Wandels der modernen Industriegesellschaften der gesamte Lebenslauf zunehmend als Aneinanderreihung spezifischer Lernphasen begriffen wird. Der Umstand, daß das menschliche Leben eine Zeit des kontinuierlichen Lernens darstellt, ist natürlich keine neue Erkenntnis,[102] aber sie hat in modernen Gesellschaften einen völlig neuen Stellenwert.

Für die Historische Sozialisationsforschung ist die Perspektive des lebenslangen Lernens unter verschiedenen Aspekten interessant: Vor allem zwingt dieser Ansatz, den Lebenslauf als gesamten in den Blick zu nehmen und Brüche, Umorientierungen und Wertewandel[103] auch nach der Zeit der Adoleszenz zu suchen. Dadurch lassen sich zum einen die Wirkung und die biographische Bedeutung von einzelnen Ereignissen bzw. Erfahrungszusammenhängen im Erwachsenenalter (z. B. Krieg, Ehescheidung, Arbeitslosigkeit) erfassen, zum anderen aber auch Persistenz und Wandelbarkeit von Einstellungen überprüfen, die im kindlichen bzw. jugendlichen Alter übernommen wurden. Derartige Langzeituntersuchungen sind in der empirischen Forschung schwierig und selten. In der historischen Forschung eröffnet sich hier jedoch besonders für eine vergleichende Biographieforschung ein interessantes Feld.[104] Insgesamt ist diese Langzeitperspektive auf jeden Fall ein wichtiges Korrektiv für die Gefahr der Überbewertung von Erfahrungen in Kindheit und Jugend, ein oft

---

[102] Vgl. z. B. verschiedene Beiträge in [155] KECK.
[103] Vgl. z. B. [556] Inglehart.
[104] Vgl. z. B. das Projekt »pazifistische Offiziere« [580] WETTE.

heilsamer Hinweis darauf, daß es neben dem Prozeß des Verdrängens, bei dem traumatische Erfahrungen in den unbewußten Schichten des Ich ihr ›Unwesen‹ treiben, auch den des simplen Vergessens oder der Entwertung durch Neues gibt.

3. Sozialisationsinstanzen

Die Sozialisationsforschung unterscheidet beim Sozialisationsprozeß zwei Phasen, die durch unterschiedliche Sozialisationsagenturen oder -instanzen geprägt werden. Die erste Phase, die sogenannte primäre Sozialisation, wird bestimmt durch die Familie. Zumindest während des ersten Lebensjahrzehnts lebt das Kind heute mit Eltern und Geschwistern zusammen und wird in seinen psychischen Grundstrukturen, in seinen Wahrnehmungs- und Verhaltensformen, aber auch seinen Möglichkeiten zu sprachlicher Artikulation und schulischer Leistungsfähigkeit von den spezifischen sozialen und psychischen Konstellationen seiner Familie geprägt. In der zweiten Phase, der sogenannten sekundären Sozialisation, gewinnen dann allmählich außerfamiliale Erziehungs- und Ausbildungsinstitutionen und vor allem die peers, die Gruppe der Gleichaltrigen, immer mehr an Bedeutung und erlauben es den Heranwachsenden, sich allmählich aus dem dominierenden Kontext der Familie zu lösen und zu autonomen Subjekten zu entwickeln.

Diese Phasen- und Funktionseinteilung der modernen Sozialisationsforschung spiegelt den Lebenslauf und die Abfolge von speziellen Sozialisationsinstanzen im ausgehenden 20. Jahrhundert wider. Wie Familien- und Peer-Einfluß sich in früheren Epochen zueinander verhielten, in welchem breiteren Kontext von Verwandtschaft, Nachbarschaft, Gemeinde oder Zunft die Sozialisationsaufgaben der Familie standen, rückte erst in den letzten Jahren in das Zentrum einer stärker sozialanthropologisch orientierten historischen Familienforschung. Die historische Sozialisationsforschung muß an diese Forschungen anknüpfen und dem Wandel des Kontexts und der gesellschaftlichen Funktionen von Sozialisationsagenturen Rechnung tragen, wenn sie deren Umgang mit den Heranwachsenden und die lebensgeschichtliche Bedeutung von Sozialisationserfahrungen angemessen verstehen und würdigen will.

a) Familie

1. Funktionen der Familie
Familien sind eingebunden in größere Zusammenhänge von Verwandtschaft, Nachbarschaft, Gemeinde und Staat. Wie Familien ihre Kinder erziehen, wie die einzelnen Mitglieder der Familien sich zueinander verhalten, ist nicht zuletzt abhängig von den Funktionen, die die Familie im größeren gesellschaftlichen Kontext zu erfüllen hat. Als Charakteristikum der modernen Familie galt der Familiensoziologie der 1950er und 1960er Jahre ihr zunehmender »Funktionsverlust«, d. h. die Abgabe wichtiger Aufgaben an andere gesellschaftliche Institutionen. In der Neuzeit scheint hier am deutlichsten der Verlust ökonomischer Funktionen durch die weitgehende Trennung von Familie und Produktion. Der Familienhistoriker Michael Mitterauer wies aber darauf hin, daß diese Abgabe von Funktionen an spezialisierte Institutionen nicht erst im 19. Jahrhundert einsetzte, sondern die Geschichte der europäischen Familie schon seit langem begleitete. So besaß die griechische und römische Familie im Rahmen des Ahnenkults noch weit wichtigere religiöse Funktionen als die des christlichen Mittelalters. Diese erfüllte zunächst im militärischen und vor allem juristischen Bereich noch Kompetenzen, die sie aber schon lange vor dem 19. Jahrhundert einbüßte. Dafür wurden der Familie in der Neuzeit Funktionen zugeschrieben, die sich aus ihrer Identifizierung mit »Privatheit« ergaben und die sich ganz wesentlich auf den Bereich der Primärsozialisation bezogen.

Michael Mitterauer schlug wegen dieses Zuwachses an neuen Funktionen vor, den Begriff des Funktionsverlusts durch den der Funktionsentlastung zu ersetzen.[105] Der Familiensoziologe Hartmann Tyrell dagegen sprach von einer »thematischen Reinigung« der Familie, die erst jetzt einen eigenen, familienspezifischen Interaktionsstil entwickeln könne, »aus dem tendenziell die der traditionellen häuslichen Rollenstruktur inhärenten ... ökonomischen, politisch-herrschaftlichen und religiösen Sinnkomponenten und Motivlagen als sinnfremd und teils sogar unmoralisch ausgeschieden werden«.[106]

Wie auch immer man diesen Vorgang im einzelnen beschreibt und bewertet,[107] so ist doch klar, daß die Bedingungen des Aufwachsens

---

[105] [369] MITTERAUER/SIEDER, S. 94 ff.
[106] [398] TYRELL, S. 397.
[107] Eine Übersicht über die Forschung zu diesem Punkt bei [345] GESTRICH, S. 69 ff.

in der Familie ganz wesentlich von diesem Wandel der Familienfunktionen bestimmt sind: Funktionen der Familie im Ahnenkult z. B. wirkten sich auf die Stellung von Söhnen und Töchtern, auf Wiederverheiratungsregeln und -praktiken von Witwen und Witwern, aber auch auf die alltäglichen Handlungen und Symbole aus; die Auffassung von der Familie als Rechtsbezirk verändert die Bedeutung des Familienoberhaupts und die Verhaltensanforderungen an die Kinder und das Gesinde; der Verlust der militärischen Funktionen hatte Auswirkungen auf das Ausbildungsprogramm und die Stellung der Jugend usw.

Ähnlich wie die gesellschaftlichen Funktionen der Familie, so hatte auch ihre Einbindung in zum Teil ganz unterschiedliche Verwandtschaftssysteme weitreichende Auswirkungen auf den Status von Einzelpersonen, auf Rollenzuschreibungen und Zuwendungsanspruch. In komplexen Haushaltsformen, in denen Großeltern oder Geschwister der Eltern im Haus anwesend sind und bestimmte Funktionen und Rollen besetzen bzw. über Kompetenzen verfügen, die diejenigen der Eltern einschränken, sieht die Stellung von Vater und Mutter anders aus als in bürgerlichen Kernfamilien des 19. Jahrhunderts. In kognatischen Verwandtschaftssystemen, in denen Name, Verwandtschaft und Erbe über die Seite der Mutter bestimmt wird, sind Geschlechterrollen und Autoritätsstrukturen anders zu bestimmen als in den patriarchalischen Familien Europas.[108]

Wenn man Sozialisationspraktiken untersucht, kann man von diesen Bezügen, in denen Familien stehen, nicht abstrahieren. Familien sind, wie immer sie im einzelnen organisiert sein mögen, ein Teil der Gesellschaft. Die Bedeutung von sozialisationsbezogenen Handlungen erschließt sich erst aus diesem Kontext, der den Menschen in der Vergangenheit, auch den Kindern, deutlich war, den die Historiker aber mühsam rekonstruieren müssen.

2. Eltern-Kind-Beziehungen in Antike und Mittelalter

Heute gilt als eines der wichtigsten Charakteristika der Beziehungen zwischen Eltern und Kindern, aber auch zwischen Geschwistern die besondere emotionale Qualität ihrer Verbindung. Diese emotionale Qualität kann positiv wie negativ sein, Liebe oder Haß, auf jeden Fall wird sie als das Ergebnis der familialen Sozialisation betrachtet, als natürliche Folge der speziellen Beziehung vor allem zwischen Mutter

---

[108] Vgl. dazu z. B. die Beiträge in [569] NETTING u. a.

und Kind, der intensiven Zuwendung und des engen Zusammenseins. Die Mutterliebe scheint eine ganz besondere Qualität zu haben. Ihre Bedeutung wurde durch die Entdeckungen der Psychoanalyse über die sexuellen Qualitäten dieser Bindungen noch betont.

Historiker und vor allem Historikerinnen haben in den letzten Jahren immer wieder gefragt, ob diese Beziehung zwischen Mutter und Kind immer die gleiche Qualität hatte. Sie haben in Zweifel gezogen, daß Mutterliebe ein »Instinkt« sei, und haben die Entwicklung dieses Gefühls an den Aufstieg der intimisierten bürgerlichen Kernfamilie gebunden.[109] Kindheitshistoriker wie Philippe Ariès vermuteten auch, daß Eltern in der Vergangenheit aufgrund der hohen Säuglingssterblichkeit gewissermaßen als Selbstschutz nicht die gleichen emotionalen Beziehungen zu den Neugeborenen entwickelten, wie wir das heute bei geringer Säuglingssterblichkeit und niedrigerer Kinderzahl tun.[110]

Als ein von Historikern viel gebrauchter, aber problematischer Indikator für die soziale und kulturelle Varianz der Mutter-Kind-Beziehung wurde oben bereits das Stillen der Mütter bzw. die Weggabe der Kinder zu Ammen angeführt.[111] Ein weiteres Argument, das in der Tat für ein wenig empathisches Verhältnis der Eltern zumindest zu den Kleinkindern spricht, ist die Tatsache, daß in der griechischen wie in der römischen Antike und im Mittelalter viele Kinder ausgesetzt wurden. Wahrscheinlich wurden unerwünschte Kinder, vor allem Mädchen, als eine Form der postnatalen Geburtenkontrolle auch umgebracht. Über die rechtlichen Rahmenbedingungen und die Frage des Umfangs des Infantizids in griechischer und römischer Zeit gibt es eine ausführliche wissenschaftliche Diskussion. Einige Historikerinnen und Historiker meinen, daß bis zu zehn Prozent der neugeborenen Kinder, vor allem Mädchen, von ihren Eltern umgebracht wurden.[112] Andere dagegen gehen von einer sehr geringen Infantizidrate aus oder bestreiten diese Praxis ganz.[113] Auch wenn wir uns kein

---

[109] Vgl. dazu v. a. [330] BADINTER.

[110] [401] ARIÈS, Geschichte, S. 98.

[111] Vgl. oben S. 104 ff.

[112] Es kann hier nicht auf die komplizierte Geschichte des Nachweises von Kindstötungspraktiken in der Antike und der rechtlichen Lage eingegangen werden. Vgl. dazu [467] WÄCHTERSHÄUSER; [453] POMMEROY; [443] EYBEN; [420] GOLDEN. Zu dieser Diskussion vgl. vor allem [412] EVANS, S. 168 f. und S. 200, Anm. 14, sowie vorsichtig abwägend [444] OLDENZIEL.

[113] [410] DEISSMANN-MERTEN, S. 274 ff.; [402] ARNOLD, S. 43 ff.; ebd., S. 46, auch ein Überblick zu Findelkindern im Mittelalter.

exaktes Bild von dem Infantizid in der Antike machen können, so bleibt doch eine starke Vermutung, daß er praktiziert wurde und in der römischen wie der griechischen Gesellschaft ein akzeptiertes Mittel postnataler Geburtenkontrolle war.

Ähnliche Vermutungen gibt es auch für die Neuzeit. Die Tatsache, daß bis ins 20. Jahrhundert hinein Kinder trotz ausführlicher medizinischer Warnungen nicht gestillt, sondern mit Kuhmilch oder Mehlbrei ernährt wurden, was zu schweren Verdauungsstörungen führte, die oft tödliche Folgen hatten, legte für manche Historiker die Vermutung nahe, daß hier – bewußt oder unbewußt – der Tod von Kindern herbeigeführt oder in Kauf genommen wurde.[114]

Ein speziell für die Antike breit dokumentiertes Phänomen schließlich ist der – aus unserer heutigen Sicht – sexuelle Mißbrauch von Kindern, besonders von versklavten Kindern.[115] Die Päderastie war in Griechenland verbreitet, und dieser Usus nahm auch im Imperium Romanum in der ausgehenden Republik in erstaunlichem Umfang zu. Durch das Christentum wurde er dann mit Sicherheit eingeschränkt. Allerdings berichtet Ariès auch noch über das späte Mittelalter von einer außerordentlichen Freizügigkeit, mit der Erwachsene vor den Kindern über sexuelle Dinge redeten bzw. sie auch öffentlich sexuell belästigten, ohne daß dies Konsequenzen gehabt hätte.[116] Für die psychohistorische Schule von deMause ist dies ein Beweis, daß Eltern die Bedürfnisstrukturen ihrer Kinder nicht erkannten, daß sie nicht in der Lage waren, »auf das psychische Alter ihrer Kinder zu regredieren« und die Ängste und Bedürfnisse dieses Alters ernstzunehmen.[117]

In Wirklichkeit waren diese Vorgänge und Praktiken sehr viel komplizierter und – speziell in der Antike – in ein vielschichtiges System

[114] Vgl zu dieser Diskussion mit weiterführender Literatur [345] GESTRICH, S. 85 f., sowie [446] OTTMÜLLER sowie [447] dies., v. a. S. 423 ff. Vgl. auch Quellenanhang, Quelle 11.

[115] Vgl. dazu den Forschungsüberblick von [474] BAUMGARTEN; darunter ist noch nicht das komplexe Problem der homosexuellen Beziehungen zu Jugendlichen in griechischen Gesellschaften gefaßt (die z. T. aus ethnologischer Perspektive als Initiationsriten gefaßt werden. Eine vorzügliche Auseinandersetzung mit den verschiedenen, vor allem auf den Arbeiten Michel Foucaults basierenden Interpretationen, die vom weitgehenden Fehlen einer moralischen Differenz zwischen Homosexualität und Heterosexualität ausgehen, bietet [284] COHEN, S. 171 ff. Vgl. zu der gesamten Problematik aber auch (mit anderem Akzent als Cohen) [287] DOVER sowie [295] HALPERIN und [325] WINKLER.

[116] [401] ARIÈS, S. 175 ff.

[117] [195] DEMAUSE, S. 91.

sozialer Regeln eingelassen, die man vor dem Hintergrund einer stark durch das Prinzip der Ehre geleiteten Kultur interpretieren muß, einer Ehre, die auf sexueller Integrität vor allem von Frauen, aber auch von Männern bestand. Die Jungen waren in dem Spiel um Ehre und »symbolisches Kapital« keineswegs unbeteiligt, sie waren nicht nur Opfer der Pädophilie, sondern konnten, vor allem wenn sie begehrt wurden und dieses Ansinnen ablehnten, enorm gewinnen.[118] Man muß deshalb außerordentlich vorsichtig sein, diese Praktiken als mangelndes Verständnis der Eltern für die Bedürfnisse ihrer Kinder auszulegen. Über die Qualität der Bindungen der Eltern an ihre Kinder geben diese im Gesamtkontext der antiken Kultur verankerten Praktiken jedenfalls nicht hinreichende Auskunft.

Will man das Verhältnis zwischen Eltern und Kindern näher erforschen, dann ist es notwendig, auch andere Interaktionsformen zwischen Eltern und Kindern zu untersuchen, Formen des Handelns im alltäglichen Zusammenleben. Diese sind uns für Eltern wie für Kinder aus verschiedenen Kontexten seit der Antike überliefert. Wir können z. B. aus römischen Briefen der Kaiserzeit entnehmen, wie Mutter und Sohn sich entspannt und vertraut unterhalten konnten,[119] wie ein Mann seinen Bruder tadelte, weil er sich nach seiner Ansicht nicht richtig um die bei ihm lebende verwitwete Mutter kümmerte,[120] wie Eltern um verstorbene Kinder trauerten.[121] Natürlich gibt es auch Beispiele für das Gegenteil, und die Praktiken der Kinderfürsorge erscheinen uns mit Ammenwesen, Kindesaussetzung und zum Teil rigider Strenge und Mißhandlung von Kindern oft barbarisch.[122] Für die römische Antike gibt es Hinweise, daß der Umgang der Eltern mit den Kindern spätestens in der ausgehenden Republik und ganz deutlich in der Kaiserzeit milder und weniger repressiv wurde.

Die Frage ist, ob dies auch das spätere Verhältnis der Kinder zu den Eltern beeinflußte. Die Eltern in Rom, die ihren kleinen Kindern wenig Aufmerksamkeit schenkten, waren durchaus in der Lage, zu ihren heranwachsenden oder erwachsenen Kindern sehr intensive und freundliche Beziehungen zu unterhalten. Die erwachsenen Kinder ihrerseits verkehrten auch schon in Zeiten der Republik mit ihren Eltern auf eine Weise, die nicht nur von formalem Respekt und Un-

---

[118] Vgl. [284] COHEN, S. 196 f.
[119] Vgl. [54] SHELTON, S. 21, Nr. 18.
[120] Vgl. [54] SHELTON, S. 23, Nr. 20.
[121] Vgl. Quellenanhang, Quelle 8.
[122] Vgl. dazu mit Quellenzitaten z. B. [338] DIXON, S. 117 ff.

terordnung, sondern auch von emotionaler Bindung gekennzeichnet war.[123] Es gibt allerdings auch Gegenindizien. Anthropologen und Historiker benutzen den Charakter der Ahnengottheiten in Gesellschaften mit Ahnenkult dafür, um etwas über das Verhältnis zwischen Eltern und Kindern zu erfahren. Die Tatsache, daß es Gesellschaften mit außerordentlich gütigen Ahnengöttern gibt und solche mit eher grausamen oder wenigstens ambivalenten legte es nahe, diese Vorstellungen mit den in einer Gesellschaft verbreiteten Praktiken der Sozialisation zu verbinden. Gesellschaften mit relativ fürsorglicher Kleinkindererziehung scheinen zu freundlicheren Ahnengöttern zu tendieren als solche, in denen Eltern zu strenger und gewalttätiger Erziehung neigen oder von der Gesellschaft dazu angehalten werden. Die römischen Ahnen verhielten sich keineswegs nur gütig. Die Römer hatten in der Zeit der Republik ihren Ahnengöttern gegenüber deshalb sehr ambivalente Gefühle. Dies kann mit den Erziehungspraktiken zusammenhängen.[124]

Allerdings kann man gerade an der römischen Überlieferung zeigen, daß die Beziehungen zu den leiblichen Eltern nicht allein ausschlaggebend waren. Die Praxis des Stillens durch Ammen und die Tatsache, daß römische Haushalte vielfach sehr komplexe Strukturen, Kinder also eine Vielzahl von möglichen Bezugspersonen besaßen, konnte zu sehr emotionalen Beziehungen zwischen Kindern und anderen Mitgliedern des Haushalts führen. Manche Historiker meinen, daß diese emotionalen Bindungen sogar enger waren als die zu den Eltern. Darauf könnten z. B. Grabinschriften mit »mammae«- und »tatae«-Bezeichnungen hinweisen. Diese Kosenamen bezogen sich in aller Regel nicht auf die natürlichen Eltern, sondern auf andere nahestehende Personen des Haushalts.[125] Bradley schließt aus seinen Untersuchungen über diese Bezeichnungen auf Grabinschriften, daß in den römischen Mittel- und Unterschichten die Kinder in einem sehr offenen Milieu aufwuchsen, das nicht durch abgeschlossene Kernfamilien charakterisiert war, sondern durch die gewöhnliche Anwesenheit mehrerer »parenting figures, whose simultaneous contributions to the child were not competitive but commonly supportive«.[126] Die Bindung an die Ammen, die nutrices, war – das geht

---

[123] Vgl. dazu [338] DIXON, S. 118 f.; [339] DIXON, S. 168 ff.
[124] Vgl. [339] DIXON, S. 26 ff.
[125] [335] BRADLEY, S. 76 ff.; [339] DIXON, S. 146 ff.
[126] [335] BRADLEY, S. 95.

aus Grabinschriften wie aus literarischen Quellen hervor – in der römischen Gesellschaft oft sehr eng.[127]

Ähnliche verwirrende Beobachtungen zu den zwischenmensch-
lichen Beziehungen wie in der römischen Antike können wir auch im
Mittelalter machen. In mittelalterlichen Texten ist zwar sehr viel von
der Liebe der Eltern zu den Kindern bzw. auch der Kinder zu den
Eltern die Rede. Diese Liebe setzte sich aber nicht auf die gleiche
Weise in kernfamiliale Bindungen und Interaktionen um, wie wir es
heute erwarten würden. Die Kinder waren von Geburt an in größere
Einheiten, die Sippe, den Hof, die Kirche, eingebunden und nicht
ausschließlich auf die Eltern fixiert. Kinder wurden von ihren Eltern
daher auch schon früh in andere, über die Kernfamilie hinausgehende
Bindungen hineingestellt. Sie konnten zu verwandten Familien ge-
geben oder der Kirche übereignet werden. Sie konnten aber, wenn die
Familie dadurch gestärkt wurde, auch schon in sehr jungem Alter an
einen anderen Hof gebracht und im Adel vielleicht auch schon als
Kinder verheiratet werden.

Es ist also auch für das Mittelalter wenig sinnvoll, den Umgang der
Eltern mit ihren Kindern nach unseren Maßstäben vom besonderen
Charakter der Kindheit zu beurteilen. Es ist vielmehr notwendig, die
Bezüge zu rekonstruieren, in denen die Erwachsenen standen und in
die sie auch ihre Kinder hineinstellen mußten, um sie bestmöglich auf
das Leben in der Gesellschaft vorzubereiten. Dies heißt nicht, daß es
nicht Ausbeutung von Kindern und Grausamkeiten gegeben hätte, so
daß manche Personen sich nur mit Schrecken an ihre Kindheit zu-
rückerinnern konnten.[128] Es gab aber auch Sozialisationspraktiken
und Interaktionsformen, die zwar entschieden von unseren abwichen,
von den Kindern aber als sinnhaft und effizient erfahren und daher
akzeptiert wurden.[129]

3. Die moderne Kernfamilie als Sozialisationsinstanz

Wenn wir betont hatten, daß die Kernfamilie in Antike und Mittelalter immer eingebunden war in größere soziale Einheiten, so darf das

---

[127] Vgl. dazu auch [406] BRADLEY.

[128] Wie unterschiedlich allerdings ähnliche Sozialisationsbedingungen von Indi-
viduen auch schon in der Antike erinnert werden konnten, zeigt [412] EVANS,
S. 170 f.; in der Gegenüberstellung der Kindheitserinnerungen des Dichters
Persius und denen Augustins. Vgl. dazu auch [338] DIXON, S. 118 f. sowie
Quellenanhang, Quelle 1.

[129] Ein relativ positives Bild frühneuzeitlicher Erziehungspraktiken zeichnen z. B.
[574] OZMENT und [403] BEER.

nicht dahingehend mißverstanden werden, daß Familien in vorindustrieller Zeit immer Großfamilien gewesen wären, deren Haushalt
aus Großeltern, Eltern, ledigen Onkels oder Tanten und vor allem
vielen Kindern bestanden hätte. Diese in der älteren Literatur häufig
anzutreffende Meinung ist, das hat die historisch-demographische
Forschung der letzten Jahrzehnte ganz klar gezeigt, nicht haltbar. Die
durchschnittliche Kinderzahl pro Familie war, wenn man die hohe
Kindersterblichkeit mit einrechnet, in vorindustrieller Zeit wesentlich
geringer, als man angenommen hatte. Man muß von durchschnittlichen Kernfamiliengrößen ausgehen, die im ländlichen wie im städtischen Bereich bei 3,5 Kindern lagen.[130] Durch die späten Heiraten
war vielfach auch das Zusammenleben in drei Generationenfamilien
allenfalls für eine ganz kurze Phase des Lebenszyklus möglich. Der
vor allem in der Familiensoziologie weit verbreitete Topos von der
»vorindustriellen Großfamilie« hat sich als »Mythos« erwiesen.[131]

Fragt man vor diesem Hintergrund nach den für den Sozialisationsprozeß wichtigsten strukturellen Veränderungen der Familie in
der Neuzeit, so stehen neben den bereits erwähnten Funktionsent-
lastungen der Rückzug der Kernfamilie in einen privaten Raum und
der Prozeß der Verhäuslichung von Kindheit im Vordergrund des
Interesses. Interaktionsformen zwischen Eltern und Kindern wurden
dadurch ganz wesentlich geprägt, der Erfahrungsraum von Kindern
verändert und die Wahrnehmung von Geschlechterrollen beeinflußt.[132]

Der Rückzug der Kernfamilie in einen privaten Raum läßt sich sehr
gut an der Differenzierung der Wohnräume nachvollziehen. Sie setzte
in manchen Regionen bei den städtischen Oberschichten bereits im
Hochmittelalter ein, verbreitete sich als gesamtgesellschaftliches Phänomen aber doch erst in der Neuzeit. Gesinde und Angestellten, die
im Mittelalter meist in den herrschaftlichen Haushalt integriert waren, wurden nun eigene Räume zugewiesen. Die Kernfamilie zog sich

---

[130] [358] KNODEL, S. 355.
[131] Vgl. dazu [369] MITTERAUER/SIEDER, S. 38 ff.; Forschungsüberblick bei
[345] GESTRICH, S. 63 ff.
[132] Für England postuliert [394] STONE einen Übergang von der offenen Ge-
schlechterfamilie (1450–1630), über die restringierte patriarchalische Kernfamilie (1550–1700) zur geschlossen-häuslichen Kernfamilie (1640–1800). Im
kontinentaleuropäischen Kontext ist die Entwicklung sicher etwas phasen-
verschoben verlaufen, aber der Typ der geschlossen-häuslichen Kernfamilie
setzte sich zumindest im Bürgertum ab dem ausgehenden 18. Jahrhundert
auch hier allmählich durch.

zum Schlafen und Essen in einen privaten Bereich zurück.[133] Dies läßt
sich an italienischen Bürgerhäusern bereits für die Zeit des Spätmittelalters und der Renaissance nachweisen.[134] In bäuerlichen Familien
findet sich die Differenzierung der Wohnbereiche zwischen Gesinde
und Herrschaft in Norddeutschland z. B. bereits im 18. Jahrhundert,
im Alpenraum erst im 20. Jahrhundert, auch in den städtischen Mit-
tel- und Unterschichten ist dies ein Prozeß, der sich bis ins 20. Jahrhundert hinzog.[135] Kinder wurden dadurch vor allem im städtischen
Bereich in ihrer Wahrnehmung der Außengrenzen der Kernfamilie
und der sozialen Unterschiede im Haushalt geprägt. Die Dienstboten
waren nicht einfach eine Erweiterung der kernfamilialen Gruppe,
ihre Arbeitssphäre und Räume waren eine Welt für sich, die für Kinder zwar aufregend sein konnte, aber nicht ohne weiteres quasi-elter-
liche Verbindungen zuließ, wie wir sie in Rom kennengelernt hatten.

Bei der internen Differenzierung der kernfamilialen Wohnräume
ist unter Sozialisationsgesichtspunkten v. a. das Aufkommen sepa-
rater Kinderzimmer wichtig. Sie finden sich in bürgerlichen oder adligen Haushalten seit dem 18. Jahrhundert und setzen sich seither
schichtübergreifend durch. Allerdings ist bis in die Gegenwart üblich,
daß den Kindern in den Wohnungen die kleinsten Räume zugewiesen
werden.[136] Eine gute Quelle für die interne Differenzierung von Wohnungen und Häusern sind auch Puppenstuben, die oft gerade die so-
zialisationsrelevanten Aspekte des Wohnens betonen.[137]

Die Ausdifferenzierung von eigenen Kinderzimmern war begleitet
von einem gleichzeitigen Prozeß der »Verhäuslichung« von Kindheit.
War die Straße bis ins 19. Jahrhundert hinein Teil des Lebensraums
nicht nur von Unterschichts-, sondern durchaus auch von Bürger-
kindern, so brachte das 19. Jahrhundert einen allmählichen Rückzug
der Oberschichtskinder in das elterliche Haus. Im 20. Jahrhundert
folgten diesem Beispiel dann auch die Kinder der städtischen Mittel-
und Unterschichten.[138] Das Verhältnis zwischen Eltern und Kindern
wurde dadurch intimer und privater, gleichzeitig wurde auch die
Kontrolle über die Bewegungsräume der Kinder und ihre sozialen
Kontakte verstärkt. Die Auswahl der »peers« der Kinder ergab sich

[133] [331] BARTHÈLEMY/CONTAMINE, v. a. S. 465 ff.
[134] [348] HERLIHY/KLAPISCH-ZUBER, Tuscans.
[135] [396] TEUTEBERG; [382] VON SALDERN.
[136] Vgl. dazu [350] HERLYN/HERLYN, S. 65 f.; [335] KANACHER, S. 98 ff.
[137] Vgl. z. B. [469] VON WILCKENS.
[138] Vgl. dazu v. a. [405] BEHNKEN/DU BOIS-REYMOND/ZINNECKER.

nicht mehr naturwüchsig aus der Umgebung der Nachbarschaft, sondern war zumindestens teilweise von den Eltern steuerbar.

Das Kinderzimmer des 18. und 19. Jahrhunderts war jedoch noch kein Individualraum, sondern »Gemeinschaftsraum für die Geschwister als Gruppe«.[139] Das unterscheidet es ganz wesentlich vom modernen Jugendzimmer. In ihm wird ein bestimmter Platzbedarf und Entfaltungsraum des Individuums berücksichtigt. Dadurch kommt es – wie Mitterauer hervorgehoben hat – nicht nur zu einer Verhäuslichung der Kindheit, sondern auch des Jugendlebens und der Jugendkultur: »Jugendorganisationen und Jugendvereine haben als Träger von Jugendkultur stark an Bedeutung eingebüßt. Um so wichtiger wurden für Jugendliche Aktivitäten innerhalb der eigenen vier Wände. Traditionell konnte jugendliche Gegenkultur zur Erwachsenenwelt nur außerhalb der Familie gelebt werden. Das Jugendzimmer ermöglicht, sie in den Familienraum hineinzunehmen«.[140]

Diese Prozesse der Differenzierung des Wohnraums und der Verhäuslichung der Kindheit waren eine ganz wesentliche Voraussetzung für die spezifischen Interaktionen und Bindungen, die wir heute mit der kernfamilialen Einheit verbinden. Sie waren letztlich auch die Voraussetzung für die spezifischen Formen der Psychodynamik zwischen Eltern und Kindern im Kinder- wie im Jugendalter, die dem Entwicklungsschema und dem Persönlichkeitsbild der Psychoanalyse zugrunde liegen.

Zum Wandel der räumlichen Rahmenbedingungen des familialen Zusammenlebens kam in der Neuzeit noch die zunehmende Trennung von Haus und Arbeitsstätte, die zu einer stärkeren Verhäuslichung der Frauenarbeit vor allem im städtischen Bereich führte und zu seiner zunehmenden Konzentration der gesamten Kindererziehung bei den Müttern. Dies ist eine interessante und sozialisationshistorisch außerordentlich folgenreiche Verschiebung der Gewichte zumindest in der bürgerlichen Erziehung.

In der traditionalen Gesellschaft war die Zuständigkeit des Hausvaters für die Aufsicht über Kinder und Gesinde unbestritten. Bereits im 18. Jahrhundert war diese Position in bürgerlichen Familien durch die zunehmende Trennung von Wohnen und Arbeit de facto gefährdet. Die Aufklärungspädagogik wies jedoch den Männern in ihren Erziehungsratgebern eine außerordentlich starke Stellung zu und

---

[139] [568] MITTERAUER, S. 46.
[140] [568] MITTERAUER, S. 46.

machten die Mütter zu bloßen Stellvertreterinnen der väterlichen Gewalt. »Die Erziehungstätigkeit der Mütter ist [in diesen pädagogischen Schriften] wesentlich auf die frühe Kindheit eingeschränkt; ausgeschlossen werden sie weitgehend aus der darauf folgenden Erziehung.«[141] Wild sah darin eine Kompensation des realen Machtverlusts der Väter, eine Art »Sekundärpatriarchalismus« (Mitterauer) und »bewußt gegebene Antwort auf den familialen Wandel und die damit verbundene Entfunktionalisierung der traditionellen Rollenfixierung und die Infragestellung der väterlichen Autorität«.[142] Zugleich war damit nach Wild aber auch der Versuch verbunden, den Kindern die Autorität des Vaters als vernünftig bzw. vernunftgeleitet darzustellen und die Kinder so gerade über die Anerkennung der Autorität des Vaters zu selbständigem, vernunftgeleitetem Handeln zu befähigen:

> »Im Vater, der als Erzieher die Kinder anleitet, der das Vorbild und Muster ihres künftigen Verhaltens ist und dessen Autorität sie unterstellt sind, ist die Synthese, die in der dialektischen Bewegung der Sozialisation zustande gebracht werden soll, in der Sozialisation selbst und für die Erfahrung der Kinder stets präsent. In diesem Sinne bilden die Autorität und Dominanz des Vaters den Einheitspunkt der aufgeklärten Sozialisation; die Vernunft der Person – als ihre Fähigkeit zu richtiger Einsicht ebenso wie als Richtschnur ihres Verhaltens – ist väterlich bestimmt.«[143]

Diese Dominanz der Väter in der Erziehungstheorie und -praxis änderte sich im 19. Jahrhundert deutlich. Die pädagogische Ratgeberliteratur richtete sich nun nicht mehr an die Väter, sondern fast ausschließlich an die Mütter, die zu Expertinnen für Familie und Erziehung aufrückten. Ihre Beziehung zu den Kindern wurde dadurch deutlich enger, die emotionalen Bindungen im familialen Binnenraum rückten stärker ins Zentrum der Aufmerksamkeit des Paares wie der beratenden Pädagogen, Seelsorger und (Nerven)Ärzte. Die »Beziehungsarbeit« wurde zu einer Hauptaufgabe der Mütter.

Diese neue Rolle der Frauen und das damit verbundene veränderte Binnenklima der Familie bildete den Hintergrund für das Potential, aber auch für die Gefahren der bürgerlichen Kernfamilie als Sozia-

---

[141] [582] WILD, S. 218.
[142] [582] WILD, S. 239.
[143] [582] WILD, S. 309. Vgl. auch Quellenanhang, Quelle 4.

lisationsinstanz. Die bürgerliche Familie wurde idealiter zu einem Gegenort der kapitalistischen Konkurrenzgesellschaft – ein Bereich, in dem der einzelne sich selbst sein konnte und in seiner Eigenart akzeptiert wurde. Auf der anderen Seite aber konnte die Familie gerade durch die engen Bindungen auch zu einem »Terrorzusammenhang« werden, in dem sich die Konkurrenz der Geschwister um die Gunst der Eltern steigerte und dem sich gerade die Heranwachsenden nur durch Flucht (Wandervogel- bzw. Jugendbewegung, Suizid) entziehen oder mit symbolischer oder realer Gewalt (Motiv des Vatermords) befreien konnten.[144]

Das bürgerliche Familienmodell und die besondere Stellung der Frau und Mutter hat sich durch die starke Prägekraft bürgerlicher Kultur, aber auch durch die Entwicklung der Produktionsverhältnisse und des Arbeitsmarktes sehr stark ausgebreitet, auch wenn die Überwachung der Kinder durch stetige Zuwendung in Bauern- und Arbeiterfamilien sicher nicht so intensiv war und Konflikte daher weniger Beziehungsfragen, sondern meist materielle Gegenstände betrafen.

Allerdings konnten auch in diesem Milieu streng religiöse Elternhäuser eine ähnlich intensive Kontrolle über die innere Entwicklung der Kinder und Jugendlichen ausüben – mit ähnlichen Konsequenzen. Speziell die pietistische Erweckungsbewegung des 19. Jahrhunderts eröffnete für breite Bevölkerungsschichten einerseits die Chancen der stärkeren Selbstreflexion und bewußten Lebensführung, übertrug andererseits aber auch die damit verbundenen psychischen und innerfamilialen Konflikte.[145]

Diese Konflikte, die zumindest die west- und nordeuropäischen Familien im 19. und 20. Jahrhundert sehr stark bestimmten, haben mit dem Wandel der Autoritätsstrukturen in den Familien und der Entwertung der elterlichen Autorität, aber auch mit dem Zurückgehen der Bedeutung religiöser Erziehung deutlich abgenommen. Dies heißt nicht, daß es heute keine Konflikte über Verhalten und Lebensführung, auch über Zuwendung und elterliche bzw. kindliche Liebe mehr gibt. Aber die Bedeutung der Formierung von religiösen oder sonstigen weltanschaulichen Einstellungen, die Verankerung

---

[144] Zum Vatermordmotiv vgl. z. B. [562] KOEBNER; zum Geschwisterneid [234] STEARNS.

[145] Eine faszinierende Fallstudie aus dem pietistischen Milieu bei [551] HERRMANN. Zur Bedeutung des Puritanismus für die Entwicklung der englischen Familie und den Individualismus vgl. [395] STONE.

von moralischen Grundsätzen und eines entsprechenden Verhaltens haben als Konfliktpunkte zwischen den Generationen abgenommen.[146]

Verändert haben sich allerdings in den letzten drei Jahrzehnten mit dem drastischen Geburtenrückgang und den ansteigenden Scheidungsraten auch nochmals die äußeren Bedingungen des Aufwachsens in der Familie. Die Tendenz zum Einzelkind führt zu Familien fast ohne horizontale Verwandtschaftsbindungen, die hohe Scheidungs- und Wiederverheiratungsrate zu multiplen Familienzusammenhängen, zur Wiederkehr der Stiefmutter und des Stiefvaters als Lebensrealität für einen großen Teil der Kinder.[147]

Gibt es nun Bereiche bei der Erforschung der Familie als Sozialisationsinstanz, die in der Zukunft besonders berücksichtigt werden sollten, und Methoden, deren Anwendung besonders vielversprechend erscheint? Im Zentrum der sozialhistorischen Forschung zu Kindheit, Jugend und Familie stand in den vergangenen Jahrzehnten die Historische Demographie. Sie hatte erstaunliche Erkenntnisfortschritte gebracht. Mit der zunehmenden Zahl der Arbeiten geht allerdings auch ihre Innovationskraft zurück. Speziell für den ländlichen Bereich Europas liegt nun eine große Fülle von Studien vor, die inzwischen auch eine solche methodische Verfeinerung erfahren haben, daß hier zwar weitere Differenzierungen möglich, aber grundlegend neue Einsichten zu Familienstrukturen, Passagen im Lebenslauf etc. nicht mehr zu erwarten sind.

Sehr viel weniger Beachtung als die ländlichen Familien haben diejenigen in den Städten gefunden. Wir wissen relativ wenig über die Historische Demographie der kleinbürgerlichen und noch weniger über die der bürgerlichen und adligen Familien. Lediglich die städtische Arbeiterschaft wurde von der Historischen Demographie intensiver erforscht. Dies hängt damit zusammen, daß diese außerordentlich arbeitsintensive Analysemethode sich gerne auf kleinere Einheiten beschränkt. Die Komplettaufnahme einer Stadt nach der Familienrekonstitutionsmethode überfordert zumindest die Möglichkeiten, die im Rahmen einer Doktorarbeit oder eines 2- bis 3jährigen Forschungsprojektes möglich sind.[148] In der Erforschung der

---

[146] Vgl. [556] INGLEHART; [555] HURRELMANN, S. 170 ff.

[147] [352] HETTLAGE, S. 190 ff.

[148] Auch eine der gründlichsten Analysen zur historischen Demographie einer städtischen Bevölkerung beschränkt sich daher auf einen engeren Zeitraum und auf eine eingeschränkte Zahl von Familien. Vgl. [386] SCHRAUT.

gesellschaftlichen Oberschichten und Eliten ist also gerade auch im Bereich der Historischen Demographie weiterhin noch Grundlagenarbeit zu leisten. Wir wissen sehr wenig über das Heiratsverhalten, die schichtspezifischen Kriterien der Partnerwahl, die Verehelichungsquoten usw. in diesen Kreisen.

Umgekehrt verhält es sich bei der Überlieferung und Auswertung qualitativer Quellen zum Familienleben. Hier überwiegen Zeugnisse aus bürgerlichen und adligen Familien. Diese Quellen wurden quer durch die historischen Epochen in den letzten Jahren speziell im Anschluß an und teilweise im Widerspruch zu den Arbeiten von Ariès, deMause und Erikson intensiven Analysen unterzogen, die aus unterschiedlichen theoretischen Blickwinkeln heraus sozialisationshistorisch relevante Ergebnisse erbrachten. Aber auch hier ist das historische Quellenmaterial noch keineswegs ausgeschöpft. Speziell international vergleichende Untersuchungen sind selten und ein wirkliches Desiderat.[149]

Ganz allgemein fehlen für die Zeit vor dem ausgehenden 19. Jahrhundert noch sozial- und sozialisationshistorische Untersuchungen zu Kindheit und Jugend von Mädchen in der Familie. Dies liegt nicht nur an den mangelnden Quellen, sondern auch an der Reproduktion der öffentlichen Dominanz der männlichen Jugend durch die Historiker. Ein weiteres Desiderat der Analyse der Familienerziehung ist der Wandel der Bedeutung religiöser Erziehung. Speziell die Sozialgeschichte des 19. und 20. Jahrhunderts hat die Beschäftigung mit dem Thema Religion lange Zeit weitgehend ausgeklammert. Dies wird der Bedeutung dieses Bereichs generell, vor allem aber im Zusammenhang der Geschichte der Familienerziehung nicht gerecht. Im Rahmen der Erweckungsbewegung bietet die religiöse Erziehung gerade auch für Familien der Mittel- und Unterschichten interessante Perspektiven und über Briefe und Tagebücher oft auch ein interessantes, in diesen Schichten sonst kaum anzutreffendes Quellenmaterial.[150]

---

[149] Vgl. dagegen jetzt [408] BUDDE.
[150] Vgl. dazu z. B. den von Ulrich Herrmann edierten und demnächst erscheinenden Briefwechsel des aus einer württembergischen Pietistenfamilie stammenten Johann Benedikt Stanger. Vgl. dazu auch [551] HERRMANN.

b) Schule

Die These von Philippe Ariès, daß Kinder erst seit dem ausgehenden Mittelalter als Kinder wahrgenommen und behandelt worden seien,[151] basierte nicht nur auf Beobachtungen zur Darstellung und Kleidung von Kindern, sondern auch zu ihrer Ausbildung und den dafür bereitgestellten Institutionen. Ein zentraler Prozeß der europäischen Gesellschaften der Neuzeit ist die allmähliche Durchsetzung der Schulpflicht und die Herausnahme von Kindern und Jugendlichen aus dem Erwerbsleben zum Zweck ihrer Vorbereitung auf dasselbe.[152] Für Ariès war dies ein ambivalenter, wenn nicht sogar negativer Prozeß. Im Ancien régime sei die Kindheit trotz Arbeitszwang und mangelnder Berücksichtigung kindlicher Eigenart glücklicher gewesen als in modernen Industriegesellschaften. Das Kind würde heutzutage »von den Erwachsenen getrennt und [...] in einer Art Quarantäne gehalten, ehe es in die Welt entlassen wird. Diese Quarantäne ist die Schule, das Kolleg. Damit beginnt ein langer Prozeß der Einsperrung der Kinder (wie der Irren, der Armen und der Prostituierten), der bis in unsere Tage nicht zu Stillstand kommen sollte und den man als ›Verschulung‹ (Scolarisation) bezeichnen könnte.«[153]

Ariès kommt von einer bestimmten anthropologischen Prämisse und politischen Einstellung zu einem a priori negativen Urteil über die moderne Schule als Sozialisationsinstanz. Es ist, bei aller im einzelnen berechtigten Kritik am Schulsystem des 19. wie des 20. Jahrhunderts,[154] undifferenziert und in seiner besonderen Form der Kontextualisierung von Schule und Kasernierung von Irren, Armen und Prostituierten historisch falsch. Aus der Perspektive der Geschichte der Kindheit ist vielmehr festzuhalten, daß durch die Ausbreitung der Schulpflicht für viele Kinder der unteren Schichten nicht die Freiheit einer wenig kontrollierten Kindheit zu Ende ging, sondern ihnen

---

[151] [401] ARIÈS, Geschichte, S. 98.
[152] Die Literatur zur Entwicklung und Durchsetzung von Schulpflicht ist breit. Einen guten Überblick über den Forschungsstand bieten [127] LUNDGREEN sowie die entsprechenden Beiträge in den verschiedenen Bänden von [29] BERG u. a. und [33] KLEINAU/OPITZ.
[153] [401] ARIÈS, S. 48.
[154] Eine kurze Darstellung der zeitgenössischen Kritik am Schulwesen in Deutschland in der Frühen Neuzeit aus pädagogischer wie aus privater Sicht gibt [161] MAURER, S. 460 ff.

durch die Befreiung von Zwängen der Arbeit neue Spielräume eröffnet wurden.[155]

Kinder und Jugendliche nahmen die Schule daher je nach ihrem sozialen Hintergrund und natürlich auch den Lehrkräften, denen sie dort begegneten, sehr unterschiedlich wahr.[156] Verschiedene autobiographische Studien zeigen, daß vor allem Mädchen aus den Unterschichten ein sehr starkes Bildungsbedürfnis hatten und oftmals ausgesprochen gern in die Schule gingen. Sie hätten lieber eine weiterführende Schule besucht, als mit 14 Jahren in die Fabrik zur Arbeit zu gehen.[157] Schule wurde dabei nicht nur als Abwechslung von der körperlichen Arbeit angesehen, sondern auch in ihren Bildungsinhalten geschätzt. Schule erschloß vielen Kindern der Unterschichten eine Welt des Wissens und der Wissensaneignung, die ihnen im Elternhaus so nicht geboten wurde.

Allerdings darf dieser Aspekt der Vermittlung von Wissen und Bildung durch die Schule für das 18. und 19. Jahrhundert zumindest im Elementarschulbereich auch nicht überschätzt werden. Untersuchungen zum Zusammenhang zwischen zunehmender Alphabetisierung und Schulpflicht zeigen, daß die Zunahme der Fähigkeit zu lesen und zu schreiben in Europa dem Ausbau des Elementarschulsystems eher vorauseilte, als daß es eine direkte Folge davon war.[158] Offensichtlich waren Lesen, Rechnen und Schreiben im 19. Jahrhundert in Europa zu derart grundlegenden »Kulturtechniken« geworden, daß ihr Erwerb auch aus der Perspektive der Kinder eine selbstverständliche Notwendigkeit war.

Zu diesem gesamten Bereich der Alphabetisierung und des Wandels der Bildungsinhalte und ihrer Vermittlung gibt es eine breite schul- und bildungsgeschichtliche Forschung, die hier nicht im einzelnen ausgebreitet werden kann. Die sozialisationshistorische Bedeutung von Schule ging aber über den eigentlichen Unterrichtsstoff weit hinaus. Gerade dieser Bereich wurde von der Sozialgeschichte

---

[155]   Die sozialgeschichtlichen Dimensionen der Ausbreitung der Schulpflicht in Europa werden sehr gut zusammengefaßt bei [436] MAYNES, zu Ariès v. a. S. 135 f.

[156]   Vgl. z. B. die Quellensammlung [52] RUTSCHKY; für Österreich im 19. und frühen 20. Jahrhundert die schöne Auswertung reichhaltiger autobiographischer Quellen bei [448] PAPATHANASSIOU, v. a. S. 260 ff.

[157]   Vgl. z. B. [436] MAYNES, S. 136 f.; [494] GESTRICH, S. 90 f.; [448] PAPATHANASSIOU, S. 261 f.

[158]   Einen knappen Überblick über die Forschung auf diesem Gebiet gibt [436] MAYNES, S. 138 ff.; europäisch vergleichend auch [531] FRANÇOIS. Vgl. auch Quellenanhang, Quelle 9 u. 24.

der Schule jedoch meist ausgespart. Es gibt nur wenige Arbeiten, die von den in Schularchiven lagernden Materialien wirklich systematisch Gebrauch machen.[159] Schulgeschichten gehören immer noch weitgehend dem Genus der Festschriften an, sind also meist organisationsgeschichtlich orientiert und nutzen weitergehende Möglichkeiten, die sich z. B. aus der Analyse von Schulaufsätzen, der Verfolgung außerschulischer Aktivitäten von Schülern oder z. B. auch einer detaillierten Analyse über Zusammenhänge von Schulerfolg und sozialer Schicht bzw. sozialer Mobilität ergeben, nicht.[160] Hier lassen sich für die Historische Sozialisationsforschung durch einen Wechsel von der Geschichte der Institutionen, Lehrinhalte oder des Lehrerstandes hin zu einer Geschichte der Schüler noch wichtige Themenfelder erschließen.

c) peer group / Straße

Mit der Entdeckung der Adoleszenz als formativer Periode der Persönlichkeitsentwicklung rückten die außerfamilialen Sozialisationsinstanzen verstärkt ins Blickfeld der Sozialisationsforschung. Neben der Schule und teilweise eng mit ihr verbunden stellen die Jugendgruppen den wichtigsten Ort der Sekundärsozialisation dar. Aus sozialisationsgeschichtlicher Perspektive ist mit ihnen vor allem die Frage verbunden, in welcher Weise sie die spezifischen Chancen und Probleme der Persönlichkeitsentwicklung im Jugendalter beeinflussen. Welche Bedeutung haben jugendliche peer groups für die Ablösung vom Elternhaus, für die Ausbildung moralischer, religiöser oder politischer Orientierungen, kurz: für die Entwicklung von Individualität und Identität?

Altershomogene Zusammenschlüsse von Jugendlichen lassen sich in der europäischen Geschichte seit der Antike nachweisen. Sie stellten immer ein Gegengewicht gegen die Dominanz der Welt der Erwachsenen dar. In der Neuzeit nahmen sie jedoch unter dem Einfluß der Schule laufend an Bedeutung zu, änderten dabei aber in verschiedener Hinsicht auch ihren Charakter. Jugendliche peer groups sind heute im wesentlichen dem Freizeitbereich zugeordnet, die Teilnahme an ihnen ist freiwillig. Dies war vor allem auf dem Land, aber z. B.

---

[159] Bestes Beispiel aus der deutschsprachigen Forschung ist noch immer [487] ELKAR.

[160] Vgl. dazu [530] DITT.

auch bei den städtischen Lehrlings- und Gesellenvereinigungen nicht immer so. In ihnen waren bestimmte Alters- bzw. Berufsgruppen automatisch zu bestimmten Aufgaben und Funktionen zusammengeschlossen. Am intensivsten hat sich mit der Geschichte und Funktion von Jugendgruppen Michael Mitterauer beschäftigt.[161] Er unterscheidet in der europäischen Geschichte drei Grundtypen von Jugendgruppen: »die auf die Gemeinde oder andere territoriale Einheiten bezogenen Lokalgruppen, die am Verein orientierten organisierten Zusammenschlüsse und die informellen Jugendgruppen«.[162]

Die ländlichen Jugendgruppen waren vor allem Lokalgruppen. Ihre zentrale Aufgabe bestand in der Organisierung und Überwachung der Partnerwahl und der Verteidigung des lokalen Heiratsmarktes gegen auswärtige ›Konkurrenz‹.[163] Dadurch führten sie die Jugendlichen, psychologisch gesprochen, aus der sexuellen Latenzphase heraus und ermöglichten ihnen einen regulierten und in gewisser Weise auch überwachten Kontakt mit dem jeweils anderen Geschlecht.[164] Daneben dienten sie aber auch der Einübung von Kommunikation und Geselligkeit und – speziell die männlichen Gruppen – auch der Überwachung der Moral im Dorf. Auch dieser Aspekt, der von der Volkskunde als traditionelles Rügebrauchtum untersucht wird, ist aus sozialisationshistorischer Perspektive bedeutsam, wurden hier doch von den Jugendlichen über ihre dörflichen ›Polizeifunktionen‹ die zentralen moralischen Koordinaten des dörflichen Lebens eingeübt. Dazu gehörten Ehre, die Einhaltung der Geschlechterrollen, aber auch bei Jugendlichen die Beachtung bestimmter Regeln bei der Partnerwahl. So konnten Frauen, die die ›Hosen‹ in der Ehe anhatten, gerügt werden und Männer, die ihre Frauen schlugen; auswärtige Jugendliche, die versuchten, ins Dorf einzuheiraten, und Mädchen, die ihren Partner außerhalb des Dorfes suchten; Mädchen, die uneheliche Kinder hatten, und Jungen, die sich bei der Eheanbahnung nicht an die lokal üblichen Spielregeln hielten.[165] Die Überwachung dieser Normen im Dorf und die Bestrafung von Übertretungen verstärkte in diesen Bereichen, die vielleicht am wenigsten klar von der elter-

[161] [508] MITTERAUER, S. 162 ff.
[162] [508] MITTERAUER, S. 163.
[163] Vgl. als Lokalstudie [494] GESTRICH sowie als Überblick [508] MITTER-AUER, S. 164 ff.
[164] Vgl. [494] GESTRICH, S. 131 ff.
[165] Vgl. dazu [494] GESTRICH, v. a. S. 92 ff.; [508] MITTERAUER, S. 174 ff.; [578] SCHINDLER, S. 175 ff.

lichen Erziehung thematisiert werden konnten, die Übernahme traditioneller Moralvorstellungen.

Die historische Jugendforschung und die Volkskunde haben diese Bräuche zwar untersucht, sie bisher aber kaum in Verbindung gebracht mit dem Problem der Normübernahme und der sekundären Sozialisation.[166] In diesem Bereich könnten über eine erneute Lektüre der reichhaltigen volkskundlichen Literatur noch wichtige Aufschlüsse über die Ziele und Mechanismen der Sozialisation in vormodernen europäischen Gesellschaften gewonnen werden.

Städtische Jugendgruppen traten historisch sowohl als lokale Gruppen als auch als Vereine und informelle Jugendgruppen auf. Die berufsbezogenen Gesellenbruderschaften im Handwerk hatten dabei zum Teil ganz ähnliche Funktionen wie die ländlichen Jugendgruppen.[167] Auch stadtteilbezogene Jugendbanden hatten feste Strukturen, Aufnahmeriten und klare Verpflichtungen für die Mitglieder. Sozialisationshistorisch trat bei diesen städtischen Jugendgruppen der Aspekt der Überwindung der sexuellen Latenz durch brauchmäßig regulierte Eheanbahnung in den Hintergrund, dafür spielten Territorialität, die Darstellung von Männlichkeit und Klassenzugehörigkeit eine wichtige Rolle. Die besten Analysen städtischer Jugendgruppen sind trotz einer ursprünglich stark marxistischen Ausrichtung die Untersuchungen des Birminghamer »Centre for Contemporary Cultural Studies«.[168] In verschiedenen Oral History-Studien haben sie die ›Regeln der Straße‹ analysiert und mit zentralen Sozialisationsfeldern städtischer Arbeiterjugend verbunden. Die Straße ist die »Arena, wo das Spiel ›Erwachsenwerden‹ aufgeführt wird, ein sozialer Raum und eine Zeit scheinbarer Freiheit von den heimtückischeren Formen elterlicher Zensur und Kontrolle. Hier versammelt sich die ›Peer-Group‹, um ihre Rivalitäten auszutragen, und das Spiel der Identitäten und Unterschiede zwischen Geschlechtern und Generationen kann beginnen.«[169] Speziell die Territorialitätsrituale der Gruppen und Stadtteilbanden der städtischen Arbeiterjugend erweisen sich als vielschichtige symbolische Codes, über die Männlichkeit ebenso wie Klassenbewußtsein eingeübt wurden.

---

[166] Ein Versuch zu einer sozialisationsgeschichtlichen Interpretation bei [494] GESTRICH, S. 172 ff.
[167] Vgl. [508] MITTERAUER, S. 198 ff. Vgl. auch Quellenanhang, Quelle 2.
[168] [481] CLARKE, vgl. außerdem [483] DAVIES; [502] HUMPHRIES.
[169] [462] COHEN, S. 239.

Dieser auf die Analyse von Interaktionen in einem realen sozialen und ökonomischen Feld zielende Ansatz des Centre for Contemporary Cultural Studies ist der ganz auf die Ausbildung der individuellen Ich-Identität verpflichteten Perspektive Eriksons auf Jugendbanden überlegen oder zumindest für Sozialhistoriker besser handhabbar. Erikson schenkte der Neigung von (männlichen) Jugendlichen zum Anschluß an Banden im Rahmen seiner Jugendstudien große Beachtung und wertete sie als Mittel zur psychischen Stabilisierung in Umbruchzeiten: Die von diesen Gruppen ausgeübte Intoleranz gegen Fremde sei »notwendige Verteidigung gegen ein [vom körperlichen Wachstum ausgehenden] Gefühl des Identitätsverlustes«.[170] Die gleiche Funktion hätte ihre Tendenz, sich über diese oft autoritär strukturierten Banden an Führer anzuschließen oder von den Bandenmitgliedern Treue auch in Wertkonflikten zu erwarten. Diese Betrachtung läßt das soziale Umfeld und den schicht- oder klassenspezifischen Charakter solcher Gruppen und ihrer Aktionen außer acht, so daß sich ihr die breitere Sozialisationsbedeutung der Jugendgruppen und die positive Vermittlung von milieuspezifischen Einstellungen, Verhaltensstilen und Wertvorstellungen nicht erschließt.

In ganz besonderer Weise übten auch die studentischen Orden und Verbindungen des ausgehenden 18. und des 19. Jahrhunderts Sozialisationsfunktionen aus. Die Abkehr von den alten landsmannschaftlich organisierten Studentenverbindungen der Frühen Neuzeit zeigte das Bedürfnis der Studierenden, sich über spezifische Formen der studentischen Gemeinschaft auf das Leben in der Erwachsenengesellschaft vorzubereiten und die Studentenzeit nicht mehr ausschließlich als Zeit der jugendlichen Freiheiten zu betrachten, also als eine Zeit des Wanderns, Trinkens, auch der ersten sexuellen Erfahrungen und nur notgedrungen auch der Berufsausbildung. Die im ausgehenden 18. Jahrhundert entstehenden studentischen Orden hingen eng mit der Freimaurerbewegung und den anderen bürgerlichen Assoziationen zusammen. Die Statuten der neuen studentischen Orden betonten ihre Funktion für die individuelle Charakterbildung, die Selbsterziehung in der Gruppe der Gleichaltrigen, die Bändigung von Trieben und Affekten. Die studentischen Orden waren, so Wolfgang Hardtwig, Teil der aufklärerischen Sozietätsbewegung als einer Gesittungs- und Disziplinierungsbewegung. »In der Programmatik der

---

[170] [204] ERIKSON, S. 135.

Statuten von Orden und Landsmannschaften wird der gesamte studentische Lebensstil dem Gebot einer bürgerlich geordneten, rational durchgestalteten Existenzweise unterworfen«.[171]

Dies wird z. B. an den Statuten der Jenaer Landsmannschaften Guestphalia von 1808 deutlich:

> »Der academische Aufenthalt soll eine Vorbereitungszeit sein für das künftige Leben. Der unerfahrene Jüngling soll hinreifen zum Manne. Ein planmäßiges Durchdenken und Durchführen seiner Pläne soll seine Sphäre bezeichnen. Selbständig soll er beginnen zu handeln, um einsichtsvoll seinen Willen zu lenken in den verwickelten Verhältnissen des ferneren Lebens; [...] Wie würde aber dieser Zweck wohl besser erreicht als durch die Errichtung eines freundschaftlichen Zirkels, wo man sich gegenseitig mit Herzlichkeit und Bruderliebe umfaßt? [...] Wodurch erlangte man eine höhere Selbständigkeit und individuelle Sicherheit als gerade durch den Verband mehrerer?«[172]

Die studentischen Organisationen an der Wende vom 18. zum 19. Jahrhundert hatten also die Sozialisationsziele der bürgerlichen Familie für ihre männlichen Kinder, nämlich Rationalität, Selbständigkeit und planvolles Verhalten, auf die eigenen Fahnen geschrieben und dabei zugleich auch die eigentlichen Problemzonen ihrer Existenz und Entwicklung benannt. »Die Statutenverfasser«, so Hartwig, »beschreiben das Schwanken zwischen Selbständigkeit und Unselbständigkeit als die eigentliche Signatur des Studentenalters und finden im Gruppenleben der Gleichaltrigen und Gleichgesinnten die Möglichkeit, zur inneren Autonomie zu gelangen – frei vom Druck äußerer Autoritäten, durch die bewußte und offene Kommunikation mit Personen verschiedenen Charakterzuschnitts, aber mit gleicher Rechtsstellung und gleicher Zielsetzung.«[173]

Jugendliche peer groups stellen, das kann man aus der Gegenüberstellung von städtischen Jugendbanden und studentischen Orden sehen, schicht- und zeitspezifisch sehr unterschiedliche Formen des Zusammenschlusses dar, die aber alle auf ihre Weise den Übergang ins Erwachsenenleben vorwegnehmen und dabei auf die besonderen Probleme der spezifischen Zukunftserwartungen der jeweiligen

---

[171] [496] HARDTWIG, S. 113.
[172] Zit. nach [497] HARDTWIG, S. 91.
[173] [497] HARDTWIG, S. 92.

Gruppe reagieren. Identität bildet sich nicht in einem sozial ›luft-leeren‹ Raum, sondern ist das Produkt von kultur-, schicht- und generationsspezifischen Erfahrungen, Erwartungen und Handlungsdispositionen, die im Rahmen dieser peer groups getestet werden können.

Sozialisation außerhalb der Familie im Rahmen von altershomogenen Gruppen war zwar primär ein Privileg von Jugendlichen, es sollte dabei aber nicht übersehen werden, daß dieses außerfamiliale Aktionsfeld, das man kurz mit dem Begriff der ›Straße‹ belegt hat, auch für die jüngeren Kinder nicht ohne Bedeutung war. In der neueren pädagogischen und sozialisationshistorischen Forschung wurde der Straße als Sozialisationsort auch für Kinder verstärkt Aufmerksamkeit geschenkt. Ein interessanter Ansatz stammt von Jürgen Schlumbohm. Wenn Individualität und Autonomie Kennzeichen bürgerlicher Erziehung und bürgerlichen Selbstverständnisses waren, so war nach Schlumbohm das soziale wie das wirtschaftliche Verhalten des städtischen Kleinbürgertums 1800 noch stark in kollektive Bezüge eingebunden. Schlumbohm fragt nun, ob diese »kollektive[n] Verhaltensweisen nicht auch positiv in den Menschen verankert waren«.[174] Die Disposition dazu könne kaum durch die überlegene Machtstellung der Eltern in diesen Familien und ihren strengen Erziehungsstil vermittelt worden sein. Bei der Analyse von Autobiographien aus diesem Milieu stieß er aber auf die hohe Bedeutung der Straße in Kindheitserinnerungen. Hier hätten die Kinder nicht nur erlebt, »welche Bedeutung die Normen einer stark kollektiven Lebensweise für ihre Eltern hatten«, sondern hätten sich selbst in den »Kinderrepubliken« in solche Muster einfügen können.[175] Für die an der pädagogischen Milieuforschung orientierten sozialisationshistorischen Arbeiten von Behnken und Zinnecker stellte die Straße nicht nur eine Gegenwelt zu der hierarchisch strukturierten Familie dar, sondern bildete auch einen erweiterten Wohnraum, in dem auch kleinere Kinder von »Wächtern« (Nachbarn, Ladenbesitzern etc.) mehr beschützt als kontrolliert den beengten häuslichen Verhältnissen entgehen und sich ein weiteres Aktionsfeld erobern konnten.[176]

Die psychologische Einschätzung der lebensgeschichtlichen Bedeutung der Straßensozialisation ist nicht einfach. Ob man daraus wirk-

---

[174] [458] SCHLUMBOHM; vgl auch [457] SCHLUMBOHM.
[175] [458] SCHLUMBOHM, S. 131 ff. Vgl. auch Quellenanhang, Quelle 2 u. 7.
[176] [405] BEHNKEN/DU BOIS-REYMOND/ZINNECKER.

lich eine gruppenspezifische Disposition zur Orientierung an kollektiven Verhaltensweisen ableiten kann, läßt sich mit dem bisher analysierten Quellenmaterial wohl kaum wissenschaftlich befriedigend beantworten, zumal im Rahmen der Jugendpsychologie die Erfahrung der Straße teilweise gerade für gegenteilige Tendenzen der Persönlichkeitsentwicklung herangezogen wird (z. B. Stärkung der Ich-Identität bei Erikson). Auf jeden Fall aber ist dies ein Bereich, der von der Sozialisationsforschung lange Zeit vernachlässigt worden war und den es – für Kinder wie für Jugendliche – über die Analyse von biographischen Erzählungen, aber auch von Polizeiberichten und Gerichtsuntersuchungen in Zukunft stärker zu erforschen gilt.

4. Methoden der Sozialisation:

a) Praktiken der Säuglingspflege und Zuwendung zum Kleinkind

Menschen kommen als »normalisierte Frühgeburten« (Gehlen) zur Welt. Nach der Geburt sind sie hilflos und bedürfen der intensiven Zuwendung. Dieses Bedürfnis nach Zuwendung gilt sowohl der physischen Versorgung als auch der Aufnahme sozialer Kontakte mit Bezugspersonen. Beide sind nach unserer heutigen Überzeugung grundlegend für eine gesunde seelische Entwicklung des Kindes. Gerade in den ersten Lebensmonaten werden die entscheidenden Grundlagen für die Ausbildung bestimmter Charaktereigenschaften gelegt und die Fähigkeit zur Bindung an Bezugspersonen ausgebildet.

Diese von der Psychoanalyse geprägte Sicht auf die frühe Kindheit ist natürlich ein modernes Phänomen. Frühere Gesellschaften hielten zum Teil ganz andere Faktoren für wesentlich. Man kann aber voraussetzen, daß in Gesellschaften immer die Formen der Säuglingspflege dominant sind, von denen die Mitglieder dieser Gesellschaften denken, daß sie für die Kinder am besten sind. Das heißt, daß man aus den Formen der Säuglingspflege zunächst einmal gute Aufschlüsse darüber ziehen kann, welche Vorstellungen diese Gesellschaften von dem Prozeß des Heranwachsens hatten, welche Mittel sie für besonders effizient zum Schutz und zur Beförderung des Wachstums der Kinder hielten und welchen Stellenwert sie der frühen Kindheit im Rahmen der Gesamtentwicklung des Menschen einräumten. Die Psychohistorie ist davon überzeugt, daß sie aus diesen Praktiken außerdem Folgerungen über die psychische Entwicklung von Individuen und Gruppen in der Vergangenheit ableiten kann. Diese Frage soll hier jedoch nicht nochmals aufgegriffen werden. Im folgenden soll nur dargestellt werden, wie unterschiedlich Formen der Säuglingspflege sein konnten und welche Quellen uns hier zur Verfügung stehen.

Auf den wichtigsten Punkt der Säuglingspflege, die Ernährung, wurde bereits mehrfach im Rahmen der Diskussionen über das Stillen bzw. das Ammenwesen eingegangen.[177] Über die Frage, wer stillt, hinaus hat die erste Ernährung des Kindes aber noch verschiedene andere sozialisationsrelevante Aspekte. Fast wichtiger als die Frage, wer stillt, ist für den Säugling diejenige, wer über den Zeitpunkt des Stillens und die Quantität und Qualität der Nahrung entscheidet bzw. wer den Zeitpunkt des Abstillens bestimmt.

Über Stillpraktiken sind wir bereits für die Antike aus verschiedenen Quellen unterrichtet. In Griechenland sollten Mütter oder Ammen zwei bis drei Jahre stillen. Bei Ammen wurde auf die Qualität der Milch geachtet. Diese würde vor allem durch eine erneute Schwangerschaft beeinträchtigt werden, weshalb Ammen in der Zeit des Stillens auch keinen Geschlechtsverkehr haben sollten. Dies mag mit ein Grund dafür gewesen sein, weshalb gerade in den Oberschichten Kinder von Ammen ernährt wurden.[178]

Auch im Mittelalter ließ sich schon Ratgeberliteratur über diese Fragen aus. Vielfach folgte man dabei auch der antiken medizinischen Literatur. So wurde im frühen 15. Jahrhundert ein zweijähriges Stillen der Kinder empfohlen, danach eine allmähliche Umstellung auf Breinahrung. Christiane Klapisch-Zuber konnte anhand Florentiner Quellen einen allmählichen Rückgang der Stilldauer vom 14. bis zum 16. Jahrhundert nachweisen, wobei Mädchen immer etwas weniger lange gestillt wurden als Knaben.[179]

Wenig erfährt man über den Rhythmus des Stillens, mehr dagegen über das Abstillen, das im Zweifelsfall erzwungen werden solle, indem man die Brustwarze mit übelschmeckenden Kräutern einreibt.[180]

---

[177] Vgl. oben S. 104 ff.

[178] Vgl. [410] DEISSMANN-MERTEN, S. 289.

[179] [560] KLAPISCH-ZUBER, S. 112 ff. Die durchschnittliche Stilldauer ging bei Knaben von 23 auf 20 Monate, bei Mädchen von knapp 21 auf 19,6 Monate zurück. Einen sehr differenzierten Überblick über die Stillpraktiken im frühneuzeitlichen England gibt auch [452] POLLOCK, S. 212 ff. Vgl. auch Quellenanhang, Quelle 14.

[180] Zu unterschiedlichen Abstillmodi in Florenz [561] KLAPISCH-ZUBER, S. 112.

Es kann wohl davon ausgegangen werden, daß ein fester Rhythmus des Stillens nicht praktiziert wurde, d. h. Kinder in der Regel auf Verlangen Nahrung bekamen.[181] In vielen Gesellschaften kam das Recht, den Zeitpunkt des Abstillens zu bestimmen, den Männern zu – zumindest sahen dies von Männern geschriebene Ratgeber und teilweise sogar Gesetze vor. Die Praxis sah allerdings vielfach anders aus.[182]

Erst im ausgehenden 19. und frühen 20. Jahrhundert scheint die pädiatrische Literatur auf feste Stillzeiten und eine genaue Stilldauer gedrängt zu haben. Der Wiener Kinderarzt C. Hochsinger plädierte in einer 1896 erschienenen Schrift bei Säuglingen für maximal fünf Stilltermine pro Tag im Dreistundentakt mit einer langen Nachtpause zwischen 23.00 Uhr und 6.00 Uhr. Die Mutter sollte nicht länger als 15 Minuten stillen. »So kann eine rationelle Erziehung des Kindermagens gleichzeitig als ein pädagogisches Mittel ersten Ranges für die moralische Gesamtentfaltung des Kindes verwendet werden.«[183] Gerade dieses Beispiel zeigt, daß zunehmende wissenschaftliche Erkenntnis im medizinischen und psychologischen Bereich nicht unbedingt mit einer Orientierung an den Bedürfnissen des Kindes verbunden ist bzw. daß die Antwort auf die Frage: »Is what the baby likes good for him?«[184] letztlich nicht vom Kind beantwortet wird, sondern von dem spezifischen sozialen und kulturellen Kontext, in den die Pflege und Erziehung von Kindern eingelassen ist. Dies zeigen viele ethnologische Studien zu den Praktiken der Säuglingspflege und -ernährung.[185]

Eine ähnliche Debatte wie um das Stillen hat sich in der Neuzeit um das Wickeln ergeben. Kleinkinder wurden seit der Antike in der

[181] Vgl. v. a. den Überblick bei [433] LÖHMER, S. 129 ff., mit reichhaltigen Quellenbelegen.

[182] [455] RAUM, S. 41 (zu Afrika); allgemeines Landrecht für die preußischen Staaten von 1794. Textausgabe mit einer Einführung von Hans Hattenhauer, Frankfurt a. M. 1970, S. 384: »Eine gesunde Mutter ist ihr Kind selbst zu säugen verpflichtet [...] Wie lange sie aber dem Kinde die Brust reichen solle, hängt von der Bestimmung des Vaters ab«; [408] BUDDE, S. 152 (zu englischen und deutschen Bürgerfamilien im 19. Jahrhundert).

[183] Carl HOCHSINGER, Gesundheitspflege des Kindes im Elternhause (1896), Leipzig/Wien [3]1912, S. 153, zit. nach [464] SPREE, S. 639.

[184] [471] WOLFENSTEIN, S. 170. Vgl. auch die weiteres vergleichendes ethnologisches Material enthaltende Studie von [437] MEAD/CALAS, S. 179–203.

[185] Aufschlußreich dazu sind v. a. die Untersuchungen Eriksons zu den Still- und Abstillpraktiken bei Indianerstämmen. [545] Erikson. Zur Kritik der Ableitung bestimmter modaler Persönlichkeitsstrukturen aus den Ernährungs- und Pflegepraktiken vgl. [445] ORLANSKY, v. a. S. 38–42.

Regel in sogenannte Wickelbänder eingebunden.[186] Dadurch sollte ein gerades Körperwachstum befördert und eine Deformation des Körpers bzw. der noch weichen Knochen verhindert werden.[187] Spätestens seit dem 18. Jahrhundert galt dies dagegen in aufgeklärten Kreisen nicht nur als medizinisch falsch, sondern als Inbegriff der Einengung der natürlichen Entwicklung des Kindes.[188] Moderne Kritiker urteilten daher sehr hart über diese Praxis:

»Das fest gewickelte Kind glich jahrhundertelang einem Holzblock, mit dem man tun konnte, was man wollte. Es glich einem Postpaket, das man auf dem Schrank oder hinter dem Ofen aufbewahrte oder in irgendeiner Ecke abstellte. Das Brauchtum des Wickelns war in vergangenen Jahrhunderten das sichtbarste Merkmal einer recht trüben Kindheit.«[189]

In der historischen Forschung ist allerdings umstritten, mit welcher Konsequenz und mit welchen Folgen diese Praktiken angewandt wurden. Löhmer kommt z. B. für das 15. Jahrhundert durch eine genaue Betrachtung bildlicher und schriftlicher Quellen zu dem Schluß, daß das fest Einwickeln in Bänder nur für bestimmte Zeiträume, meist nachts, angewandt wurde und das Kind sonst auch Freiraum zur Bewegung hatte. Hinter der modernen Praxis der freien Bewegung des Kindes stehen nicht nur medizinische Gründe. Sie beinhalten vielmehr eine tiefgreifende soziale Symbolik und Idealbilder gesellschaftlicher Strukturen und Verhaltensweisen von Erwachsenen. Das Bild der Einengung des Kleinkindes wird verbunden mit den einengenden Verhältnissen der ständischen Gesellschaft.[190]

Was die körperliche Pflege der Kinder anbetrifft, ist heute schließlich auch noch die Frage der Sauberkeitserziehung ein wichtiges Thema, das vor allem im Rahmen der psychoanalytischen Phasentheorie der kleinkindlichen Entwicklung seinen besonderen Stellenwert bekommen hat. Nachrichten über bzw. Ratschläge für das ›Sau-

---

[186] Dafür gibt es seit der Antike bildliche Zeugnisse. [422] HANAWALT kann allerdings in einer Untersuchung über Kinderaufzucht in den Unterschichten im spätmittelalterlichen England keine Hinweise auf diese Wickelpraxis finden. Auch in Irland scheint dies nicht die Regel gewesen zu sein. Vgl. [346] GIES/GIES, S. 199.

[187] Vgl. für das 19. und frühe 20. Jahrhundert dazu auch noch [564] LOUX, S. 184 ff.

[188] Vgl. [464] SPREE, S. 627 f.

[189] Friedrich von Zglinicki, Die Wiege, Regensburg 1979, S. 230; zit. nach Löhmer, Die Welt, S. 116. Vgl. dazu auch [196] DEMAUSE, S. 62 ff.

[190] Vgl. [465] SUNLEY, S. 155 f.

berkeitstraining‹ von Kleinkinder scheinen sowohl aus der Antike wie aus dem Mittelalter zu fehlen bzw. nur sehr spärlich überliefert zu sein. Auch in den sonst sehr detaillierten Tagebüchern des Leibarztes Héroard über die Kindheit Ludwigs XIII. zu Beginn des 17. Jahrhunderts findet dieses Thema kaum Erwähnung.[191] Selbst die medizinische Ratgeberliteratur der Aufklärungszeit läßt sich noch kaum über diesen Punkt aus,[192] während die Pädiater des frühen 20. Jahrhunderts dann für einen frühzeitigen Beginn der Reinlichkeitserziehung plädieren und darin eine Vorschule für die Einübung in »Willensbeherrschung, in Subordination unter Anordnungen der Erzieher, also Gewöhnung an strikten Gehorsam« sehen.[193] Im ländlichen Bereich wurde dies aber bis weit in dieses Jahrhundert hinein weniger strikt gehandhabt. Kinder hatten bis ins Schulalter geschlechtsunspezifisch oft Kleider an und trugen auch keine Unterwäsche, was die Sauberkeitserziehung weniger dringlich machte. Sie hatte hier ohnehin nicht die ideologische Funktion, die ihr in bürgerlichen Familien zukam.[194]

Ein besonders wichtiger Aspekt des Umgangs mit dem Kleinkind ist für Eltern wie für Entwicklungsexperten heute die sprachliche Zuwendung und die Formen der nonverbalen Kommunikation mit dem Neugeborenen. Sie spielt in allen Sozialisationstheorien eine herausragende Rolle.[195] Dies ist allerdings ein Bereich, zu dem es wenig Quellen gibt und der historisch deshalb außerordentlich schwer zu erforschen ist. Aus Untersuchungen zur Gegenwart, aber auch aus ethnologisch vergleichenden Untersuchungen wissen wir, daß die Formen der sprachlichen Zuwendung zum Kleinkind kulturell und schichtspezifisch sehr unterschiedlich sein können. Ob die Tatsache, daß in frühen Familiendokumenten und Tagebüchern etc. wenig über die sprachliche Zuwendung zum Säugling und auch wenig über dessen Äußerungen und erste sprachliche Fortschritte enthalten ist,[196]

---

[191] [211] HUNT, S. 140 ff.
[192] [464] SPREE, S. 627 f. Ein interessanter Überblick zum entstehenden Reinlichkeitsdiskurs im ausgehenden 18. Jahrhundert, allerdings ohne direkten Bezug auf die frühkindliche Reinlichkeitserziehung bei [161] MAURER, S. 364 ff. Traditionelle Praktiken werden aber vielfach in volkskundlichen Untersuchungen noch greifbar. Vgl. dazu besonders [564] LOUX, S. 190 ff.
[193] [464] SPREE, S. 640.
[194] [441] MUTSCHLER, S. 61 f. Vgl. auch Quellenanhang, Quelle 2 u. 7.
[195] Vgl. z. B. [76] KOHLBERG, [86] PIAGET/INHELDER; [84] MÜHLFELD, S. 45 ff.
[196] Vgl. [452] POLLOCK, S. 228 ff.

bedeutet, daß diesem Aspekt früher weniger Aufmerksamkeit geschenkt wurde, ist schwierig zu entscheiden. Aus medizinischen Traktaten und anderen Dokumenten wissen wir, daß auch in der Antike und im Mittelalter klare Vorstellungen über die Stadien der sprachlichen Entwicklung des Kindes vorhanden waren.[197] Dies scheint aber selten in direkte Verhaltensanweisungen für die Eltern umgesetzt worden zu sein, sich dem Kind intensiv verbal zuzuwenden.[198] Reflexionen darüber, systematische Aufzeichnungen über die frühe sprachliche Entwicklung des Kindes und auch die Selbstbeobachtung der Eltern beginnen erst mit der Versprachlichung der Erziehung in den bürgerlichen Familien des ausgehenden 18. Jahrhunderts.[199]

b) Rituale

Familiale Sozialisation ist neben der pflegenden und sprachlichen Zuwendung wesentlich geprägt durch die Wirkung ritualisierten Verhaltens.[200] Wiederholung von Handlungen und die körperliche Umsetzung von Sinnzusammenhängen durch die Eltern und andere Familienmitglieder haben eine spezifische Wirkung auf die Übernahme grundlegender Wahrnehmungsformen[201] und spezifischer Werthaltungen oder Rollenstrukturen. Dies fängt mit zeitlichen Rhythmen für schlafen und wachen, essen und trinken an, die schon dem Neugeborenen von außen angewöhnt werden. Auch körperliche Rituale wie Wiegen, Streicheln etc. sind für das Neugeborene in regelmäßigen Abständen erfahrbar und vermitteln ihm bestimmte Strukturen der Wahrnehmung und der Erwartungen.

Ein zentraler, stark rituell organisierter familialer Interaktionszusammenhang ist die Zubereitung und Einnahme der Mahlzeiten. Mit der Frage der Nahrungszubereitung hat sich die Ethnologie sehr intensiv beschäftigt. Hier soll vor allem noch ein Blick auf die Tischrituale geworfen werden: Neben der geschlechtsspezifischen Arbeitsteilung, die beim Zubereiten und Auftragen der Mahlzeiten bereits deutlich wird, ist auch bei Tisch die Geschlechter- und die Altershier-

---

[197] [461] SHAHAR, S. 92 f.
[198] Vgl. dazu Quellenanhang, Quelle 13.
[199] [408] BUDDE, S. 124 ff.
[200] Zum Familienritual vgl. mit weiteren Literaturhinweisen v. a. [337] Keppler, S. 28 ff.
[201] Vgl. z. B. [570] NITSCHKE, S. 192 ff.

archie der Familie bzw. des Haushalts in ritualisierter Weise präsent. Dies beginnt bei der Sitzordnung, die dem Hausvater in allen Schichten bis in dieses Jahrhundert hinein in der Regel einen herausgehobenen Platz am Tisch zuwies. Kinder und Gesinde aßen sogar oft an separaten Tischen, Frauen bisweilen nach den Männern usw.[202]

Der Hausvater schnitt in vielen Familien das wichtigste und teuerste Nahrungsmittel, das Fleisch, wovon Männer meist mehr als Frauen und Kinder bekamen. Die geschlechtsspezifische Zuteilung von Fleischportionen ist in vielen Lebenserinnerungen sowohl aus ländlichen wie auch aus Arbeiterfamilien noch bis in dieses Jahrhundert hinein präsent.[203] Ein wichtiger, ebenfalls stark ritualisierter Teil der Mahlzeit ist in aller Regel das Tischgespräch. Keineswegs nur in bäuerlichen Familien hatten Kinder bei Tisch unter der Mahlzeit Redeverbot[204] bzw. durften nur auf Fragen antworten. Oft waren auch die Gespräche der Erwachsenen stark habitualisiert, bestanden aus Arbeitsanweisungen bzw. Arbeitskoordination. Dadurch wurden Altershierarchien auch in dem zentralen Familienereignis der Mahlzeit fest verankert. Mit der Verbalisierung von Erziehung veränderte sich die Bedeutung des Tischgesprächs. Die partnerschaftliche Familie muß bei der Mahlzeit ihre Kommunikationsfähigkeit unter Beweis stellen. Kinder sollen aus der Schule, Eltern von der Arbeit berichten. In empirischen Untersuchungen zum Tischgespräch von Familien lassen sich aber auch hier stark normierte »Gesprächsverfahren« feststellen.[205]

Neben den Tischsitten und teilweise eng damit verbunden waren die religiösen Rituale in der Familie zentrale Formen der Weitergabe von Werten, aber auch wichtiger Anlaß für das Gespräch. Die religiöse Unterweisung der Kinder war ein ganz wesentlicher Teil der Elternpflicht. Ein christlicher Hausvater bzw. eine christliche Hausmutter hatten die Pflicht, mit ihren Kindern zu beten, sie im Katechismus zu unterweisen und sie an die kirchlichen Vorgaben (Gottesdienstbesuch, Verbot der Sonntagsarbeit etc.) zu gewöhnen. Es gibt interessante Familienkonflikte, die daraus entstanden, daß z. B. eine

---

[202] Ausführlich und mit reichhaltiger Literatur dazu [366] MEDICK/SABEAN, S. 35 ff.; [441] MUTSCHLER, S. 76; [408] BUDDE, S. 83: »Ihre Mütter erlebten die Kinder bei den Mahlzeiten vornehmlich als Regisseurinnen des äußeren Ablaufs …«

[203] Vgl. [441] MUTSCHLER, S. 76; [379] ROSENBAUM, S. 157 ff.

[204] [408] BUDDE, S. 83.

[205] [337] KEPPLER, S. 46 ff. [408] BUDDE, S. 82 ff.

Stiefmutter mit ihrem Stiefkind nicht in gleicher Weise betete wie mit ihren leiblichen Kindern.[206]

Weit bis ins 19. Jahrhundert hinein war es in den meisten Familien üblich, Abend- und Morgensegen zu sprechen, auch das Tischgebet war eine Selbstverständlichkeit. Im Laufe des 19. Jahrhunderts verschob sich die Zuständigkeit für diese religiösen Handlungen immer mehr vom Mann auf die Frau und teilweise von den Eltern auf die Großeltern, die für die Kinder zu Traditionshütern wurden. Religiöse Rituale verschwanden allmählich aus dem Familienleben bzw. wurden auch hier privatisiert und intimisiert. Das gemeinsame, laute Beten wich dem individuellen stummen Gebet.[207] Auch bei den Ritualen läßt sich somit der Funktionswandel der Familie und die damit verbundenen Verschiebungen der Sozialisationsziele und -praktiken deutlich nachvollziehen. Die historische Untersuchung solcher Rituale war bisher weitgehend der Volkskunde überlassen worden, die sie unter der Rubrik »Volksbräuche« oder »religiöse Bräuche« verbuchte. Der Historischen Sozialisationsforschung steht hier ein breites Quellenmaterial noch weitgehend ungenutzt zur Verfügung.[208]

c) Von der Strafe zum Argument

»Die Psychologie steht dem Strafen heute meist ablehnend gegenüber. [...] S[trafe] ist ein umstrittenes Erziehungsmittel, da die Wirkung nicht sicher ist und oft nicht Einsicht bewirkt wird, sondern [...] Scheinanpassung, Angst, Haß, Verstellung, Rückzug oder Trotzhaltung hervorrufen kann. Durch S[trafen] können Selbstachtung und Selbstgefühl verletzt und z. T. dauerhaft beschädigt werden. Sie hemmen Selbständigkeit und Kreativität«.[209] Strafen, vor allem Körperstrafen, sind – das zeigt dieses Zitat aus dem »Brockhaus« – in der Gegenwart als Erziehungsmittel weitgehend delegitimiert. Sie gelten als kontraproduktiv für die Erziehung auf ein Menschenbild hin, das an Autonomie und Kreativität des Individuums orientiert ist.

Dies ist eine innerhalb der europäischen Geschichte neue Entwicklung. Strafen, auch Körperstrafen, waren gewissermaßen theologisch legitimiert, galten als ein notwendiges, geradezu im christlichen Sinne

---

[206] Vgl. Quellenanhang, Quelle 3 u. 21.
[207] Vgl. [347] MITTERAUER.
[208] Vgl. auch für die Antike z. B. [440] MÜLLER.
[209] Brockhaus Enzyklopädie, Bd. XXI, 1993, S. 2688, zit. nach [539] BORRIES, S. 17.

»heilsames« Erziehungsmittel.[210] Hintergrund der christlichen Einschätzung von Strafe im Rahmen der Kindererziehung war die Sündhaftigkeit des Menschen und auch des Kindes. Um ein Bewußtsein für die Erlösungsbedürftigkeit zu bekommen, mußte das Kind ein Bewußtsein der Sünde haben, es mußte der »Eigenwille« des Kindes gebrochen werden. Das geschah durch die Unterordnung unter den elterlichen Willen, der für das Kind den Willen Gottes repräsentieren sollte: »man sol sie leren die gebot Gottes halten/ vnd die straffen vnd steuppen/ wenn sie darwidder thun/ wenn sie vngehorsam sind/ wenn sie vater vnd mutter nicht folgen/ vnd sie nicht ehren in allen dingen/ wie das vierde gepott außweyst/ Das gefelt Gott woll«.[211]

Hintergrund dieser christlichen Straflehre waren neben dem vierten Gebot vor allem alttestamentarische Strafaufforderungen (Sprüche Salomonis 13,24), die allerdings in der christlichen Erziehungsliteratur doch deutlich im Sinne des Liebesgebotes des Neuen Testaments abgemildert waren. Strafe war kein Selbstzweck, die Kinder sollten nicht »verstockt« werden, sondern belehrt. Strafe ohne gleichzeitige Kennzeichen elterlicher Liebe galten als pädagogisch wie theologisch falsch, denn gerade wenn die Eltern in ihrer pädagogischen Funktion gewissermaßen am Gottesbild gemessen wurden, dann gehörte dazu natürlich auch die Liebe und die Gnade.[212]

In der Zeit der Aufklärung wurden diese Mechanismen der Gewissensbildung in verschiedener Hinsicht umgebaut. Aus der Perspektive der Zukunftsorientierung und des Fortschrittsoptimismus der Aufklärung ging es in der individuellen Erziehung um die Entwicklung der guten Anlagen bzw. der Anlagen zum Guten. Dies konnte nicht durch Strafe, sondern nur durch Liebe und durch Anleitung zur Vernunft geschehen. Dadurch entstanden neue Vorstellungen von der Bedeutung und Funktion der Strafe, die zunehmend verbalisiert und psychologisiert wurde. An die Stelle des alten christlichen Gewissens trat die psychologische Instanz des Über-Ich.[213]

---

210 Das heißt natürlich nicht, daß ihre Legitimierung spezifisch christlich ist. Zur Theorie und Praxis der Strafe in der Antike vgl. z. B. [338] DIXON, S. 118 f.

211 Niklaus Hermann, Eyn gestreng Vrtheyl Gottes vber die vngehorsamen Kinder vnnd yhre Eltern/ getzogen aus dem Alten vnd newen Testament (um 1525), zit. nach [560] KITTSTEINER, S. 362 f. Vgl. auch Quellenanhang, Quelle 4.

212 Vgl. zu diesen Zusammenhängen bei Luther und anderen frühneuzeitlichen Theologen ausführlich [560] KITTSTEINER, S. 359 ff.

213 Diese Prozesse sind differenziert analysiert bei [559] KITTSTEINER; der analytische Gehalt der Einleitung von [539] BORRIES hätte durch die Lektüre der Arbeit Kittsteiners gewinnen können.

Theoretische pädagogische Überlegungen über Sinn und Modi des Strafens sind eine Sache, eine andere ist die tatsächliche Strafpraxis. Letztere ist nie ganz unabhängig von ersterer, aber sie entfaltet sich natürlich primär situativ, ist abhängig von sozialen Milieus und konkreten Lebensumständen und Belastungen. Das heißt, daß extreme Prügelstrafen in der Familie auch heute nicht verschwunden sind, wie die fast täglichen Zeitungsnachrichten über mißhandelte Kinder zeigen. Auch mildere Körperstrafen sind vielfach akzeptierte Erziehungsmittel. Dennoch gelingt es Borries anhand der Analyse autobiographischer Zeugnisse über Straferfahrungen aus zwei Jahrhunderten ganz überzeugend Stadien des Wandels der elterlichen Strafpraxis herauszuarbeiten. Er unterscheidet einen »altständischen«, einen »bürgerlichen« und einen »modernen« Erziehungstyp.

Der altständische Typ ist vor allem durch relativ ungehinderte elterliche Affektentladung gekennzeichnet. Diese kann negativ in einer »Prügelorgie« oder positiv in »Gelächter« über besonders clevere Spitzbübereien der Kinder erfolgen. Flankiert wurden diese Formen durch Vergeltungsrituale zum Zweck der Wiederherstellung der verletzten väterlichen Autorität oder auch durch Begnadigungsakte.[214] Der bürgerliche Erziehungstyp ist dagegen vor allem gekennzeichnet durch die Installation von »Gewissensbissen« über Mittel wie Liebesentzug, Beschämung, aber auch die Vorführung rationaler Sachgesetze. »Die ›Zufügung von Schmerzen‹ (physischen wie psychischen, mit immer größerem Anteil der letzteren!) als Strafform wird zunehmend durch ›Entzug von Vergünstigungen‹ ergänzt oder ersetzt. Die Anwendung des bürgerlichen Strafmusters differenziert sich vor allem nach dem Ausmaß des kühlen Kopfes und der psychologischen Einfühlung auf der Seite des Erziehenden.«[215] Moderne Erziehungspraktik schließlich sei gekennzeichnet durch weitgehenden Strafverzicht, durch Nachsicht und die Manipulierung der Kinder durch Enttäuschtsein, Bestechung oder schließlich auch durch Resignation und Laisser-faire.[216]

Borries beschreibt damit sicher ganz wichtige Tendenzen des Wan-

[214] Diese Typologie des »altständischen Typs« ist etwas schematisch und beruht nicht auf einer breiten Quellenanalyse. Eingegangen sind hierin offensichtlich Vorstellungen aus den Arbeiten von [252] ELIAS und [257] FOUCAULT. Ein etwas anderes Bild zeichnet z. B. [574] OZMENT; vgl. außerdem auch (560] KITTSTEINER, S. 359 ff. Vgl. aber auch Quellenanhang, Quelle 2 u. 5.

[215] [539] BORRIES, S. 67. Vgl. dazu auch [567] MESCHENDÖRFER, S. 148 ff.

[216] Zum ganzen [539] BORRIES, S. 66 ff.

dels von elterlichem Erziehungs- und Strafverhalten. Hinter den gesamten Veränderungen läßt sich als ein wesentlicher Faktor die zunehmende Versprachlichung der Erziehung beonders in den bürgerlichen Familien seit dem 18. Jahrhundert ausmachen: »[...] im gleichsam ›vernünftigen‹ Diskurs sollten Bürgerkinder elterliche Argumente und pädagogische Maximen aufnehmen und annehmen. Primär durch sprachliche Kommunikation bestimmt, sollte der Prozeß des schrittweisen Hineinwachsens in die Erwachsenenwelt vonstatten gehen. Analog zu diesem Grundsatz wuchs generell die Bedeutung der Sprache im intergenerationellen Miteinander.«[217]

Die sozialisatorischen Wirkungen dieser Versprachlichung der Erziehung liegen aber nicht nur in verschiedenen Formen der Gewissens- bzw. Über-Ich-Bildung, sondern haben weiterreichende Effekte. Diese sind Gegenstand der Soziolinguistik, in der es allerdings gerade über diese Frage der Folgen elterlichen Sprachverhaltens gegenüber Kindern zu einer ausgedehnten Kontroverse gekommen ist. Besonders einflußreich, aber auch umstritten waren hier die Arbeiten Basil Bernsteins, der zwischen verschiedenen schichtspezifischen Familientypen und den in ihnen vorherrschenden sprachlichen »Codes« unterschied. In der Arbeiterklasse paarten sich nach seiner Ansicht hierarchische Familienstrukturen (positionale Familie) mit einem Sprachverhalten, das durch geringe Komplexität der Sätze und wenig rationalen Begründungen von Behauptungen oder auch Anweisungen verbunden ist (restringierter Code). Dies ist in den personen-orientierten Familien der bürgerlichen Mittelschichten anders. Hier herrscht auch in der Erziehung ein »elaborierter Code« vor, der komplexe Erfahrungszusammenhänge ausdrückt und den Kindern durchschaubar macht.[218]

Bernstein hat sicher einige wichtige Beobachtungen über das Sprachverhalten in Arbeiter- und Mittelschichtsfamilien im England der 1950er Jahre. gemacht. Die Konsequenzen, die er daraus über die Unterschiede in der kognitiven Entwicklung von Arbeiter- und Mittelschichtskindern zog, ließen sich allerdings durch die weiteren Untersuchungen im Anschluß an seine Arbeiten kaum bestätigen. »Die alleinige Beherrschung des elaborierten Sprachmodus ist kein Garant für vollentfaltete kognitive Orientierungsdispositionen, im sozialen

---

[217] [408] BUDDE, S. 124.
[218] Vgl. [57] BERNSTEIN; zur Kritik an Bernstein vgl. z. B. [84] MÜHLFELD, S. 105 ff.

Handeln begünstigt er nur den von Piaget negativ gekennzeichneten ›leeren Verbalismus‹. Die Bildungsfähigkeit von der Beherrschung des elaborierten Codes abhängig zu machen, wie das bei der negativen Skizzierung des restringierten Codes unterschwellig intendiert wird, erweist sich zunehmend als pädagogische Ideologie.«[219]

Trotz dieser zu Recht angemahnten Vorsicht gegenüber einer zu engen Verbindung zwischen Sprachverhalten der Eltern und Intelligenzentwicklung der Kinder stellt die Untersuchung von sprachlichen Interaktionsformen sicher weiterhin einen wichtigen Gegenstand der Sozialisationsforschung dar. Hier ist auch das historische Quellenmaterial noch keineswegs hinreichend ausgeschöpft. Tagebücher, Briefe, aber auch Interviews geben Auskunft über den Wandel der Kommunikationsformen zwischen Eltern und Kindern und über die darin zum Ausdruck kommenden Veränderungen im Verhältnis zwischen den Generationen und den innerfamilialen Machtstrukturen. Denn was sich über die Verbalisierung der Erziehung auf jeden Fall vollzog, war die prinzipielle Hinterfragbarkeit der Positionen und Argumente der Eltern. Sie mußten sich nun in einer ganz anderen Weise der Kritik der Kinder stellen, konnten ihnen plötzlich unterlegen sein. Damit wurde eine Entwicklung zu partnerschaftlichen Verhältnissen eingeleitet, die sowohl Ausdruck als auch Agens des gesellschaftlichen Wandels der Gegenwart ist.

[219] [84] MÜHLFELD, S. 123.

IV. Quellen für Historische Sozialisationsforschung

1. Ego-Dokumente

a) Autobiographien

Quelle 1

Augustinus Bekenntnisse übers. v. Joseph Bernhart, Frankfurt a. M. 1955, S. 14 f.

»Gott, mein Gott, was habe ich Jammers da erfahren und Irrgegaukel! Ja mir, dem Knaben, stellte man's als Lebensregel auf, denen zu gehorchen, die mich antrieben, ich müsse zu Ruhm gelangen in der Welt, mich hervortun in den Künsten des üppigen Wortes, in denen, die zu Ehren bei den Menschen und zu trüglichem Reichtum verhelfen. So gab man mich zur Schule, damit ich lesen und schreiben lernte, wovon ich Armer nicht einsah, was das nützen sollte, – und bekam doch, wenn ich lässig war im Lernen, meine Schläge. Denn so lobten sich's die Großen, und viele, die vor uns ein solches Leben führten, hatten die Mühsalswege eingerichtet, die man uns zu gehen zwang, daß noch mehr der Last und Plage sei unter den Adamskindern.

Aber, Herr, ich traf auch Menschen, die zu Dir beteten, und von ihnen lernte ich in schwacher Fühlung, so gut es eben ging, daß Du jemand Großer seist, der uns, auch ohne unsern Sinnen dazusein, erhören und uns helfen könne. Schon als Knabe also fing ich an, zu Dir zu beten, »meine Hilfe und Zuflucht«, und brach mir für Deine Anrufung schier die Zunge, und ich betete, ich, der Kleine, mit nicht kleiner Inbrunst, ich möchte in der Schule doch nicht geschlagen werden. Und wenn Du mich nicht erhörtest – was »mir freilich keine schlechte Lehre war« –, so gab es Gelächter bei den großen Leuten, bei meinen Eltern sogar, die gewiß nicht wollten, daß mir ein Übel widerführe, Gelächter über meine Schläge, damals für mich das große, das schwere Übel.«

Quelle 2

Das Buch Weinsberg. Aus dem Leben eines Kölner Ratsherrn, hg. v.
Johann Jakob Hässlin, 4. Aufl., Köln 1990, S. 41 f., 48 f.

»Einst spielte ich mit den Kindern auf der Straße, und wie die Großmutter sah, daß wir mit bloßen Hintern dalagen, hat sie mich gescholten und bei den Eltern über mich geklagt und gesagt, man lasse mich ohne Aufsicht und verzöge mich, sie sollten mich von der Straße fern halten und auf die Schule tun, da lerne ich Stillesitzen und dergleichen; sie erwartete von mir in diesem Alter allerlei Einsicht, meinte es aber doch gut mit mir. Meine Eltern hielten mich dann auch wirklich im Hause, soweit dies möglich war, aber es half wenig, denn ich lief dennoch in die Nachbarhäuser und fing Händel mit den Kindern an, das war mir eben kaum abzugewöhnen.

Einmal, als mich meine Mutter, wie so oft, weidlich geschlagen hatte – ich mochte es wohl verdient haben –, lief ich weinend und schreiend zu meinem Vater ins Färbhaus, wo er mit den Knechten am Färben war, und wie ich ihm mein Elend klagte, fing er an seinen Scherz und Kurzweil mit mir zu treiben und sagte: »Wohlan, was meinst du, sollen wir deine Mutter aus dem Haus treiben oder wollen wir oben auf dem Saal wohnen und sie unten im Haus wohnen lassen?« Darauf sagte ich: »Laßt sie unten wohnen und uns oben.« Es gefiel meinem Vater wohl, daß ich sie nicht wollte vertreiben lassen wegen der paar Schläge.

[...]

In diesem aufrührerischen Jahr [1525] haben auch die Kinder und Schüler allenthalben miteinander Krieg geführt, sich geschlagen und gekämpft wie die jungen Hahnen; die von St. Jakob mit denen von St. Johann, die von St. Marien mit denen von St. Martin, und wiewohl ich sehr blöde war und mich nicht gerne zur Wehr setzte, so hab ich doch, als mich einmal ein Junge am Haar zog und mich unterkriegen wollte, meinen Vorteil wahrgenommen und gleich zweie von ihnen in die Bach gestoßen, die vor meines Vaters Wohnung fließt, daß sie schier ersoffen wären. Vielleicht hat auch in diesem Jahr der Planet Mars so meisterlich regiert, daß er mich wider meiner Natur kühn gemacht hat. Übrigens bin ich selber auch mehrere Male in die Bach gefallen.

Ich trug damals auch zum ersten Male richtige Hosen und ging in Strümpfen und Wams einher, danach habe ich einen kurzen grauen Paltrock getragen, aber zunächst gingen mir die Kleiderchen und der Pelz noch bis auf die Füße herab.«

Quelle 3

Adam Bernd, Eigene Lebens-Beschreibung (1738), München 1973, S. 26 f.

»Denn das muß ich meinen Eltern zum Ruhme nachsagen, daß sie Gottes Wort reichlich unter uns wohnen ließen, und mit täglichem Beten und Singen unser Haus einer Kirchen ähnlich machten. Wir sungen des Morgens, ehe wir in die Arbeit giengen, des Mittags nach Tische, insonderheit des Sonntags, des Abends, ehe wir zu Bette giengen; am allermeistens des Winters, wenn die Abende lang sind. Ich mußte auch des Abends, so bald ich fertig (gewandt) lesen konte, meinen Eltern und Geschwistern aus der Bibel, oder aus einem andern geistlichen Buche, v. g. aus einem Martyr-Buche oder auch wohl aus einem historischen Buche etwas vorlesen. Hatte ich in die Schule etwas auswendig zu lernen, oder zu schreiben, so lasen meine ältern Brüder, wenn der Berufs-Arbeit nicht viel war, in Arnds wahren Christentume, Lüttkemanns Vorschmack göttlicher Güte, oder in andern Büchern, den andern, so arbeiteten, zur Erbauung, ehe sie schlafen giengen, etwas vor. Wenn wir auch nicht stets alle beisammen, sondern die Mutter, und ich nur allein zu Hause waren, so sang sie bei aller ihrer Arbeit und häuslichen Verrichtungen: v. g. bei dem Kochen, bei Fütterung des Viehes; und war sonderlich des Abends bei Beschickung (Versorgung) des Viehes ihr Leib-Lied: *Ich dankt dir Gott von Herzen, daß du an diesem Tag*; und wenn sie auf die Worte kam: *Noch meinem Vieh was schade, es sei groß oder klein*, und ich solches mit anhörte, gedachte ich an meine Tauben, und schloß solche nach meiner damaligen Einfalt ins Lied mit ein; denn der Marder hatte mir einst ein Paar vortreffliche Drommel-Tauben samt den Jungen gefressen. Ich bin noch bis diese Stunde diesem gewogen, ohne Zweifel wegen des tiefen Eindrucks, den es in der Jugend bei mir gemachet.«

(Aus: Hardach-Pinke, Irene: Kinderalltag: Aspekte von Kontinuität und Wandel der Kindheit in autobiographischen Zeugnissen 1700 bis 1900. Frankfurt – New York 1981, S. 129 f.)

Quelle 4

Gotthilf Heinrich von Schubert: Der Erwerb aus einem vergangenen und die Erwartungen von einem zukünftigen Leben. Eine Selbstbiographie. Bd. 1, Erlangen 1854, S. 57–243.

»In der Ordnung unseres Hauses, wie bei der Erziehung der Kinder, herrschte keineswegs eine republikanische, noch weniger eine demokratische, sondern eine streng monarchische Verfassung. Der Vater war der unbeschränkte Selbstherrscher in seinem Hause und die herzliche Liebe seiner Kinder zu ihm war mit einer Achtung verbunden, welche vielleicht manchem modernen sogenannten Kinderfreund als Furcht erschienen wäre. Sie war dieses aber nicht, sondern eine Ehrfurcht, welche schon frühe gewöhnt war, in dem Inhalt des vierten Gebotes die Stimme eines Anderen zu erkennen, als die des sichtbaren Vaters.

Unser Vater gebot und verbot uns nur selten etwas, noch seltener aber strafte er. Es lag in seiner liebevoll ernsten Haltung gegen uns eine stillschweigende Anforderung zur Zucht und Ordnung, wie zum Gehorsam, der wir nicht widerstehen konnten. Nur wenn, selbst in den Kleinsten von uns, der Eigenwille in unverkennbarer Weise hervortrat, dann pflegte er diesen durch ernste Züchtigung so zu brechen, daß derselbe für lange Zeit, wenigstens in seiner Gegenwart, nicht wieder aufzukommen wagte. Dem vorlaut kindischen Geschwätz war er nicht hold; wir hatten in seiner Gegenwart Schweigen gelernt. Müßiggang war ihm zuwider, er hielt uns alle schon in frühester Kindheit zu einer, zugleich für uns angenehmen Beschäftigung an, und ein Lob aus seinem Munde war uns, je seltener wir ein solches vernahmen, ein desto größerer Lohn. Lügen und Unredlichkeit ahndete er streng; Eitelkeit und Putzsucht an seinen Töchtern haßte er sehr, und man hat mir erzählt, daß er einst, als er meine älteste Schwester unvermuthet mit dem französischen Narrenputze, der sogenannten Poschen, die sie sich um ihr durch Stickerei selbstverdientes Geld gekauft, in der Kirche gesehen hatte, beim Nachhausekommen sich diesen Flitterstaat von ihr bringen ließ und schweigend ihn zur Küche trug, mit dem Beile zerhackte und verbrannte. Es war nicht nöthig, daß er hiebei ein beschämendes Wort sprach, die That sprach aus, was er darüber dachte, wenn seine Kinder in solchen Narrheiten der vereitelten Menge sich gleichstellten.«

(Aus: Jürgen Schlumbohm (Hg.): Kinderstuben. Wie Kinder zu Bauern, Bürgern, Aristokraten wurden, 1700–1850, München 1983, S. 415 f.)

Quelle 5

Karl Friedrich von Klöden, Jugenderinnerungen, hg. v. Max Jähns, Leipzig 1911, S. 17 f., 49.

»Meine Mutter hatte gehofft, mit dem Verlassen der Kaserne dem An-blick der Prügelscenen aus dem Wege zu gehen, allein darin hatte sie sich geirrt. Unser Hauswirth war ein Bauinspector, der zwei Töchter, kleine niedliche Mädchen von 7 und 9 Jahren besaß, welche eine Mädchen-schule besuchten, über Mittag in der Pension blieben, und pünktlich Abends um 4 Uhr nach Hause kommen mußten. Die sehr strenge Mut-ter gab ihnen dann eine gewisse Zahl von Touren auf, die sie bis Abends 6 Uhr abstricken mußten. Fehlte um jene Stunde etwas daran, und das geschah sehr oft, so wurde die Schuldige übergelegt und der unschuldig-ste Theil des Körpers mit einer hölzernen Kelle erbärmlich bearbeitet. Sehr gewöhnlich mußten beide Mädchen, eine nach der anderen heran, und ihr Geschrei tönte durch die ganze Nachbarschaft.«

»Als meine Mutter noch als ein kleines Mädchen nur einige Minuten still-saß, rief ihr sofort die Großmutter zu: ›Aber Mädchen, du tust ja nichts!‹ Auf ihre Antwort: ›Ich habe nichts zu tun‹, antwortete die Großmutter ärgerlich: ›Ach was! Wenn ein Mädchen nicht weiß, was sie tun soll, schneidet sie sich ein Loch in die Schürze und flickt es wieder zu‹ […] Ähnliche Szenen fielen nur zu viele vor.«

Quelle 6

Gustav Nieritz, Selbstbiographie, Leipzig 1872, S. 9 f.

»Einmal fand ich bei einem Landmann in Lockwitz, dessen Kirmeßgast ich war, ein Buch, welches über die heimlichen Sünden der Jugend ge-schrieben war. Wenn die meisten Aeltern und Erzieher es unterlassen, ihre Pfleglinge von dem Dasein und der Gefahr der Selbstbefleckung zu unterrichten, so thun sie es aus dem Grunde, um die Jugend nicht erst durch das Bekanntmachen mit jenem Laster, das leider verbreiteter ist als man glaubt, zu demselben hinzuleiten. Allein dieses Erhalten in einer glücklichen Unwissenheit erscheint mir bei der großen Ausbreitung jenes Lasters und bei der Einrichtung unsrer Schulen nicht als zweck-mäßig. Ich habe das an mir selbst erlebt. Meine Aeltern hatten ebenfalls unterlassen, mich vor jenem entnervenden Laster zu warnen, und sich begnügt, mich im Stillen zu überwachen und vor der Verführung zu be-wahren. Sie konnten jedoch nicht verhindern, daß ich einst mit mehrern Mitschülern zu gleicher Zeit die Retirade betrat. Da übte einer derselben, dessen Name mir unvergeßlich bleibt, jenes Laster vor unsern Augen aus und fragte uns im herausfordernden, prahlerischen Tone ›Könnt ihr das?‹ Sogleich ahmte die unwissende Jugend, welche sich von einem ihrer Kameraden in einer angeblichen Geschicklichkeit oder Kunst nicht übertreffen lassen will, das gegebene Beispiel nach, wobei auch ich mich nicht ausschloß. Zum Glück verursachte mir der erste Versuch großen Schmerz, daher ich ihn alsbald wieder einstellte. Durch jenes in Lockwitz vorgefundene Buch wurde ich nun erst mit der eigentlichen Bedeutung und Schädlichkeit der Selbstbefleckung unterrichtet, so daß ich nicht nur für meine Person davon mich frei erhielt, sondern auch gar manchen meiner jugendlichen Freunde und Mitschüler ernstlich davor warnte.«

(Aus: Hardach-Pinke, Irene: Kinderalltag: Aspekte von Kontinuität und Wandel der Kindheit in autobiographischen Zeugnissen 1700 bis 1900. Frankfurt – New York 1981, S. 215 f.)

Quelle 7

Schweitzer, Albert: Aus meiner Kindheit und Jugendzeit. München 1991, S. 8, 14 f.

»Weiter erinnere ich mich aus meiner frühesten Kindheit noch, wie ich mich zum erstenmal mit Bewußtsein und vor mir geschämt habe. Ich hatte noch ein Röckchen an und saß auf einem Schemelchen im Hof, während mein Vater am Immenstock im Garten hantierte. Nun ließ sich ein schönes Tierchen auf meiner Hand nieder und ich freute mich, wie es darauf herumlief. Aber plötzlich fing ich an zu schreien. Das Tierchen war eine Biene, die mit Recht darüber erbost sein mochte, daß der Herr Pfarrer die gefüllten Waben aus dem Bienenstock nahm, und die dafür das Pfarrerssöhnchen stach. Auf mein Geschrei eilte das ganze Haus zusammen, jedermann bedauerte mich. Die Magd nahm mich in ihre Arme und suchte mich durch Küsse zu trösten. Die Mutter machte dem Vater Vorwürfe, daß er am Immenstock gearbeitet habe, ohne mich zuerst in Sicherheit zu bringen. Da ich durch mein Unglück so interessant geworden war, weinte ich mit Genugtuung, bis ich plötzlich bemerkte, daß ich Tränen vergoß, ohne mehr Schmerzen zu verspüren. Mein Gewissen sagte zu mir, jetzt aufzuhören. Aber um weiter interessant zu sein, fuhr ich mit Jammern fort und nahm weiter Tröstungen entgegen, die ich nicht mehr brauchte. Dabei kam ich mir aber so schlecht vor, daß ich tagelang darüber unglücklich war. Wie oft hat mich dieses Erlebnis gewarnt, wenn ich als Erwachsener in Versuchung kam mit dem, was mir widerfuhr, wichtig zu tun. [...]

Ich war nicht händelsüchtig. Aber ich liebte, in freundschaftlichem Raufen meine Körperkräfte mit andern zu messen. Eines Tages, auf dem Nachhauseweg von der Schule, rang ich mit Georg Nitschelm – er ruht nun schon unter der Erde –, der größer war und für stärker galt als ich, und bezwang ihn. Als er unter mir lag, stieß er hervor: »Ja, wenn ich alle Woche zweimal Fleischsuppe zu essen bekäme wie du, da wäre ich auch so stark wie du!« Erschrocken über dieses Ende des Spiels wankte ich nach Hause. Georg Nitschelm hatte mit böser Deutlichkeit ausgesprochen, was ich bei anderen Gelegenheiten schon zu fühlen bekommen hatte. Die Dorfknaben ließen mich nicht ganz als einen der ihrigen gelten. Ich war für sie der, der es besser hatte als sie, das Pfarrerssöhnchen, das Herrenbüble. Ich litt darunter, denn ich wollte nichts anderes sein und es nicht besser haben als sie. Die Fleischsuppe wurde mir zum Ekel. Sowie sie auf dem Tisch dampfte, hörte ich Georg Nitschelms Stimme.«

b) Briefe

Quelle 8

Rüegg, Walter (Hg.): C. Plinius Caecilius Secundus. Sämtliche Briefe (Bibliothek der Alten Welt, Römische Reihe), eingeleitet, übersetzt und erläutert von André Lambert, Zürich 1969, S. 305 f.

Achtes Buch, 10:

»Mein lieber Großschwiegervater Fabatus,

Je mehr Du wünschst, daß wir Dir Urenkel schenken, um so betrübter wirst Du sein, wenn Du vernimmst, daß Deine Enkelin eine Fehlgeburt hatte, da sie in mädchenhafter Unschuld nicht wußte, daß sie schwanger war, und deshalb manches unterließ, worauf Schwangere achten sollen, und anderes tat, was sie zu unterlassen haben. Diesen Irrtum hat sie durch harte Erfahrung gebüßt, ist sie doch in Lebensgefahr geraten. So mußt Du es zwar mit Bedauern auf Dich nehmen, im Alter der sozusagen schon vorhandenen Nachkommenschaft beraubt zu werden, und doch auch den Göttern danken, daß sie Dir einerseits für den Augenblick Urenkel verweigerten, andrerseits aber die Enkelin erhielten, durch die sie Dir wieder neue geben können, worauf uns dieser, wenn auch nicht glücklich verlaufene Beweis ihrer Fruchtbarkeit um so berechtigtere Hoffnungen gibt.

Mit den gleichen Worten, die ich auch zu mir sage, ermuntere, ermahne, tröste ich Dich. Du wünschst Dir nämlich nicht sehnlicher Urenkel als ich mir Kinder, denen ich von meiner und von Deiner Seite her einen geebneten Weg zu Ehrenstellen und einen ziemlich weit bekannten Namen und einen nicht von heute stammenden Adel zu hinterlassen glaube. Möchten sie nur zur Welt kommen und unseren jetzigen Schmerz in Freude verwandeln!

Dein Gaius Plinius«

Quelle 9

Brief des ausgewanderten Johann Armbruster aus Walddorf bei Tübingen an seine Geschwister

»Saint Louis Sept. 3.1873.

Liebe Geschwistern Es wird mich freuen wenn Euch mein schreibe alle gesund antrift.

Hier schicke ich Euch auf verlangen meine ganze Familie zum andenken. Ihr 2 Schwestern sollts gut aufbew[ahren]. Nun will ich euch berichten wegen meinen Vermögen schickt mir 300 GG das übrige vertheilt ihr 4 Geschwister gleichmäßig unter euch. [...]

Liebe Schwestern schreibt mir genau wie es mit der kleine ihrem Bein aussit. Wäre ich bei Euch ich würde schon helfen. Liebe Schwester Anna Maria schreib mir genau wo die Wunde ist u wie sie aussiet dann will ich dir etwas ausmachen das du brauchen must. vielleicht kann man helfen.

Liebe Geschwister weiter will ich dis mal nichts schreiben wir sind alle gesund u. muder doch an euch 2 Brüder es dut mich sehr verdriesen.

Ich weiß ihr seit geschult u. gelernt u kent lesen u. schreiben Ihr kent mir auch einmal ein par zeilen schreiben. Ich weis daß ich bruderliebe an Euch gethan habe so viel als es ein Bruder thut. Liebe Geschwister nun will ich enden unter vielen grüssen an Euch alle

Ich grüße Euch Johannes Lang Heiligen Pleger mein döte seine Frau u. 2 Kinder [...] Auch grüse ich die Kinder von mein Veter Gottlieb.

Liebe Schwestern von Bruder Ludwig weiß Ich nichts. Ich grüsse Euch alle insgesamt u. bitte um baldige Nachricht. Ich berbleibe euer getreuer Bruder

J. Armbruster«

(Gemeindearchiv, R 261, Fasz. Armbruster, Joh., geb. 1820; Pflegeschaftsrechnungen)

Quelle 10

Brief d. Wilhelm Irion/Philadelphia an seine Mutter in Walddorf bei Tübingen v. 16. 5. 1874

»[...] Liebe Mutter ich danke herzlich für das was du schon für mich ge-than hast und möchte nicht haben daß du dir Embereung oder daß Noth leidest denn das werde mich schmerzlich drücken. Liebe Mutter bis jetzt bin ich noch ledig den es ist sehr hart ein ordentliches Frauenzimmer zu bekommen in besonders wenn man Zeitleben soll angebunden sein, wenn dich dieß bekümmern sollt, so schreibe mir lieber, so werde ich dir über alles schreiben und werde mich nicht an fremde Personen wen-den [...]«

(Aus: Gemeindearchiv Walddorf, Akten, A 99, Fasz. 886, Realteilung Barbara Irion, Inventuren u. Teilungen, 1890–91)

c) Lebensgeschichtliche Interviews

Quelle 11

Aus einem lebensgeschichtlichen Interview mit einer ledigen Frau (70 Jahre) in einem schwäbischen Dorf aus dem Jahr 1983 (geführt v. Verfasser).

Frage: [...] das war fast schon normal, daß Kinder gestorben sind?
Antw.: Das war normal, bei der großen Kinderzahl. Immer wieder, auch mit Brechdurchfall, die Säuglinge [...] Wenn's heiß war im Sommer. Ha, manche Frauen, die Bauernfrauen, die haben gestillt, die haben ein gan-zes Jahr gestillt, also ich hab' eine Tante gehabt, die hat das Kind immer mitgenommen auf's Feld, die hat über ein Jahr gestillt, ja. Aber manche Arbeiterfrauen und so, die haben eben nicht stillen können so lang und haben dann die Geiß- oder Kuhmilch wahrscheinlich gegeben, aber aus Unwissenheit, und dann, wenn so ein heißer Monat gekommen ist, dann war's eben geschehen [...]
Aber jetzt muß ich auch die andere Seite sagen. Also, wir haben so eine fröhliche Kindheit erlebt, trotz allem. Ich meine, das war eine Dorf-gemeinschaft unter den Kindern, wissen Sie, schon wenn sie miteinander in den Wald sind, ins Holz, oder wenn sie haben müssen, Reis zusam-menlesen und so, dann sind sie eben miteinander gegangen, die Buben, oder auch wenn man grad ins Gras gegangen ist. Und so war's auch beim Spielen, wenn man dann einmal Zeit gehabt hat zum Spielen, also was

haben wir auf dem Kirchplatz, dem alten gespielt, fast alle Dorfkinder oder Sonntag abends, da haben, grad meine Schwester, die war damals 18, 19, die älteste, und die hat ein paar Freundinnen gehabt, auch in dem Alter, schon 20, und die haben mit allen Dorfkindern, was gekommen ist da draußen Kreisspiele gemacht. Also, das war einfach schön [...]

Ja. Ja, da war er [der Vater] streng, ha, geschlagen hat er nicht besonders, aber wenn er dann einmal geschlagen hat, dann ... aber auch nicht so, daß, also ich hab kaum einmal von ihm Schläg' gekriegt. Ich denk', meine älteste Schwester am meisten. Wenn er gesagt hat, um neuen ist man daheim, wenn sie mit ihren Freundinnen weg war, und dann hat er auch gewartet. Und dann ist sie halt auch nicht immer gleich heimgekommen, wie er gesagt hat, die hat also, ha, da hab' ich oft gedacht, wieso geht jetzt die nicht heim, sie weiß doch, daß sie Schläg' kriegt, wenn sie so spät kommt [...].
Frage: Ja, warum war er dann so streng, das ist doch gar nicht so schlimm?
Antwort: Der hat halt gesagt – um die Zeit ist man da. Sein Wort war einfach ... und da hat alle Entschuldigung nichts genützt.
Frage: Haben sich Ihre Eltern da so ein bißle ergänzt in der Erziehung, oder hat man, wenn der Vater streng war, hat man dann zur Mutter laufen dürfen, oder hat die dann gesagt, nein [...].
Antwort: Sie haben sich ziemlich ergänzt, die Mutter hat da schon zum Vater gehalten, aber also manchmal ist man dann doch zur Mutter, wenn was war. Und die hat das müssen ein bißle ausgleichen.
Ja, und die Mutter ist dann auch mal in den Riß getreten, das muß ich auch sagen, also wenn er hat wollen aufbrausen oder, dann hat sie das vielleicht abwehren können und hat gesagt, also jetzt, es ist ihm ja leid oder jetzt lassen wir's, der braucht jetzt nicht gestraft werden. Oder auch beim Essen, da war er auch streng, den Teller hat man müssen, was er einem gegeben hat, abessen. Und ich hab' einfach keine Spätzle mögen als Kind. Und wenn er dann in einem unbedachten Augenblick, wenn es vielleicht grad sein Buch zum Lesen da hinten geholt hat oder so, dann hab ich ganz schnell meine Spätzle meiner Mutter im Teller reingetan, das weiß ich auch noch. Die Mutter hat's gegessen.

2. Erziehungsliteratur

Quelle 12

*Johannes Chrysostomus, Über Hoffart und Kindererziehung [um
393], übersetzt von Joseph Glagla, Paderborn 1968, Kap. 16 ff.,
S. 12 f., 15 f.*

»Prägt man die guten Lehren in die Seele ein, solange sie noch zart ist,
so wird niemand sie herauszureißen vermögen, sobald sie fest geworden sind wie ein Siegelabdruck; ebenso verhält es sich mit dem Siegel-
wachs.

Noch ist dein Kind ängstlich und schüchtern, und es fürchtet deinen
Blick, dein Wort und alles Mögliche. Nutze den Anfang aus für das Notwendige. Du hast als erster deine Freude an den guten Werken, wenn
du einen guten Sohn hast, dann Gott. Deine Mühe kommt dir selbst zu-
gute.

In dem Augenblick, in dem man die Perlen gerade erst gefunden hat, sagt
man, sind sie [noch] flüssig. Versteht nun der Perlenfischer sein Handwerk, so legt er den Tropfen in seine Hand, schüttelt ihn, wie er in der
hohlen Hand liegt, mit rotierenden Bewegungen, rundet ihn sorgfältig
ab und gibt ihm [schließlich] eine vollkommen runde Form. Hat die
Perle nun eine feste Form erhalten, so ist es nicht mehr möglich, ihre
Gestalt zu verändern. Das Weiche paßt sich nämlich noch allem an, weil
es ja noch keine eigene feste Gestalt besitzt; deswegen läßt es sich auch
leicht in jedwede Form bringen. Das Harte dagegen, das gewissermaßen
einen bestimmten Zustand angenommen hat, gibt seine Starrheit nicht
leicht auf, und es geht auch nicht in einen anderen Zustand über. [...]
Gib deinem Sohn von vornehrein das Gesetz, niemanden zu beleidigen,
niemanden zu verleumden, nicht zu schwören, nicht streitsüchtig zu
sein. Siehst du ihn dabei, wie er dein Gesetz übertritt, so strafe ihn, bald
mit einem strengen Blick, bald mit Worten, die sein Inneres treffen können, bald schimpfe ihn tüchtig aus; nimm ihn auch bei seinem Ehrgefühl
oder versprich ihm etwas. Aber schlag' ihn nicht dauernd und gewöhne
ihn nicht daran, so erzogen zu werden. Wenn er nämlich gemerkt hat,
daß er dauernd geschlagen wird, wird er auch die Schläge verachten lernen; hat er sich aber verachten gelernt, so hat er deine ganze Erziehungsmaßnahmen auf den Kopf gestellt. Freilich soll er eine Tracht Prügel im-
merzu fürchten, aber nicht bekommen. Schwingen soll man den Riemen,
aber nicht niedersausen lassen, und die Drohungen sollen nicht in die Tat
umgesetzt werden. Es darf aber nicht zu merken sein, daß die Worte nur

bis zu den Drohungen reichen. Eine Drohung wirkt nämlich nur dann, wenn man von ihr auch glaubt, daß sie in die Tat umgesetzt wird. Denn ist der Sünder erst einmal hinter deine Methode gekommen, wird er sie nicht mehr ernst nehmen. Ja, rechnen soll er damit, geschlagen zu werden, doch soweit soll es nicht kommen, damit die Furcht nicht erlischt, sondern fortdauert wie ein heftiges Feuer, das alle Dornen vollkommen vernichtet, oder wie eine scharfe, tiefgreifende Hacke.

Wenn du freilich siehst, daß sich das Kind auf Grund der Furcht gebessert hat, so laß die Zügel wieder locker, denn unsere Natur braucht hin und wieder auch Lockerung.«

Quelle 13

Johannes Ludowicus Vives: De institutione feminae christianae (1523), gedr. u. a. Hanau 1614; übers. von Friedrich Kayser, Johannes Ludowicus Vives' Pädagogische Schriften, Freiburg i. Br. 1896 (Bibliothek der katholischen Pädagogik VIII), S. 360–414. Über die Erziehung der Kinder: S. 409 ff.

»Über die Erziehung der Kinder ist schon vieles in einschlägigen Büchern geschrieben worden. Ich will daher nur weniges berühren, was meiner Meinung nach zur Pflicht einer einsichtigen Mutter gehört. Insbesondere muß eine Mutter der Ansicht sein, daß alle ihre Schätze in ihren Kindern ruhen [...]

Die Mutter soll, sofern sie dazu in der Lage ist, ihre Kinder selbst stillen und damit der Stimme der Natur gehorchen [...] Die Natur lohnt ihr dies damit, daß sie gesünder ist als jene, die sich dieser Mühe entziehen. [...]

Das kleine Kind hört zuerst seine Mutter und richtet sein erstes Stammeln nach ihrer Sprache, da jenes Alter lediglich zur Nachahmung in der Lage ist. Seine ersten Sinneseindrücke und seine erste Sinnesbildung erhält ein Kind durch dasjenige, das es von seiner Mutter hört und sieht. Folglich kommt es bei der sittlichen Bildung der Kinder weit mehr auf die Mutter an als man allgemein anzunehmen scheint; sie kann das Beste und das Schlechteste bewirken. Damit sie jedoch das Bestmögliche bewirken kann, wollen wir kurz einige Vorschriften zusammenstellen:« [...]

»Vor allem die Mädchen muß man ohne Nachsicht behandeln. Denn Nachsicht vermag die Söhne zu verderben, die Töchter aber richtet sie völlig zugrunde. Männer werden durch zuviel Nachsicht schlechter, die Frauen jedoch völlig von Gott verlassen, weil ihre angeborene Neigung zu Genuß und Leidenschaft sie kopfüber in tausend Schlechtigkeiten stürzen läßt, wenn man ihnen nicht Zügel anlegt. Jesus Sirach mahnt in diesem Zusammenhang: Hast du Töchter, so bewahre ihren Leib und verwöhne sie nicht (*Eccli 7, 26*). Man muß auf die Töchter umso größere Obacht haben, weil von der Frau eine vollkommenere Keuschheit und Bescheidenheit gefordert wird als vom Mann. In einem Staatswesen, in dem die vornehmen Frauen ohne Gottesfurcht sind, taugen die Frauen aus dem Volk gleichfalls wenig. Und ebenso sind diejenigen, die mit schlechtem Beispiel erzogen werden, selten besser als diese Frauen. Das alte Sprichwort bewahrt seine Gültigkeit: Wie die Mutter, so die Tochter [...]«

(Aus: Klaus Arnold: Kind und Gesellschaft in Mittelalter und Renaissance. Beiträge und Texte zur Geschichte der Kindheit, Paderborn u. München 1980, S. 177 f.)

Quelle 14
Konrad von Megenberg (1309–1374), Ökonomik (Buch 1).

Buch I, 2, Kapitel 8: Wie die Amme beschaffen sein soll
»Nach der Geburt und solange es in der Wiege liegt, ist das Kind mit der größten Sorgfalt zu pflegen; beispielsweise ist eine geeignete Amme zu finden, deren Temperament dem des Kindes ähnlich ist. Es bedarf nämlich für ein phlegmatisches Temperament einer phlegmatischen Amme und eine sanguinische Veranlagung erfordert eine entsprechende Reibfläche ... Doch wenn es irgend möglich ist so ist das Beste, wenn die eigene Mutter das Kind stillt; denn durch ihr Blut ist es im Mutterleib vom Beginn seiner Tage an ernährt worden und hat es seine körperliche Substanz erhalten. Denn Gleiches wird zweckmäßiger von Gleichem ernährt, weil diese Vorprägung den Übergang (der Nahrung) erleichtert. Das Blut, von dem es seine Gestalt erhalten hat, bekommt dem Kind am besten, denn was ist die Milch anderes als Blut der Frau, das in den von der Natur dafür vorgesehenen Organen wiederum aufbereitet wird? Eine Frau und allgemein jede Mutter, die sich weigert, ihr Kind zu stillen, ist eine Rabenmutter; denn die Raben werfen vielfach ihre Jungen aus dem Nest, weil sie sie nicht füttern wollen. [...]«
Kapitel 10: Über das Abstillen
»Die Zeit für das Abstillen ist gewöhnlich nach einem Jahr gekommen, bei den ärmeren Leuten auch nach eineinhalb Jahren, selten auch erst nach zwei Jahren ... Gewöhnlich sind jene von kräftigerem Körperbau,

die längere Zeit mit der Muttermilch großgezogen wurden, solange, bis die Glieder des kindlichen schon eine gewisse Festigkeit erreicht hatten, weil sie dann durch die Eigenschaften einer fremden Ernährung weniger durcheinandergebracht oder geschwächt werden, so wie es im Sprichwort über vierschrötige Menschen heißt: Der wäre zu einem Mann geworden, wenn man ihn über ein Jahr hinaus gestillt hätte.«

Kapitel 13: Das Kind soll nicht nur Vorbildern nacheifern
»Mit sieben Jahren ist das Kind zur Wissensvermittlung und sittlichen Bildung bereit; einem früheren Alter fehlt noch das Verständnis. Daher kann die erste Altersstufe bis zum siebten Jahr zählen. Sie heißt die Kinderzeit (etas infantilis *von* in *und* fari), weil das Kind noch kein Sprachvermögen hat. Das heißt nicht, daß es gar nichts sprechen kann, sondern, daß, was es spricht, ein reines Imitieren und Nachsprechen ist und nur mit geringem Maß von Verständnis einhergeht. […]
Was immer im Haus gesagt oder getan wird und nicht nach außen dringen soll, soll man vor Fünf- oder Sechsjährigen und ihren jüngeren und älteren Altersgenossen besser verbergen. Denn sie sind Schwätzer, die in ihrer Geschwätzigkeit alles ausposaunen, was sie hören oder sehen.«

Kapitel 14: Von Spiel und Bewegung an der frischen Luft
»Auch soll das Kind mit geziemenden Spielen und zuträglicher Bewegung beschäftigt und einer gesunden Luft ausgesetzt werden. Geziemende Kinderspiele sind das Puppenspiel, das Herumrollen von Holzspielzeug und sich selbst im Spiegel Betrachten. Denn die Kindheit kennt das Erstaunen über kleinste Dinge und ist mit Einfachem zufrieden. Mit solchen Spielen wird die kindliche Seele erfreut, das Blut kommt in Bewegung und der Geist wird geschärft; wobei durch das Herumlaufen zugleich die Gliedmaßen sinnvoll bewegt werden, der gesamte Körper gestärkt wird und auch eine angestrebte Kräftigung erfährt.«

(Dt. Übersetzung zit. aus: Klaus Arnold: Kind und Gesellschaft in Mittelalter und Renaissance. Beiträge und Texte zur Geschichte der Kindheit, Paderborn u. München 1980, S. 136–140. Edition des lat. Textes in: Monumenta Germaniae Historica, Staatsschriften, Bd. 3, 5,1, Stuttgart 1973, S. 78 ff.)

3. Bildende Kunst und Sachüberreste

Quelle 15
Entwicklung eines Jungen nach einem spätantiken Sarkophag. (Aus: André Burguière u. a., Geschichte der Familie, Bd. 1: Altertum, S. 336.)

von links: als Säugling, als Kleinkind auf dem Arm, als Knabe mit einem kleinen, von einem Lamm gezogenen Wagen, beim Vortrag in der Schule

Quelle 16
Leclerc, Das Kinderspiel »à la fossette«. (Aus: Philippe Ariès, Geschichte der Kindheit, München 1978.)

Kinder wurden gekleidet wie junge, zu klein geratene Erwachsene? Wurden sie dennoch als Kinder angesehen? Hatte die Gesellschaft ein Verständnis für Kindheit als Lebensphase?

Quelle 17

*Ländlicher Haushalt. Stich des 17. Jahrhunderts. (Paris, Bibliothèque
Nationale; aus: André Burguière u. a., Geschichte der Familie, Bd. 3:
Neuzeit, S. 185.)*

Familienleben und die Rolle von Frauen im Haus war vielfach Gegenstand von bildlichen Darstellungen mit ›volkspädagogischen‹ Absichten.
Daneben zeigen diese Bilder aber auch aus dem Leben gegriffene Praktiken (Wickeln vor dem Feuer) und Gegenstände (Kinderspielzeug).
Wichtig für die weibliche Sozialisation ist auch die Mischung von Arbeit
und Geselligkeit bzw. die Rechtfertigung von Geselligkeit durch gemein-
schaftliches Arbeiten.

A Lancashire Working-man, who now lives »rent free« in his »own home«. (Aus: André Burguière u. a., Geschichte der Familie, Bd. 4: 20. Jahrhundert, S. 16.)

A Lancashire Working-man, who now lives, "rent free," in his "own home."

Das Vorbild bürgerlichen Familienlebens wurde Arbeitern als Ziel ihrer Wünsche dargestellt. Auch hier wird deutlich die bürgerliche geschlechtsspezifische Arbeitsteilung auch als Sozialisationsprogramm dargestellt. Die Buben sind dem Mann zugeordnet und mit »Hausbauen« beschäftigt, das Mädchen der Frau, die mit Kinderpflege (im Puppenspiel) bzw. mit Näharbeiten beschäftigt sind. Interessant ist der Wechsel der männlichen Lektüre: die Bibel liegt zwar noch als dickes Buch im Hintergrund auf dem Regal, der Mann liest jedoch die Zeitung und unterhält die Familie durch Vorlesen der Nachrichten.

Lutte contre la Mortalité Infantile dans le Nord. (Aus: André Bur-
guière u. a., Geschichte der Familie, Bd. 4: 20. Jahrhundert, S. 37.)

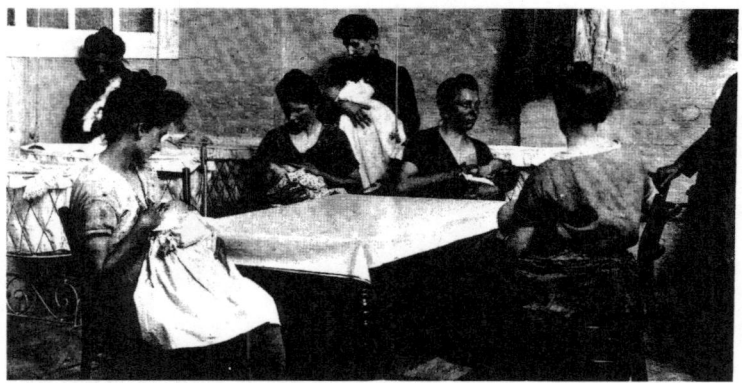

Der drastische Geburtenrückgang in Frankreich im 19. Jahrhundert
führte zu einem intensiven Kampf gegen Kindersterblichkeit und zur
Unterstützung des Stillens durch die Mütter auch in Fabriken, die eigene
Stillräume einrichteten.

4. Literatur

Quelle 20
Tacitus – Dialog über die Redner. Übersetzung, Anmerkungen und Nachwort von Helmut Gugel, Stuttgart 1969, S. 29 f.

»Mögen auch euch eure Zustände bekannter sein: ich will über die Stadt und die ihr eigentümlichen, inneren Laster reden, die sich unserer Kinder sogleich bemächtigen und sich über die einzelnen Altersstufen hin aufhäufen, wenn ich zuvor wenige Worte über die Strenge und Zucht der Vorfahren bei der Erziehung und Heranbildung ihrer Kinder vorausgeschickt habe. Denn einst wurde eines jeden Sohn, von einer keuschen Mutter geboren, nicht im Kämmerlein einer gekauften Amme, sondern im Schoß und an der Brust seiner Mutter aufgezogen, deren besonderes Lob es war, das Haus zu schützen und den Kindern förderlich zu sein. Es wurde aber eine ältere Verwandte ausgewählt, deren erprobten und vortrefflichen Sitten die gesamte Nachkommenschaft derselben Familie anvertraut wurde; vor dieser war es unstatthaft zu sagen, was schändlich zu sagen, oder zu tun, was unehrenhaft zu tun erschien. Und nicht allein ihre Interessen und Beschäftigungen, sondern auch Erholung und Spiel der Kinder mäßigte sie durch eine gewisse Würde und Scheu. [...] Doch jetzt wird der neugeborene Säugling irgendeiner griechischen Magd überantwortet, der der eine oder andere aus der Menge der Sklaven beigegeben wird, meist der wertloseste und zu keinem ernsthaften Dienst geeignete. Mit deren Märchen und Greuelgeschichten werden die noch zarten und unerfahrenen Seelen sogleich erfüllt, und niemand im ganzen Haus kümmert sich darum, was er vor dem unmündigen jungen Herrn redet oder tut. Ja, nicht einmal die Eltern selbst gewöhnen die Kleinen an Rechtschaffenheit und gesittetes Benehmen, sondern an Übermut und Frechheit, wodurch allmählich Unverschämtheit eindringt und die Geringschätzung von Eigenem und Fremdem.«

5. Gerichtsakten

Quelle 21
Ehekonflikt in der Familie Laible in Stuttgart-Botnang, wegen der mangelnden Zuwendung der Stiefmutter zu ihrem Stiefsohn, 1779

Friedrich Laible beschwert sich beim Kirchenkonvent über seine Frau. Wenn er ihr sage, »sie solle ... sein Kind erster Ehe auch in acht nehmen, mit solchem beten, so thue sie es nicht.«

(Aus: A. Gestrich u. a., »Aufrührer, Rebellen, saubere Buben«. Alltag in Botnang. Geschichte eines Stuttgarter Stadtteils, Stuttgart 1994, S. 81.)

6. Verwaltungsakten

a) Historische Demographie

Quelle 22
Blatt aus einem württembergischen Familienregister, Familie des Johann Peter Buck aus Hülben, angelegt 1806.

Wir erfahren auf diese Weise, wie groß die Zahl der Kinder pro Familie und wie hoch die Sterblichkeit sowohl der Kinder wie der Mütter war. Im Fall der Familie Buck hatte der Mann drei Frauen, die zweite starb im Kindbett, die dritte Frau überlebte ihren Mann und verheiratete sich an einen anderen Ort. Aus den ersten beiden Ehen gingen zehn Kinder hervor. Die erste Frau hatte drei Fehlgeburten hintereinander. Die Geburtenabstände sind daher nur sehr kurz (1 Jahr, normalerweise 2 Jahre). Von den 7 Kindern aus der zweiten Ehe verstarben fünf im Säuglings- oder Kleinkindalter. Die dritte Frau hatte eine uneheliche Tochter, die aber schon vor der Eheschließung verstorben war. Man sieht hier drastisch, in welchem Maß bereits kleine Kinder und auch ihre Eltern mit der Möglichkeit eines frühen Todes konfrontiert waren.
Über die Angaben des Heiratsalters können wir ebenfalls eine sozialisationsgeschichtlich wichtige Zäsur fassen, den Zeitpunkt der Eheschließung. Sie markierte bis in dieses Jahrhundert hinein das Ende der Jugend und die Erlangung der vollen Selbständigkeit. In diesem Fall heiratete der Mann relativ jung, mit 25 Jahren, während seine erste Frau bei der Hochzeit bereits 31 Jahre alt war.

*Schriftenreihe »Deutsche Ortssippenbücher«, Reihe B, Bd. 27: Welsch-
billig, hg. v. E. Lichter, Trier 1983, S. 1*

In der Zeit des Nationalsozialismus wurden für viele Orte die genealogi-
schen Angaben aus den Kirchenbüchern zusammengetragen zu sogenannten Ortssippenbüchern. Sie sind heute für die demographische Forschung ein außerordentlich wichtiges und zeitersparendes Hilfsmittel
und werden von Genealogen fortgesetzt.

b) Schulvisitationen

Quelle 24

*Schülerschriftprobe (Diktat zur Schulvisitation) des Johannes Jehle
aus Walddorf bei Tübingen, geb. den 13. May 1804*

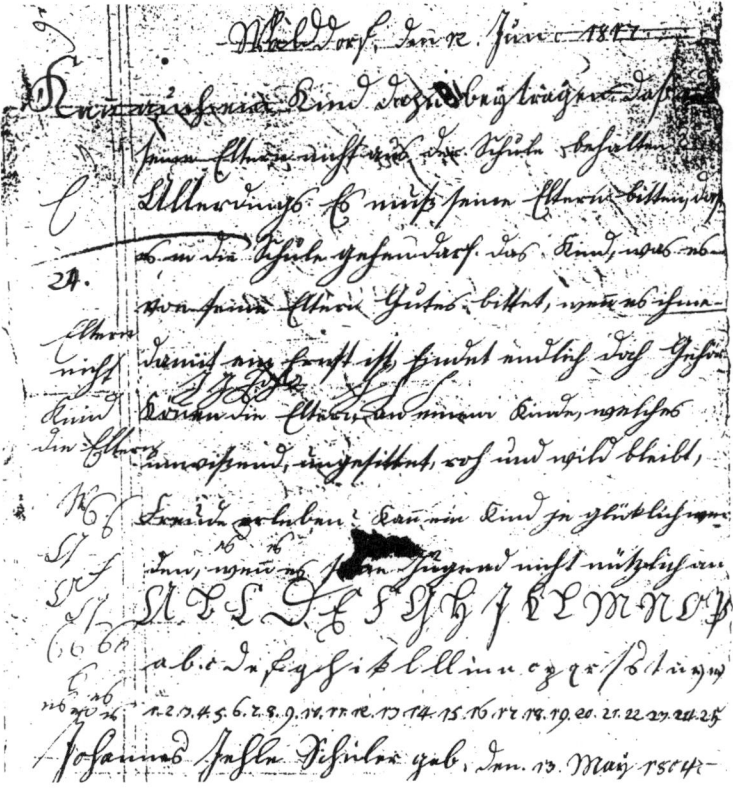

»Walddorf, den 12. Juni 1817.

Kann auch ein Kind dazu beytragen, daß es seine Eltern nicht aus der Schule behalten? Allerdings. Es muß seine Eltern bitten, daß es in die Schule gehen darf. Das Kind, was es von seinen Eltern Gutes bittet, wenn es ihme damit Ernst ist, findet endlich doch Gehör. Können die Eltern an einem Kinde, welches unwißend, ungesittet, roh und wild bleibt, Freude erleben? Kann ein Kind je glücklich werden, wenn es seine Jugend nicht nützlich an ABCDEFGHJ ......«

(Aus: Gemeindearchiv Walddorf, Rechnungen, R 281, Fasz.: Joh. u. Jak. Hörz, Pflegschaftsrechnungen, 12. 6. 1817.)

c) Waisenfürsorge

Quelle 25
Aus einem Brief des J. J. Herrmann aus Walddorf bei Tübingen an seinen Pfleger mit der Bitte um die Zusendung von Geld (1881)

»Ich möchte nun wissen, was das ist, daß nie auf mein verlangen das Geld nicht geschickt wird, was meint Ihr denn daß ich umschonst schreibe. Ich bin jetzt 21 Jahre alt u. da will ich sehen, wer Herr über mein sach ist. Ich frage nur ob Ihr mir 40 Mark schicken wollt oder nicht. wenn Ihr mir es nicht schick dann werde Ich meinen Koffer samt den Kleidern verkaufen u. werde der Heimath zu (wandern, AG) dann werde ich den ganzen Winter durch nichts mehr thun ...«

(Aus: Gemeindearchiv Walddorf, Rechnungen, R 280, Fasz.: Joh. Jak. Herrmann, geb. 1860.)

Quelle 26
Heimweh Friedrich Gaisers, Schneider, und seiner Frau nach ihrem Pflegekind

»Es erscheint Jakob Friedrich Gaiser, Schneider, und bringt vor: Ich habe diesen Sommer gebeten, daß mir entweder das Kostgeld für das zwei Jahre alte Kind der Anna Maria Schwarz erhöht, oder aber das Kind abgenommen wird. Da der Kirchenkonvent ein größeres Kostgeld nicht bewilligen wollte, so wurde mir das Kind abgenommen und der Vernerschen? Anstalt hier übergeben. Nun haben aber wir beide, mein Weib und ich, ein solches Heimweh nach dem Kind, daß wir bitten, es uns wieder zu überlassen, und wenn auch das Kostgeld etwas herabgesetzt werden sollte.

Beschluß: Da man sich erst kürzlich alle Mühe habe geben müssen, das Kind in die Vernersche? Anstalt zu bringen und dasselbe zudem dort besser aufgehoben sei, als bei Gaiser, dessen Frau dasselbe verhätschelt habe, auf das Gaisersche Gesuch nicht einzugehen.«

(Pfarrarchiv Walddorf, Kirchenkonventsprotokoll. 1830–63, S. 537, 24. Okt. 1862.)

d) Testamente

Quelle 27
Enterbung eines ungehorsamen Sohns in Walddorf bei Tübingen (1866)

»Unser einziger Sohn und einziges Kind, Johannes Stoll, welcher fortwährend ungehorsam gegen uns gewesen ist, uns öfters thätlich mißhandelt und grobe Drohungen gegen uns ausgestossen hat, und endlich ganz gegen unseren Willen mit einem Mädchen, mit dem er gegen unsere Ermahnungen und Warnungen sich in ein Verhältnis eingelassen hat, nach Amerika gereist ist, enterben wir hiermit ausdrücklich, derart, daß er auf Ableben des einen von uns kein Theilungsverlangen und nicht auf Ausscheidung eines Vater oder Mutterguts antragen kann ...«

(Aus: Gemeindearchiv Walddorf, Akten, A 80, Nr. 272, Eventualteilung d. Johannes Stoll, Schreiner, Inventuren u. Teilungen 1866–67.)

V. Bibliographie

1. Spezialbibliographien

1. ALDOUS, Joan/HILL, Reuben (Hg.), International Bibliography of Research in Marriage and the Family 1900–1964, Minneapolis ²1969.
2. BRITISH EDUCATION INDEX, 1954/58 (1961) ff.
3. CURRENT INDEX TO JOURNALS IN EDUCATION, 1969 ff.
4. DANIEL, Ute, Bibliographie zur Sozialgeschichte der Frauen 1800 bis 1914, in: WALTER, Eva (Hg.), Schrieb oft, von Mägde Arbeit müde, Düsseldorf 1985, S. 247–278.
5. FREY, Linda/FREY, Marsha/SCHNEIDER, Joanne, Women in Western European History: A Select Chronological, Geographical, and Topical Bibliography, New York 1986.
6. HEINRITZ, Charlotte, BIOLIT – Literaturübersicht aus der Biographieforschung und der Oral History 1978–1988, in: BIOS 1 (1988), H. 1, S. 121–167 u. H. 2, S. 103–138.
7. HERRMANN, Ulrich/RENFTLE, Susanne/ROTH, Lutz, Bibliographie zur Geschichte der Kindheit, Jugend und Familie, München 1980.
8. KRAUSE, Jens-Uwe, Die Familie und weitere anthropologische Grundlagen. Unter Mitwirkung von Bertram Eisenhauer, Konstanze Szelényi und Susanne Tschirner, Stuttgart 1992 (Bibliographie zur römischen Sozialgeschichte 1).
9. SAGARRA, Eda, Quellenbibliographie autobiographischer Schriften von Frauen im Deutschen Kulturraum 1730–1918, in: Internationales Archiv für Sozialgeschichte der deutschen Literatur 11 (1986), S. 175–231.
10. SOLIDAY, Gerald Lyman u. a. (ed.), History of the Family and Kinship: a Select International Bibliography, New York 1980.
11. WEHLER, Hans-Ulrich, Bibliographie zur neueren deutschen Sozialgeschichte, München 1993.

2. Zeitschriften

12. BIOS. Zeitschrift für Biographieforschung und Oral History, 1988 ff.
13. HANDLUNG-KULTUR-INTERPRETATION. Bulletin für Psychologie und Nachbardisziplinen, 1992–1998. Fortgesetzt unter dem Titel: HANDLUNG-KULTUR-INTERPRETATION. Zeitschrift für Sozial- und Kulturwissenschaft, 1999 ff.
14. HISTORISCHE ANTHROPOLOGIE. Kultur, Gesellschaft, Alltag, 1993 ff.
15. JAHRBUCH FÜR HISTORISCHE BILDUNGSFORSCHUNG, 1993 ff.
16. JOURNAL OF FAMILY HISTORY. Studies in family, kinship and demography, 1976 ff.

17. L'HOMME. Zeitschrift für feministische Geschichtswissenschaft, 1989 ff.
18. PAEDAGOGICA HISTORICA. International Journal of the History of Education, 1961 ff.
19. PARAGRANA. Internationale Zeitschrift für historische Anthropologie, 1992 ff.
20. PSYCHE. Zeitschrift für Psychoanalyse und ihre Anwendungen, 1947/48 ff.
21. ZEITSCHRIFT FÜR PÄDAGOGIK, 1955 ff.
22. ZEITSCHRIFT FÜR SOZIALISATIONSFORSCHUNG UND ERZIE-HUNGSSOZIOLOGIE, 1981–1997. Fortgesetzt unter dem Titel: ZEIT-SCHRIFT FÜR SOZIOLOGIE DER ERZIEHUNG UND SOZIALISA-TION, 1998 ff.

3. Lexika u. Nachschlagewerke

23. BRUNNER, Otto/CONZE, Werner/KOSELLECK, Reinhart (Hg.), Ge-schichtliche Grundbegriffe. Historisches Lexikon zur politisch-sozialen Sprache in Deutschland, 8 Bde., Stuttgart 1972–1997.
24. FUCHS, Werner u. a., Lexikon zur Soziologie, 2 Bde., Reinbek 1975.
25. GROOTHOFF, Hans-Hermann (Hg.), Fischer Lexikon Pädagogik, Frankfurt a. M. 1964 und Neuausgabe Frankfurt a. M. 1974.
26. LENZEN, Dieter (Hg.): Enzyklopädie der Erziehungswissenschaft. Handbuch und Lexikon der Erziehung in 11 Bänden und einem Regi-sterband, Stuttgart 1983–1986.
27. SANDKÜHLER, Hans Jörg, Europäische Enzyklopädie zu Philosophie und Wissenschaften, 4 Bde., Hamburg 1990.
28. WULF, Christoph (Hg.), Wörterbuch der Erziehung, München 1974.

4. Handbücher

29. BERG, Christa u. a., Handbuch der deutschen Bildungsgeschichte, 6 Bde., München 1987–1998: Bd. 1: HAMMERSTEIN, Notker/BUCK, August (Hg.), 15. bis 17. Jahrhundert. Von der Renaissance und der Reformation bis zum Ende der Glaubenskämpfe, München 1996; Bd. 3: JEISMANN, Karl-Ernst/LUNDGREEN, Peter (Hg.), 1800–1870. Von der Neuordnung Deutschlands bis zur Gründung des Deutschen Rei-ches, München 1987; Bd. 4: BERG, Christa (Hg.): 1870–1918. Von der Reichsgründung bis zum Ersten Weltkrieg, München 1991; Bd. 5: LAN-GEWIESCHE, Dieter/TENORTH, Heinz-Elmar (Hg.), 1918–1945. Die Weimarer Republik und die nationalsozialistische Diktatur, München 1989; Bd. 6,1: FÜHR, Christoph/FURCK, Carl-Ludwig (Hg.): Bundes-republik Deutschland, München 1998; Bd. 6,2: FÜHR, Christoph/FURCK, Carl-Ludwig (Hg.), Deutsche Demokratische Republik und neue Bundesländer, München 1998.

30. BURGUIÈRE, André u. a. (Hg.), Geschichte der Familie, 4 Bde., Frankfurt a. M./New York 1997.

31. HURRELMANN, Klaus/ULICH, Dieter (Hg.), Handbuch der Sozialisationsforschung, Weinheim/Basel 1980.

32. HURRELMANN, Klaus/ULICH, Dieter (Hg.), Neues Handbuch der Sozialisationsforschung, 4. völlig neu bearbeitete Aufl., Weinheim/Basel 1991.

33. KLEINAU, Elke/OPITZ, Claudia (Hg.), Geschichte der Mädchen- und Frauenbildung, 2 Bde., Frankfurt a. M. 1996.

34. KÖNIG, René (Hg.), Handbuch der empirischen Sozialforschung, 14 Bde., Stuttgart 1973–1979.

35. KRÜGER, Heinz-Hermann (Hg.), Handbuch der Jugendforschung, 2. erw. u. aktualisierte Aufl., Opladen 1993.

5. Quelleneditionen

36. ALLGEMEINES LANDRECHT für die Preußischen Staaten von 1794. Textausgabe mit einer Einführung von Hans Hattenhauer, Frankfurt a. M. 1970.

37. BREMNER, Robert H. (ed.), Children and Youth in America. A Documentary History, 5 Bde., Cambridge/Mass. 1970–1974.

38. DÜLMEN, Andrea van (Hg.), Frauenleben im 18. Jahrhundert, München 1992.

39. FERTIG, Ludwig (Hg.), Bildungsgang und Lebensplan. Briefe über Erziehung von 1750 bis 1900, Darmstadt 1991.

40. GARIN, Eugenio, Geschichte und Dokumente der abendländischen Pädagogik, 3 Bde., Reinbek bei Hamburg 1964–1967.

41. HÄNTZSCHEL, Günter (Hg.), Bildung und Kultur bürgerlicher Frauen 1850–1918. Eine Quellendokumentation aus Anstandsbüchern und Lebenshilfen für Mädchen und Frauen als Beitrag zur weiblichen literarischen Sozialisation, Tübingen 1986.

42. HARDACH-PINKE, Irene/HARDACH, Gerd (Hg.), Deutsche Kindheiten, 1700–1900. Autobiographische Zeugnisse, Kronberg/Ts. 1978.

43. HARDACH-PINKE, Irene, Kinderalltag. Aspekte von Kontinuität und Wandel der Kindheit in autobiographischen Zeugnissen 1700 bis 1800, Frankfurt a. M./New York 1981.

44. KLINKHARDT'S PÄDAGOGISCHE QUELLENTEXTE, Bad Heilbrunn 1920 ff.

45. KÖNNEKER, Marie-Luise (Hg.), Kinderschaukel. Ein Lesebuch zur Geschichte der Kindheit in Deutschland, 2 Bde., Darmstadt/Neuwied 1976.

46. KÖNNEKER, Marie-Luise, Mädchenjahre. Ihre Geschichte in Bildern und Texten, Darmstadt/Neuwied 1978.

47. MEYER, Christian, Ausgewählte Selbstbiographien aus dem XV. bis XVIII. Jahrhundert, Leipzig 1897.

48. MONUMENTA GERMANIAE PAEDAGOGICA. Schulordnungen,

Schulbücher und pädagogische Miscellaneen aus den Ländern deutscher Zunge. Hg. von der Gesellschaft für Deutsche Erziehungs- und Schulgeschichte, Berlin 1886 ff.

49. MÜNCH, Paul, Ordnung, Fleiß und Sparsamkeit. Texte und Dokumente zur Entstehung der »bürgerlichen Tugenden«, München 1984.

50. RUTSCHKY, Katharina (Hg.), Schwarze Pädagogik. Quellen zur Naturgeschichte der bürgerlichen Erziehung, Frankfurt a. M. 1977.

51. RUTSCHKY, Katharina, Deutsche Kinderchronik. Wunsch- und Schreckensbilder aus vier Jahrhunderten, Köln 1983.

52. RUTSCHKY, Katharina, Deutsche Schul-Chronik. Lernen und Erziehen in vier Jahrhunderten, Köln 1987.

53. SCHLUMBOHM, Jürgen, Kinderstuben. Wie Kinder zu Bauern, Bürgern, Aristokraten wurden, 1700–1850, München 1983.

54. SHELTON, Jo-Ann, As the Romans Did. A Source Book in Roman Social History, New York/Oxford 1988.

6. Sekundärliteratur

1. Sozialisationstheorie

55. BAUMGART, Franzjörg (Hg.), Theorien der Sozialisation. Erläuterungen – Texte – Arbeitsaufgaben, Bad Heilbrunn 1997.

56. BERNFELD, Siegfried, Über die einfache männliche Pubertät (1935), in: [476]: BERNFELD, S. 308–328.

57. BERNSTEIN, Basil, Studien zur sprachlichen Sozialisation, Düsseldorf 1972.

58. BOSZORMENYI-NAGY, Ivan/SPARK, Geraldine M., Unsichtbare Bindungen. Die Dynamik familiärer Systeme (1973), Stuttgart 1983.

59. CLAUSEN, John A., A historical and comparative view of socialization theory and research, in: ders. (ed.), Socialization and society, Boston 1968, S. 18–72.

60. DURKHEIM, Émile, Education et Sociologie, Paris 1973.

61. DURKHEIM, Émile, Erziehung und Soziologie (1907), Düsseldorf 1972.

62. DURKHEIM, Émile, Erziehung, Moral und Gesellschaft. Vorlesung an der Sorbonne 1902/1903. Neuwied 1973.

63. FILSINGER, Erik E. (ed.), Biosocial Perspectives on the Family, Newbury Park u. a. 1988.

64. FOPPA, Klaus, Lernen, Gedächtnis, Verhalten. Ergebnisse und Probleme der Lernpsychologie, Köln/Berlin 1965.

65. GEULEN, Dieter, Das vergesellschaftete Subjekt. Zugrundelegung der Sozialisationstheorie (1977), Frankfurt a. M. 1989.

66. GEULEN, Dieter, Die historische Entwicklung sozialisationstheoretischer Paradigmen, in: [31] HURRELMANN/ULICH, S. 15–49.

67. GEULEN, Dieter, Die historische Entwicklung sozialisationstheoretischer Ansätze, in: [32] HURRELMANN/ULICH, S. 21–54.

68. HABERMAS, Jürgen, Theorie des kommunikativen Handelns, Bd. 2: Zur Kritik der funktionalistischen Vernunft, 3. durchges. Aufl., Frankfurt a. M. 1985.

69. HURRELMANN, Klaus, Das Modell des produktiv realitätsverarbeitenden Subjekts in der Sozialisationsforschung, in: Zeitschrift für Sozialisationsforschung und Erziehungssoziologie 3 (1983), S. 91–104.

70. HURRELMANN, Klaus, Einführung in die Sozialisationstheorie. Über den Zusammenhang von Sozialstruktur und Persönlichkeit, 5. überarb. u. erg. Aufl., Weinheim/Basel 1995.

71. JAMES, Allison, Talking of Children and Youth. Language, Socialization and Culture, in: [473] AMIT-TALAI/WULFF, S. 43–62.

72. JOAS, Hans (Hg.), Das Problem der Intersubjektivität. Neuere Beiträge zum Werk George Herbert Meads, Frankfurt a. M. 1985.

73. JOAS, Hans, Einleitung. Neuere Beiträge zum Werk George Herbert Meads, in: [72] JOAS, S. 7–25.

74. JUNG, Heinz, Art. ›Vergesellschaftung‹, in: [27] SANDKÜHLER, Bd. 4, S. 694–698.

75. KAMPER, Dietmar, Art. ›Sozialisation‹, in: [28] WULF, S. 540–546.

76. KOHLBERG, Lawrence E., Zur kognitiven Entwicklung des Kindes, Frankfurt a. M. 1974.

77. KRAPPMANN, Lothar, Mead und die Sozialisationsforschung, in: [72] JOAS, S. 156–178.

78. KRAPPMANN, Lothar, Sozialisation in der Gruppe der Gleichaltrigen, in: [32] HURRELMANN/ULICH, S. 354–375.

79. LORENZER, Alfred, Zur Begründung einer materialistischen Sozialisationstheorie, Frankfurt a. M. 1972.

80. MARCUSE, Herbert, Triebstruktur und Gesellschaft. Ein philosophischer Beitrag zu Sigmund Freud (1955), Frankfurt a. M. 1968.

81. MARX, Karl, Thesen über Feuerbach (1845), in: Marx, Karl/Engels, Friedrich, Werke (MEW), Bd. 3, Berlin 1969, S. 5–7.

82. MEAD, George Herbert, Geist, Identität und Gesellschaft (1934), Frankfurt a. M. 1968.

83. MÜHLBAUER, Karl-Reinhold, Sozialisation. Eine Einführung in Theorie und Modelle, München 1980.

84. MÜHLFELD, Claus, Sprache und Sozialisation, Hamburg 1975.

85. PARSONS, Talcott, Sozialstruktur und Persönlichkeit, Frankfurt a. M. 1981.

86. PIAGET, Jean/INHELDER, Bärbel, Die Psychologie des Kindes (1966), Olpen/Freiburg i. Br. 1972.

87. PIAGET, Jean, Psychologie der Intelligenz, Olten 1972.

88. TILLMANN, Klaus-Jürgen, Sozialisationstheorien. Eine Einführung in den Zusammenhang von Gesellschaft, Institution und Subjektwerdung, Reinbek 1989.

89. TROOST, Kay Michael, Sociobiology and the Family. Promise versus Product, in: [63] FILSINGER, S. 188–205.

90. ULICH, Dieter, Lern- und Verhaltenstheorien in der Sozialisationsforschung, in: [31] HURRELMANN/ULICH, S. 71–99.

91. VEITH, Hermann, Theorien der Sozialisation. Zur Rekonstruktion des modernen sozialisationstheoretischen Denkens, Frankfurt a. M. 1996.
92. WALTER, Heinz (Hg.), Sozialisationsforschung, Bd. I: Erwartungen, Probleme, Theorieschwerpunkte, Stuttgart–Bad Cannstatt 1973.

2. Culture and Personality-Forschung, Ethnopsychoanalyse, interkulturelle Sozialisationsforschung

93. BARNOUW, Victor, Culture and personality, Homewood/Ill. 1963.
94. ERDHEIM, Mario, Die gesellschaftliche Produktion von Unbewußtheit. Eine Einführung in den ethnopsychoanalytischen Prozeß, Frankfurt a. M. 1982.
95. KAPLAN, Bert (ed.), Studying Personality Cross-Culturally, New York/Evanston/London 1961.
96. LeVINE, Robert, Culture, Behaviour, and Personality, Chicago 1973.
97. MEAD, Margaret, Leben in der Südsee. Jugend und Sexualität in primitiven Gesellschaften, München 1965.
98. MÜLLER, Klaus E. (Hg.), Ethnopädagogik. Sozialisation und Erziehung in traditionellen Gesellschaften. Eine Einführung, Berlin 1992.
99. SINGER, Milton: A Survey of Culture and Personality Theory and Research, in: [95] KAPLAN, S. 9–90.
100. SPENCER, Paul (ed.), Anthropology and the Riddle of the Sphinx. Paradoxes of Change in the Life Course, London/New York 1990.
101. SPENCER, Paul, The Riddled Course: Theories of Age and its Transformations, in: [100] SPENCER, S. 1–34.

3. Historische Pädagogik, Schul- und Bildungsgeschichte

102. ADORNO, Theodor W., Theorie der Halbbildung, in: Horkheimer, Max/Adorno, Theodor, Sociologica II: Reden und Vorträge, Frankfurt a. M. 1962 (Frankfurter Beiträge zur Soziologie, Bd. 10), S. 168–192.
103. AUERNHEIMER, Georg, Art. ›Erzieher-Erziehung-Erziehungsmittel-Erziehungstheorie‹, in: [28] WULF, S. 187–191.
104. BALLAUF, Theodor/SCHALLER, Klaus, Pädagogik. Eine Geschichte der Bildung und Erziehung, 3 Bde., Freiburg/München 1969–1973.
105. BENNER, Dietrich, Wilhelm von Humboldts Bildungstheorie. Eine problemgeschichtliche Studie zum Begründungszusammenhang neuzeitlicher Bildungsreform, 2. überarb. Aufl., Weinheim/München 1995.
106. BLANKERTZ, Herwig, Art. ›Bildung – Bildungstheorie‹, in: [28] WULF, S. 65–69.
107. BLANKERTZ, Herwig, Bildung im Zeitalter der großen Industrie, Hannover 1969.
108. FURRER, Max/HOFSTETTER, Rita (Hg.), Denkmal Pestalozzi, Fribourg 1995 (Schweizerische Zeitschrift für Erziehungswissenschaft, Beih. 1).

109. GROOTHOFF, Hans-Hermann, Art. ›Pädagogik‹, in: [25] GROOT-HOFF, S. 191–214.

110. GROOTHOFF, Hans-Hermann, Art. ›Bildung‹, in: [25] GROOTHOFF, S. 34–45.

111. GROOTHOFF, Hans-Hermann, Art. ›Erziehung‹, in: [25] GROOT-HOFF, S. 72–79.

112. HERRMANN, Ulrich (Hg.), »Das pädagogische Jahrhundert«, Weinheim/Basel 1981.

113. HERRMANN, Ulrich (Hg.), »Die Bildung des Bürgers«, Weinheim/Basel 1982.

114. HERRMANN, Ulrich (Hg.), Schule und Gesellschaft im 19. Jahrhundert. Sozialgeschichte der Schule im Übergang zur Industriegesellschaft, Weinheim/Basel 1977.

115. HERRMANN, Ulrich, Historische Bildungsforschung und Sozialgeschichte der Bildung, Weinheim 1991.

116. HERRMANN, Ulrich, Historische Sozialisationsforschung. Fragestellungen, Ansätze, Ergebnisse (1990), in: [115] HERRMANN, S. 73–104.

117. HERRMANN, Ulrich, Historisch-systematische Dimensionen der Erziehungswissenschaft (1974), in: [115] HERRMANN, S. 67–71.

118. HERRMANN, Ulrich, Pädagogik und geschichtliches Denken, in: [115] HERRMANN, S. 21–66.

119. HERRMANN, Ulrich, Probleme einer erziehungswissenschaftlichen Historik (1975), in: [115] HERRMANN, S. 11–20.

120. HERRMANN, Ulrich, Probleme und Aspekte historischer Ansätze in der Sozialisationsforschung, in: [31] HURRELMANN/ULICH, S. 227 bis 252.

121. HEYDORN, Hans Joachim, Über den Widerspruch von Bildung und Herrschaft, Frankfurt a. M. 1970.

122. HEYDORN, Hans Joachim, Zu einer Neufassung des Bildungbegriffs, Frankfurt a. M. 1972.

123. HUMBOLDT, Wilhelm von, Ideen zu einem Versuch die Gränzen der Wirksamkeit des Staats zu bestimmen (1792), Akademie-Ausgabe, Bd. 1 (1903), S. 97–254.

124. KRAUSE–VILMAR, Dietfrid, Materialien zur Sozialgeschichte der Erziehung, in: ZfPäd 18 (1972), S. 357–372.

125. KUHLEMANN, Frank-Michael, Modernisierung und Disziplinierung. Sozialgeschichte des preußischen Volksschulwesens 1794–1872, Göttingen 1992 (Kritische Studien zur Geschichtswissenschaft, Bd. 96).

126. KÜHLMANN, Wilhelm, Pädagogische Konzeptionen, in: [29, Bd. 1] HAMMERSTEIN/BUCK, S. 153–196.

127. LUNDGREEN, Peter, Sozialgeschichte der deutschen Schule im Überblick, 2 Bde., Göttingen 1980–1981.

128. MACHA, Hildegard/ROTH, Hans-Joachim (Hg.), Bildungs- und Erziehungsgeschichte im 20. Jahrhundert. FS Heinrich Kanz, Frankfurt a. M. u. a. 1992, S. 139–160.

129. NYSSEN, Friedhelm, Das Sozialisationskonzept der Stiehlschen Regulative und sein historischer Hintergrund. Zur historisch-materialisti-

schen Analyse der Schulpolitik in den fünfziger und sechziger Jahren des 19. Jahrhunderts, in: Aumüller, Ursula u. a., Schule und Staat im 18. und 19. Jahrhundert. Zur Sozialgeschichte der Schule in Deutschland, Frankfurt a. M. 1974, S. 292–322.

130. PAULSEN, Friedrich, Geschichte des gelehrten Unterrichts (1885), Ndr. Berlin 1965.

131. RAUHUT, Franz/SCHAARSCHMIDT, Ilse, Beiträge zur Geschichte des Bildungsbegriffs, Weinheim 1965.

132. ROTH, Heinrich, Die realistische Wendung in der pädagogischen Forschung, in: Neue Sammlung 2 (1962), S. 481–490.

133. SNYDERS, Georges, Die große Wende der Pädagogik. Die Entdeckung des Kindes und die Revolution der Erziehung im 17. und 18. Jahrhundert in Frankreich, Paderborn 1971.

134. TENORTH, Heinz-Elmar, Geschichte der Erziehung. Einführung in die Grundzüge ihrer neuzeitlichen Entwicklung, Weinheim 1988.

135. ULICH, Klaus, Schulische Sozialisation, in: [31] HURRELMANN/ULICH, S. 469–498.

136. VIERHAUS, Rudolf, Art. ›Bildung‹, in: [23] BRUNNER/CONZE/KOSELLECK, Bd. 1, S. 508–551.

137. WEIL, Hans, Die Entstehung des deutschen Bildungsprinzips, 2. Aufl., Bonn 1967.

4. Biographie- und Lebenslaufforschung

138. BECK, Ulrich/BECK-GERNSHEIM, Elisabeth (Hg.), Riskante Freiheiten. Individualisierung in modernen Gesellschaften, Frankfurt a. M. 1994.

139. BECK-GERNSHEIM, Elisabeth, Vom »Dasein für andere« zum Anspruch auf ein Stück »eigenes Leben« – Individualisierungsprozesse im weiblichen Lebenszusammenhang, in: Soziale Welt 34 (1983), S. 307 bis 340.

140. BOURDIEU, Pierre, L'illusion biographique, in: Actes de la recherche en sciences sociales 62/63 (1986), S. 69–72.

141. BROSE, Hanns-Georg/HILDENBRAND, Bruno (Hg.), Vom Ende des Individuums zur Individualität ohne Ende, Opladen 1988 (Biographie und Gesellschaft, Bd. 4).

142. BUDE, Heinz, Lebenskonstruktionen als Gegenstand der Biographieforschung, in: [154] JÜTTEMANN/THOMAE, S. 247–258.

143. BUDE, Heinz, Text und soziale Realität. Zu der von Oevermann formulierten Konzeption einer »objektiven Hermeneutik«, in: Zeitschrift für Sozialisationsforschung und Erziehungssoziologie 2 (1982), S. 134–143.

144. DROYSEN, Johann Gustav, Historik. Vorlesungen über Enzyklopädie und Methodologie der Geschichte. Hg. v. Rudolf Hübner, München 1937.

145. EYBEN, Emiel, Die Einteilung des menschlichen Lebens im römischen Altertum, in: Rheinisches Museum 116 (1973), S. 150–190.

146. FUCHS, Werner, Biographische Forschung. Eine Einführung in Praxis und Methoden, Opladen 1984.

147. FUCHS-HEINRITZ, Werner, Soziologische Biographieforschung: Überblick und Verhältnis zur Allgemeinen Soziologie, in: [154] JÜTTEMANN/THOMAE, S. 3–23.

148. GEISSLER, Birgit/OECHSLE, Mechthild, Lebensplanung als Konstruktion: Biographische Dilemata und Lebenslauf-Entwürfe junger Frauen, in: [138] BECK/BECK-GERNSHEIM, S. 139–167.

149. GESTRICH, Andreas, Einleitung, in: ders. u. a. (Hg.), Biographie – sozialgeschichtlich. Sieben Beiträge, Göttingen 1988, S. 5–28.

150. HEINRITZ, Charlotte/RAMMSTEDT, Angela, Biographieforschung in Frankreich, in: BIOS 2 (1989), S. 255–300.

151. HERRMANN, Ulrich, Biographische Konstruktionen und das gelebte Leben. Prolegomena zu einer Biographie- und Lebenslaufforschung in pädagogischer Absicht, in: [115] HERRMANN, S. 301–317.

152. HURRELMANN, Klaus (Hg.), Sozialisation und Lebenslauf. Empirie und Methodik sozialwissenschaftlicher Persönlichkeitsforschung, Reinbek 1976.

153. JUNG, Thomas/MÜLLER-DOOHM, Stefan (Hg.), »Wirklichkeit« im Deutungsprozeß. Verstehen und Methoden in den Kultur- und Sozialwissenschaften, Frankfurt a. M. 1993.

154. JÜTTEMANN, Gerd/THOMAE, Hans (Hg.), Biographische Methoden in den Humanwissenschaften, Weinheim 1998.

155. KECK, Rudolf W./WIERSING, Erhard (Hg.), Vormoderne Lebensläufe – erziehungshistorisch betrachtet, Köln/Weimar/Wien 1994 (Beiträge zur historischen Kulturforschung, Bd. 12).

156. KOHLI, Martin, »Von uns selber schweigen wir«. Wissenschaftsgeschichte aus Lebensgeschichten, in: Lepenies, Wolf (Hg.), Geschichte der Soziologie, Bd. 1, Frankfurt a. M. 1981, S. 428–465.

157. KOHLI, Martin, Normalbiographie und Individualität: Zur institutionellen Dynamik des gegenwärtigen Lebenslaufregimes, in: [141] BROSE/HILDENBRAND, S. 33–54.

158. KOHLI, Martin, Wie es zur »biographischen Methode« kam und was daraus geworden ist. Ein Kapitel aus der Geschichte der Sozialforschung, in: Zeitschrift für Soziologie, Jg. 10/3 (1981), S. 273–293.

159. KÖNIG, Dieter, Die Methode der tiefenhermeneutischen Kultursoziologie, in: [153] JUNG/MÜLLER-DOOHM, S. 190–222.

160. LORENZER, Alfred, Tiefenhermeneutische Kulturanalyse, in: ders. (Hg.), Kultur-Analysen. Psychoanalytische Studien zur Kultur, Frankfurt a. M. 1986, S. 11–98.

161. MAURER, Michael, Die Biographie des Bürgers. Lebensformen und Denkweisen in der formativen Phase des deutschen Bürgertums (1680 bis 1815), Göttingen 1996 (Veröffentlichungen des Max-Planck-Instituts für Geschichte, Bd. 127).

162. MISCH, Georg, Geschichte der Autobiographie, Bd. 3: Das Mittelalter, Teil 2: Das Hochmittelalter im Anfang, 2 Bde., Frankfurt a. M. 1959 bis 1962.

163. OEVERMANN, Ulrich u. a., Beobachtungen zur Struktur der sozialisatorischen Interaktion. Theoretische und methodologische Fragen der Sozialisationsforschung, in: Auwärter, Manfred/Kirsch, Edit/Schröter, Klaus, Seminar: Kommunikation, Interaktion, Identität, Frankfurt a. M. 1976, S. 371–403.

164. OEVERMANN, Ulrich, Die objektive Hermeneutik als unverzichtbar methodologische Grundlage für die Analyse von Subjektivität. Zugleich eine Kritik der Tiefenhermeneutik, in: [153] JUNG/MÜLLERDOOHM, S. 106–189.

165. OEVERMANN, Ulrich, Zur Sache. Die Bedeutung von Adornos methodologischem Selbstverständnis für die Begründung einer materialen soziologischen Strukturanalyse, in: Friedeburg, Ludwig von/Habermas, Jürgen (Hg.), Adorno-Konferenz, Frankfurt 1983, S. 234 bis 292.

166. OHLY, H. Peter/LEGNARO, Aldo, Analyse von Lebensverläufen. Biographieforschung – Kohortenanalyse – Life-Event-Daten. Forschungs- und Literaturdokumentation 1984–1986, Bonn 1987.

167. OSTNER, Ilona, Scheu vor der Zahl? Die qualitative Erforschung von Lebenslauf und Biographie als Element einer feministischen Wissenschaft, in: [174] VOGES, S. 103–124.

168. REICHERTZ, Jo, Probleme qualitativer Sozialforschung. Zur Entwicklungsgeschichte der Objektiven Hermeneutik, Frankfurt a. M. 1986.

169. RÖCKELEIN, Hedwig, Hochmittelalterliche Autobiographien als Zeugnisse des Lebenslaufs und der Reflexion über Erziehung. Das Beispiel Otlohs von St. Emmeram und Guiberts von Nogent, in: [155] KECK/WIERSING, S. 151–186.

170. RÖCKELEIN, Hedwig (Hg.), Biographie als Geschichte, Tübingen 1993 (Forum Psychohistorie, Bd. 1).

171. SCHULZE, Winfried, Ego-Dokumente: Annäherung an den Menschen in der Geschichte?, in: ders., Ego-Dokumente. Annäherung an den Menschen in der Geschichte, Berlin 1996 (Selbstzeugnisse der Neuzeit 2), S. 11–30.

172. SZCZEPANSKI, Jan, Die biographische Methode, in: [34] KÖNIG, Bd. 4, S. 226–252.

173. THOMAS, William Isaac/ZNANIECKI, Florian, The Polish Peasant in Europe and America, 2 Bde., New York ³1958.

174. VOGES, Wolfgang (Hg.), Methoden der Biographie und Lebenslaufforschung, Opladen 1987 (Biographie und Gesellschaft, Bd. 1).

175. WARNEKEN, Bernd Jürgen, Populare Autobiographik, Tübingen 1985.

5. Oral History

176. BRÜGGEMEIER, Franz-Josef/WIERLING, Dorothee, Einführung in die Oral History, 3 Kurs-einheiten, Hagen 1986.

177. DUNAWAY, David K./BAUM, Willa K. (eds.), Oral History. An Interdisciplinary Anthology, Walnut Creek u. a. ²1996.

178. FRIEDLANDER, Peter, Theory, Method and Oral History, in: [177] DUNAWAY/BAUM, S. 150–160.

179. HERBERT, Ulrich, »Die guten und die schlechten Zeiten«. Überlegungen zur diachronen Analyse lebensgeschichtlicher Interviews, in: Niethammer, Lutz (Hg.), »Die Jahre weiß man nicht, wo man die heute hinsetzen soll. Faschismuserfahrung im Ruhrgebiet«, Bonn 1983 (Lebensgeschichte und Sozialkultur im Ruhrgebiet 1930 bis 1980, Bd. 1), S. 76–96.

180. LEHMANN, Albrecht, Erzählstruktur und Lebenslauf. Autobiographische Untersuchungen, Frankfurt a. M./New York 1983.

181. MINTZ, Sidney, The Anthropological Interview and the Life History, in: [177] DUNAWAY/BAUM, Oral History, S. 298–305.

182. NIETHAMMER, Lutz (Hg.), Lebenserfahrung und kollektives Gedächtnis. Die Praxis der »Oral History«. Mit einem neuen Vorwort zur Taschenbuchausgabe (1980), Frankfurt a. M. 1985.

183. NIETHAMMER, Lutz, Einführung, in: [182] NIETHAMMER, S. 7–36.

184. NIETHAMMER, Lutz, Oral History, in: Kowalczuk, Ilko-Sascha (Hg.), Paradigmen deutscher Geschichtswissenschaft. Ringvorlesung an der Humboldt-Universität zu Berlin, Berlin 1994, S. 189–210.

185. SCHÜTZE, Fritz, Prozeßstrukturen des Lebenslaufs, in: Matthes, Joachim u. a. (Hg.), Biographie in handlungswissenschaftlicher Perspektive, Nürnberg 1980, S. 67–156.

186. STEINBACH, Lothar, Lebenslauf, Sozialisation und »erinnerte Geschichte«, in: [182] NIETHAMMER, S. 393–435.

187. THOMPSON, Paul, The Voice of the Past. Oral History, Oxford [2]1988.

188. VORLÄNDER, Herwart, Mündliches Erfragen von Geschichte, in: ders. (Hg.), Oral History. Mündlich erfragte Geschichte. Acht Beiträge, Göttingen 1990, S. 7–28.

6. Psychoanalyse, Psychohistorie, historische Psychologie

189. BERNFELD, Siegfried, Über die einfache männliche Pubertät (1935), in: [476] BERNFELD, Bd. 2, S. 308–328.

190. BINION, Rudolf, »... daß ihr mich gefunden habt«. Hitler und die Deutschen. Eine Psychohistorie, Stuttgart 1978.

191. BISCHOF-KÖHLER, Doris, Spiegelbild und Empathie. Die Anfänge der sozialen Kognition, Bern 1989.

192. BOWLBY, John, Bindung. Eine Analyse der Mutter-Kind-Beziehung, München 1975.

193. BOWLBY, John, Maternal care and mental Health, Geneva 1952.

194. CZERWINSKI, Peter, Heroen haben kein Unbewußtes – Kleine Psycho-Topologie des Mittelalters, in: [213] JÜTTEMANN, S. 239–272.

195. DEMAUSE, Lloyd, Grundlagen der Psychohistorie, hg. v. Aurel Ende, Frankfurt a. M. 1989.

196. DEMAUSE, Lloyd (Hg.), Hört Ihr die Kinder weinen. Eine psychogenetische Geschichte der Kindheit (1974), Frankfurt a. M. [8]1994.

197. DEMOS, John, A Little Commonwealth. Family Life in Plymouth Colony, New York 1970.

198. DERVIN, Daniel, Enactments. American Modes and Psychohistorical Models, Madison 1996.

199. EISSLER, Kurt R., Goethe. Eine psychoanalytische Studie, 2 Bde., München 1987.

200. ELMS, Alan C., The Uneasy Alliance of Biography and Psychology, New York/Oxford 1994.

201. ERIKSON, Erik H., Der junge Mann Luther. Eine psychoanalytische und historische Studie (1958), Frankfurt a. M. 1975.

202. ERIKSON, Erik H., Gandhis Wahrheit, Frankfurt a. M. 1978.

203. ERIKSON, Erik H., Identität und Lebenszyklus. Aufsätze (1959) Frankfurt a. M. 1977.

204. ERIKSON, Erik H., Jugend und Krise. Die Psychodynamik im sozialen Wandel, Berlin/Wien 1981.

205. FRENKEN, Ralph, Aspekte der Geschichte der Kindheit anhand historischer Autobiographien, in: [225] NYSSEN/JANUS, S. 309–397.

206. GAY, Peter, Die zarte Leidenschaft. Liebe im bürgerlichen Zeitalter, München 1987.

207. GAY, Peter, Erziehung der Sinne. Sexualität im bürgerlichen Zeitalter, München 1986.

208. GAY, Peter, Kult der Gewalt. Aggression im bürgerlichen Zeitalter, München 1996.

209. GOLDBERG, Arnold (ed.), The Impact of New Ideas. Progress in Self Psychology, Vol. 11, Hillsdale 1995.

210. HENTSCHEL, Helga, Der junge Mann Luther. Wandel der Persönlichkeit im Umbruch zur Moderne, in: [170] RÖCKELEIN, S. 219–247.

211. HUNT, David, Parents and Children in History. The Psychology of Family Life in Early Modern France, New York/London 1970.

212. HUTTON, Patrick H., Die Psychohistorie Eriksons aus der Sicht der Mentalitätengeschichte, in: [247] RAULFF (Hg.), S. 146–162.

213. JÜTTEMANN, Gerd (Hg.), Die Geschichtlichkeit des Seelischen. Der historische Zugang zum Gegenstand der Psychologie, Weinheim 1986.

214. JÜTTEMANN, Gerd/SONNTAG, Michael/WULF, Christoph (Hg.), Die Seele. Ihre Geschichte im Abendland, Weinheim 1991.

215. JÜTTEMANN, Gerd, Systemimmanenz als Ursache der Dauerkrise »wissenschaftlicher« Psychologie, in: [214] JÜTTEMANN/SONNTAG/WULF, S. 340–359.

216. KILIAN, Hans, Psychohistory, Cultural Evolution, and the Historical Significance of Self Psychology, in: [209] GOLDBERG, S. 291–301.

217. KIMMERLE, Gerd, Freuds Leonardo-Studie. Eine methodologische Erörterung, in: Luzifer-Amor. Zeitschrift zur Geschichte der Psychoanalyse, 5. Jg., H. 10 (1992), S. 135–208.

218. KREWER, Bernd/ECKENSBERGER, Lutz H., Selbstentwicklung und kulturelle Identität, in: [32] HURRELMANN/ULICH, S. 573–594.

219. LOEWENBERG, Decoding the Past. The Psychohistorical Appoach. With a new introduction by the author, New Brunswick ²1996.

220. MERTENS, Wolfgang, Psychoanalytische Theorien und Forschungs-
befunde, in: [32] HURRELMANN/ULICH, S. 77–97.
221. MITZMAN, Arthur, Historical Identity and Identity of the Historian,
in: Bosma, Harke A. u. a., Identity and Development. An Interdisciplinary Approach, London 1994, S. 135–158.
222. MITZMAN, Arthur, Michelet, Historian. Rebirth and Romanticism in
19th-Century France, New Haven/London 1990.
223. MITZMAN, Arthur, The Iron Cage: An Historical Interpretation of
Max Weber, New York 1970.
224. NITSCHKE, August, Die Voraussetzungen für eine historische Psychologie, in: [213] JÜTTEMANN, S. 31–45.
225. NYSSEN, Friedhelm/JANUS, Ludwig (Hg.), Psychogenetische Geschichte der Kindheit. Beiträge zur Psychohistorie der Eltern-Kind-
Beziehungen, Gießen 1997.
226. PFISTER, Joel/SCHNOG, Nancy (eds.), Inventing the Psychological.
Toward a Cultural History of Emotional Life in America, New Haven/
London 1997.
227. PFISTER, Joel, On Conceptualizing the Cultural History of Emotional
and Psychological Life in America, in: [226] PFISTER/SCHNOG, S. 17–59.
228. PFLANZE, Otto, Bismarck, 2 Bde., München 1997–1998.
229. POMPER, Philip, The Structure of Mind in History. Five Major Figures
in Psychohistory, New York 1985.
230. RÜSEN, Jörn/STRAUB, Jürgen (Hg.), Die dunkle Spur der Vergangenheit. Psychoanalytische Zugänge zum Geschichtsbewußtsein, Frankfurt
a. M. 1998 (Erinnerung, Geschichte, Identität, Bd. 2).
231. SPILLMANN, Kurt R./SPILLMANN, Kati, Friedrich Wilhelm I. und
die preußische Armee. Versuch einer psychohistorischen Deutung, in:
HZ 246 (1988), S. 549–589.
232. STAMM-KUHLMANN, Thomas, König in Preußens großer Zeit –
Friedrich Wilhelm III., der Melancholiker auf dem Thron, Berlin 1992.
233. STANNARD, David E., Shrinking History. On Freud and the Failure of
Psychohistory, New York/Oxford 1980.
234. STEARNS, Peter, Sibling Jealousy in the Twentieth Century, in: Stearns,
Carol Z./Stearns, Peter, Emotion and social change: toward a new psychohistory. New York/London 1988, S. 193–222.
235. STRAUB, Jürgen, Psychoanalyse, Geschichte und Geschichtswissenschaft. Eine Einführung in systematischer Absicht, in: [230] RÜSEN/
STRAUB, S. 12–32.
236. VAN DEN BERG, Jan Hendrik, Metabletica. Über die Wandlung des
Menschen. Grundlinien einer historischen Psychologie, Göttingen 1960.
237. WEHLER, Hans-Ulrich, Zum Verhältnis von Geschichtswissenschaft
und Psychoanalyse, in: ders. (Hg.), Geschichte und Psychoanalyse
(1971), Frankfurt a. M. 1974, S. 7–26.
238. WIERSING, Erhard, Überlegungen zum Problem mittelalterlicher Per-
sonalität, in: [170] RÖCKELEIN, S. 184–218.
239. WIERSING, Erhard, Zum Problem der Lebens-Führung im altgriechi-
schen Mythos, in: [155] KECK/WIERSING, S. 59–74.

7. Mentalitätengeschichte

240. CHARTIER, Roger, Geistesgeschichte oder Histoires des Mentalités?, in: La Capra, Dominick/Kaplan, Steven L. (Hg.), Geschichte denken. Neubestimmung und Perspektiven moderner europäischer Geistesgeschichte, Frankfurt a. M. 1988, S. 11–44.

241. DUBY, George, L'Histoire des Mentalités, in: Samaran, Charles (Hg.), L'Histoire et ses Méthodes, Paris 1961, S. 937–966.

242. GRAUS, Frantisek (Hg.), Mentalitäten im Mittelalter. Methodische und inhaltliche Probleme, Sigmaringen 1987.

243. GURJEWITSCH, Aaron J., Das Individuum im europäischen Mittelalter, München 1994.

244. GURJEWITSCH, Aaron, Das Weltbild des mittelalterlichen Menschen, München 1980.

245. HUTTON, Patrick H., Die Geschichte der Mentalitäten. Eine andere Landkarte der Kulturgeschichte, in: [247] RAULFF, S. 103–131.

246. LE GOFF, Jacques, Les Mentalités l'étaient une Histoire ambiguë, in: ders./Nora, Pierre (eds.), Faire de l'histoire, Vol. III: Nouveaux objets, Paris 1974, S. 76–94.

247. RAULFF, Ulrich (Hg.), Mentalitäten-Geschichte, Zur historischen Rekonstruktion geistiger Prozesse, Berlin 1987.

248. RAULFF, Ulrich (Hg.), Vom Umschreiben der Geschichte. Neue historische Perspektiven, Berlin 1986.

249. SELLIN, Volker, Mentalität und Mentalitätsgeschichte, in: HZ 241 (1985), S. 555–598.

250. SELLIN, Volker, Mentalitäten in der Sozialgeschichte, in: Schieder, Wolfgang/Sellin, Volker (Hg.), Sozialgeschichte in Deutschland, Bd. III: Soziales Verhalten und soziale Aktionsformen in der Geschichte, Göttingen 1987, S. 101–121.

8. Kulturgeschichte, Kultursoziologie, Kulturtheorie

251. BROWN, Peter, The Making of Late Antiquity, Cambridge/London 1978.

252. ELIAS, Norbert, Über den Prozeß der Zivilisation. Soziogenetische und psychogenetische Untersuchungen (1936), 2 Bde., Frankfurt a. M. [6]1978.

253. FOUCAULT, Michel, Archäologie des Wissens, Frankfurt a. M. 1973.

254. FOUCAULT, Michel, Die Ordnung der Dinge. Eine Ärchäologie der Humanwissenschaften, Frankfurt a. M. 1971.

255. FOUCAULT, Michel, Überwachen und Strafen. Die Geburt des Gefängnisses, Frankfurt a. M. 1977.

256. FRANK, Manfred, Was ist Neostrukturalismus?, Frankfurt a. M. 1984.

257. GEERTZ, Clifford, Dichte Beschreibung. Beiträge zum Verstehen kultureller Systeme, Frankfurt a. M. 1987.

258. NITSCHKE, August, Naturerkenntnis und politisches Handeln im Mittelalter. Körper – Bewegung – Raum, Stuttgart 1967.

259. RAPHAEL, Lutz, Die Verwissenschaftlichung des Sozialen als methodische und konzeptionelle Herausforderung für eine Sozialgeschichte des 20. Jahrhunderts, in: Geschichte und Gesellschaft 22 (1996), S. 165 bis 193.

260. SCHIWY, Günther, Neue Aspekte des Strukturalismus, München 1971.

261. SNELL, Bruno, Die Entdeckung des Geistes. Studien zur Entstehung des europäischen Denkens bei den Griechen, Hamburg 1946.

262. WEHLER, Hans-Ulrich, Die Herausforderung der Kulturgeschichte, München 1998.

9. Historische Anthropologie

263. BÖHME, Gernot, Anthropologie in pragmatischer Hinsicht, Frankfurt a. M. 1985.

264. DUMONT, Louis, Essais sur l'individualisme, Paris 1983.

265. FLITNER, Andreas u. a., Wege zur pädagogischen Anthropologie. Versuch einer Zusammenarbeit der Wissenschaften von Menschen, Heidelberg 1963.

266. GEBAUER, Gunter (Hg.), Anthropologie, Leipzig 1998.

267. GEBAUER, Gunter u. a. (Hg.), Historische Anthropologie. Zum Problem der Humanwissenschaften heute oder Versuch einer Neubegründung, Reinbek 1989.

268. HADOT, Pierre, De Tertullien à Boèce. Le développement de la notion de personne dans les controverses théologiques, in: Meyerson, Ignace (Hg.), Problèmes de la personne, Paris/Den Haag 1973, S. 123–153.

269. HUIZINGA, Johan, Homo Ludens. Vom Ursprung der Kultur im Spiel (1939), München 1971.

270. KERSTIENS, Ludwig, Anthropologische Überlegungen zum Bildungsbegriff, in: [128] MACHA/ROTH, S. 139–160.

271. KÖHLER, Oskar, Versuch einer »historischen Anthropologie«, in: Saeculum 25 (1974), S. 129–246.

272. LENZEN, Dieter, Melancholie, Fiktion und Historizität. Historiographische Optionen im Rahmen einer historischen Anthropologie, in: [267] GEBAUER, S. 13–48.

273. LOHFF, Wenzel, Theologie, in: [265] FLITNER, S. 191–217.

274. NITSCHKE, August, Historische Verhaltensforschung. Analysen gesellschaftlicher Verhaltensweisen – ein Arbeitsbuch, Stuttgart 1981.

275. VERNANT, Jean Pierre, Individuum, Tod, Liebe. Das Selbst und der andere im alten Griechenland, in: [266] GEBAUER, S. 22–48.

10. Geschlechtergeschichte/geschlechtsspezifische Sozialisation/Sexualität

276. ARDENER, Shirley (ed.), Women and Space. Ground Rules and Social Maps, New York 1981.

277. ARNOLD, Klaus, Mentalität und Erziehung – Geschlechtsspezifische

Arbeitsteilung und Geschlechtersphären als Gegenstand der Sozialisation im Mittelalter, in: [242] GRAUS, S. 257–288.

278. BECKER, Sybille (Hg.), Religiöse Sozialisation von Mädchen und Frauen, Stuttgart 1995.

279. BILDEN, Helga, Geschlechtsspezifische Sozialisation, in: [31] HURRELMANN/ULICH, S. 777–812.

280. BILDEN, Helga, Geschlechtsspezifische Sozialisation, in: [32] HURRELMANN/ULICH, S. 279–302.

281. BLOK, Josine/MASON, Peter, Sexual Asymmetry. Studies in Ancient Society, Amsterdam 1987.

282. BROWN, Peter, The Body and Society: Men, Women, and Sexual Renunciation in Early Christianity, Berkeley 1988.

283. CAMERON, Averil/KUHRT, Amélie (eds.), Images of Women in Antiquity, London/Canberra 1983.

284. COHEN, David, Law, Sexuality, and Society. The enforcement of morals in Classical Athens, Cambridge 1991.

285. DAVIDOFF, Leonore/HALL, Catherine, Family Fortunes. Men and Women of the English Middle Class, 1780–1850, London 1987.

286. DEAN-JONES, Lesley, The Cultural Construct of the Female Body in Classical Greek Science, in: [313] POMEROY, S. 111–137.

287. DOVER, Kenneth J., Greek Homosexuality, London 1978.

288. FLADE, Antje, Sozialisation und Raumaneignung. Die räumliche Dimension als Einflußfaktor geschlechtsspezifischer Sozialisation, Darmstadt 1996.

289. FOXHALL, Lin, Household, Gender and Property in Classical Athens, in: Classical Quarterly 39 (1989), S. 22–44.

290. FOXHALL, Lin, The Law and the Lady. Women and Legal Proceedings in Classical Athens, in: dies./Lewis, Andrew D. E. (eds.), Greek Law in its Political Setting. Justification not Justice, Oxford 1996, S. 133–152.

291. GARDNER, Jane F., Women in Roman Law and Society, London/Sidney 1986.

292. GERNERT, Dörte, Mädchenerziehung im allgemeinen Volksschulwesen, in: [33] KLEINAU/OPITZ, Bd. 2, S. 85–98.

293. HABERMAS, Rebekka, Geschlechtergeschichte und Anthropology of gender. Geschichte einer Begegnung, in: Historische Anthropologie 1 (1993), S. 485–509.

294. HALPERIN, David M./WINKLER, John J./ZEITLIN, Froma I. (eds.), Before Sexuality. The Construction of Erotic Experience in the Ancient Greek World, Princeton 1990.

295. HALPERIN, David M., One Hundred Years of Homosexuality, and Other Essays on Greek Love, London 1990.

296. HARVEY, Elisabeth, Gender, Generation, and Politics: Young protestant women in final years of the Weimar republic, in: [516] ROSEMAN, S. 184–209.

297. HAUSEN, Karin (Hg.), Geschlechtshierarchie und Arbeitsteilung. Zur Geschichte ungleicher Erwerbschancen von Männern und Frauen, Göttingen 1993.

298. HAUSEN, Karin/WUNDER, Heide (Hg.), Frauengeschichte – Geschlechtergeschichte, Frankfurt a. M./New York 1992.

299. HAUSEN, Karin, Öffentlichkeit und Privatheit. Gesellschaftspolitische Konstruktionen und die Geschichte der Geschlechterbeziehungen, in: [298] HAUSEN/WUNDER, S. 81–88.

300. HORSTKEMPER, Marianne: Die Koedukationsdebatte um die Jahrhundertwende, in: [33] KLEINAU/OPITZ, Bd. 2, S. 203–218.

301. JACOBI, Juliane, Religiosität und Mädchenbildung im 19. Jahrhundert, in: [306] KRAUL/LÜTH, S. 101–120.

302. JEFFORDS, Susan, The Remasculinization of America: Gender and the Vietnam War, Bloomington 1989.

303. JUST, Roger, Women in Athenian Law and Life, London/New York 1989.

304. KLIKA, Dorle, Die Vergangenheit ist nicht tot. Autobiographische Zeugnisse über Sozialisation, Erziehung und Bildung um 1900, in: [33] KLEINAU/OPITZ, Bd. 2, S. 283–296.

305. KLÖNNE, Irmagard, Mädchen in der Jugendbewegung, in: [33] KLEINAU/OPITZ, Bd. 2, S. 248–270.

306. KRAUL, Margret/LÜTH, Christoph (Hg.), Erziehung der Menschen – Geschlechter. Studien zur Religion, Sozialisation und Bildung in Europa seit der Aufklärung, Weinheim 1996.

307. LIPMAN-BLUMEN, Jean, Toward a homosocial theory of sex roles. An explanation of the sex segregation of social institutions, in: Signs 1 (1976), S. 15–31.

308. LUNDT, Bea, Zur Entstehung der Universität als Männerwelt, in: [33] KLEINAU/OPITZ, Bd. 1, S. 103–118.

309. MARTIN, Jochen/ZOEPFFEL, Renate (Hg.), Aufgaben, Rollen und Räume von Frau und Mann, 2 Bde., Freiburg/München 1989 (Veröffentlichungen des Instituts für Historische Anthropologie, Bd. 5/1 u. 2).

310. MITTERAUER, Michael, Arbeitsteilung und Geschlechterrollen in ländlichen Gesellschaften Mitteleuropas, in: [309] MARTIN/ZOEPFFEL, Bd. 5/2, S. 819–914.

311. ORTNER, Sherry B./WHITEHEAD, Harriet, Sexual Meanings. The Cultural Construction of Gender and Sexuality, Cambridge 1981.

312. PATEMAN, Carole, Feminist Critique of the Public. Private Dichotomy, in: Benn, Stanley Isaac/Gaus, Gerald F., Public and Private in Social Life, London 1983, S. 281–303.

313. POMEROY, Sarah B. (ed.), Women's History and Ancient History, Chapel Hill 1991.

314. POMEROY, Sarah B., Frauenleben im klassischen Altertum, Stuttgart 1985.

315. ROBERTS, Elizabeth, Women and Families. An Oral History, 1940 bis 1970, Oxford 1975.

316. ROSALDO, Michelle, The Use and Abuse of Anthropology. Reflections on Feminism and Cross-Cultural Understanding, in: Signs 5 (1980), S. 392–416.

317. SCOTT, Joan Wallach, Gender. A Useful Category of Historical Analysis, in: American Historical Reviw 91 (1986), S. 1053–1075.

318. SMITH-ROSENBERG, Carroll, The Female World of Love and Ritual. Relations Between Women in Nineteenth America, in: Signs 2 (1977), S. 1–28.

319. TILLMANN, Klaus-Jürgen (Hg.), Jugend weiblich – Jugend männlich. Sozialisation, Geschlecht, Identität, Opladen 1992.

320. VERSNEL, Hendrik Simon, Wife and Helpmate. Women of Ancient Athens in Anthropological Perspective, in: [281] BLOK/MASON, S. 59–86.

321. VEYNE, Paul, Das Römische Reich, in: ders. (Hg.), Geschichte des privaten Lebens, Bd. 1: Vom Römischen Imperium zum Byzantinischen Reich, Frankfurt a. M. 1989, S. 19–228.

322. VÖLKER, Gisela/VON WELCK, Karin (Hg.), Männerbünde – Männerbande. Zur Rolle des Mannes im Kulturvergleich, Köln 1990.

323. WALKER, S., Women and Housing in Classical Greece. The Archaeological Evidence, in: [283] CAMERON/KUHRT, S. 81–91.

324. WIESNER HANKS, Merry, Ausbildung in den Zünften, in: [33] KLEINAU/OPITZ, Bd. 1, S. 91–102.

325. WINKLER, John J., The Constraints of Desire. The Anthropology of Sex and Gender in Ancient Greece, New York/London 1990.

326. WISCHERMANN, Ulla, »Das Himmelskind, die Freiheit – wir ziehen sie groß zu Haus«. Frauenpublizistik im Vormärz und in der Revolution von 1848, in: [33] KLEINAU/OPITZ, Bd. 2, S. 35–50.

327. WOLFF, Hans Julius, Eherecht und Familienverfassung in Athen, in: ders., Beiträge zur Rechtgeschichte Altgriechenlands und des hellenistisch-römischen Ägypten, Weimar 1961, S. 155–242.

328. WUNDER, Heide, »Jede Arbeit ist ihres Lohnes wert«. Zur geschlechtsspezifischen Teilung und Bewertung von Arbeit in der Frühen Neuzeit, in: [297] HAUSEN, S. 19–39.

329. ZOEPFFEL, Renate, Aufgaben, Rollen und Räume von Mann und Frau im archaischen und klassischen Griechenland, in: [309] MARTIN/ZOEPFFEL, Bd. 5/2, S. 443–500.

11. Sozialgeschichte der Familie/Familiensoziologie

330. BADINTER, Elisabeth, Die Mutterliebe. Geschichte eines Gefühls vom 17. Jahrhundert bis heute (1980), München 1981.

331. BARTHÈLEMY, Dominique/CONTAMINE, Philippe, Interieur und privates Gehäuse, in: Duby, Georges (Hg.), Geschichte des privaten Lebens, Bd. 2: Vom Feudalzeitalter zur Renaissance (1985), Frankfurt a. M. 1990, S. 371–470.

332. BECKER, Peter, Leben, Lieben, Sterben: Die Analyse von Kirchenbüchern, St. Katharinen 1989.

333. BERG, Christa, Familie, Kindheit, Jugend, in: [29, Bd. 4] BERG, S. 91–145.

334. BORGUET, Marie-Noelle, Topographie des häuslichen Raums und soziales Ritual. Das Bild der Familie in der Departementsstatistik Frank-

reichs während der napoleonischen Zeit, in: [336] BULST u. a., S. 88 bis 102.

335. BRADLEY, Keith R., Discovering the Roman Family. Studies in Roman Social History, New York/Oxford 1991.

336. BULST, Neithard u. a. (Hg.), Familie zwischen Tradition und Moderne. Studien zur Geschichte der Familie in Deutschland und Frankreich vom 16. bis zum 20. Jahrhundert, Göttingen 1981.

337. CASTELL-RÜDENHAUSEN, Adelheid Gräfin zu, Familie und Kindheit, in: [29, Bd. 5] LANGEWIESCHE/TENORTH, S. 65–85.

338. DIXON, Suzanne, The Roman Family, Baltimore/London 1992.

339. DIXON, Suzanne, The Roman Mother, London u. a. 1988.

340. DONZELOT, Jacques, Die Ordnung der Familie, Frankfurt a. M. 1979.

341. EHMER, Josef/HAREVEN, Tamara K./WALL, Richard (Hg.), Historische Familienforschung. Ergebnisse und Kontroversen, FS Michael Mitterauer, Frankfurt a. M./New York 1997.

342. EVANS, Richard/LEE, William R. (eds.), The German Family. Essays on the Social History of the Family in Nineteenth- and Twentieth-Century Germany, London 1981.

343. EYBEN, Emiel, Family Planning in Graeco-Roman Antiquity, in: Ancient Society 11/12 (1980/81), S. 5–82.

344. FLANDRIN, Jean-Louis, Familien. Soziologie – Ökonomie – Sexualität, Frankfurt a. M./Berlin/Wien 1978.

345. GESTRICH, Andreas, Geschichte der Familie im 19. und 20. Jahrhundert, München 1999.

346. GIES, Frances/GIES, Joseph, Marriage and the Family in the Middle Ages, New York u. a. 1987.

347. HAVERKAMP, Alfred (Hg.), Haus und Familie in der spätmittelalterlichen Stadt, Köln 1984.

348. HERLIHY, David/KLAPISCH-ZUBER Christiane, Tuscans and Their Families. A Study of the Florentine Catasto of 1427 (1978), New Haven/London 1985.

349. HERLIHY, David, Medieval Households, Cambridge/Mass. 1985.

350. HERLYN, Ingrid/HERLYN, Ulfert, Wohnverhältnisse in der BRD, Frankfurt a. M. 1976.

351. HERRMANN, Ulrich, Familie, Kindheit, Jugend, in: [29, Bd. 3] JEISMANN/LUNDGREEN, S. 53–69.

352. HETTLAGE, Robert, Familienreport. Eine Lebensform im Umbruch, München 1992.

353. HUMPHREYS, Sarah C., The Family, Women and Death. Comparative Studies, Ann Arbor [2]1993.

354. IMHOF, Arthur E., Einführung in die Historische Demographie, München 1977.

355. KANACHER, Ursula, Wohnstrukturen als Anzeiger gesellschaftlicher Strukturen. Eine Untersuchung zum Wandel der Wohngrundrisse als Ausdruck gesellschaftlichen Wandels von 1850 bis 1975 aus der Sicht der Elias'schen Zivilisationstheorie, Frankfurt a. M. 1987.

356. KASCHUBA, Wolfgang/LIPP, Carola, Dörfliches Überleben. Zur Ge-

schichte materieller und sozialer Reproduktion ländlicher Gesellschaft im 19. und frühen 20. Jahrhundert, Tübingen 1982.

357. KEPPLER, Angela, Tischgespräche. Über Formen kommunikativer Vergemeinschaftung am Beispiel der Konversation in Familien, Frankfurt a. M. 1994.

358. KNODEL, John, Demographic Behavior in the Past. A Study of Fourteen German Village Populations in the Eighteenth and Nineteenth Centuries, Cambridge 1988.

359. KOCH, Christiane, »Drum prüfe, wer sich ewig bindet ...« Zur Entstehung von Intimität und Gefühl im modernen Familienleben, in: [214] JÜTTEMANN/SONNTAG/WULF, S. 407–423.

360. KOSELLEK, Reinhart, Die Auflösung des Hauses als ständischer Herrschaftseinheit. Anmerkungen zum Rechtswandel von Haus, Familie und Gesinde in Preußen zwischen der Französischen Revolution und 1848, in: [336] BULST u. a., S. 109–124.

361. KRAUSE, J., The Medieval Household: Large or Small?, in: Economic History Review 9 (1956/57), S. 420–432.

362. LACEY, Walter C., Die Familie im antiken Griechenland (1968), Mainz 1983.

363. LASLETT, Peter, Introduction: The History of the Family, in: ders./ Wall, Richard (Hg.), Household and Family in Past Time. Comparative Studies in the Size and Structure of the Domestic Group over the Last Three Centuries in England, France, Serbia, Japan and Colonial North America, with Several Materials from Western Europe, Cambridge ^{2}1974, S. 1–90.

364. LENZEN, Dieter, Mythologie der Kindheit. Die Verewigung des Kindlichen in der Erwachsenenkultur. Versteckte Bilder und vergessene Geschichten, Frankfurt a. M. 1985.

365. LINDEMANN, Mary, Love for Hire: The regulation of wetnursing business in 18th centrury Hamburg, in: Journal of Familiy History 6 (1981), S. 379–395.

366. MEDICK, Hans/SABEAN, David, Emotionen und materielle Interessen in Familie und Verwandtschaft: Überlegungen zu neuen Wegen und Bereichen einer historischen und sozialanthropologischen Familienforschung, in: Medick, Hans/Sabean, David (Hg.), Emotionen und materielle Interessen. Sozialanthropologische und historische Beiträge zur Familienforschung, Göttingen 1984, S. 27–54.

367. MEDICK, Hans, Weben und Überleben in Laichingen: 1650–1900. Lokalgeschichte als allgemeine Geschichte, Göttingen 1996.

368. MITTERAUER, Michael/SIEDER, Reinhard (Hg.), Historische Familienforschung, Frankfurt a. M. 1982.

369. MITTERAUER, Michael/SIEDER, Reinhard, Vom Patriarchat zur Partnerschaft. Zum Strukturwandel der Familie, München 1977.

370. MITTERAUER, Michael, Ahnen und Heilige. Namengebung in der europäischen Geschichte, München 1993.

371. MITTERAUER, Michael, Entwicklungstrends der Familie in der europäischen Neuzeit, in: Nave-Herz, Rosemarie/Markefka, Manfred

(Hg.), Handbuch der Familien- und Jugendforschung. Bd. 1: Familien-forschung, Neuwied 1988, S. 513–532.

372. MITTERAUER, Michael, Faktoren des Wandels historischer Familien-formen, in: Pross, Helge (Hg.), Familie wohin? Leistungen, Leistungs-defizite und Leistungswandlungen der Familien in hochindustrialisier-ten Gesellschaften, Reinbek 1979, S. 83–132.

373. MITTERAUER, Michael, Historisch-anthropologische Familienfor-schung. Fragestellungen und Zugangsweisen, Wien/Köln 1990.

374. MITTERAUER, Michael, »Nur ein diskretes Kreuzzeichen«. Zu For-men des individuellen und gemeinschaftlichen Gebets in der Familie, in: Heller, Andreas u. a. (Hg.): Religion und Alltag, Wien 1990, S. 154 ff.

375. O'DAY, Rosemary, The Family and Family Relationships, 1500–1900. England, France and the United States of America, New York 1994.

376. PFISTER, Christian, Bevölkerungsgeschichte und Historische De-mographie 1500–1800, München 1994 (Enzyklopädie deutscher Ge-schichte, Bd. 28).

377. POMEROY, Sarah B., Families in Classical and Hellenistic Greece, Oxford 1997.

378. RAWSON, Beryl (ed.), The Family in Ancient Rome. New Perspectives, London/Sydney 1986.

379. ROSENBAUM, Heidi., Proletarische Familien. Arbeiterfamilien und Ar-beiterväter im frühen 20. Jahrhundert zwischen traditioneller, sozialde-mokratischer und kleinbürgerlicher Orientierung, Frankfurt a. M. 1992.

380. ROSENBAUM, Heidi (Hg.), Seminar: Familie und Gesellschaftsstruk-tur. Materialien zu den sozioökonomischen Bedingungen von Familien-formen, Frankfurt a. M. 1978.

381. ROSENBAUM, Heidi, Formen der Familie. Untersuchungen zum Zu-sammenhang von Familienverhältnissen, Sozialstruktur und sozialem Wandel in der deutschen Gesellschaft des 19. Jahrhunderts, Frankfurt a. M. 1982.

382. SALDERN, Adelheid von, Häuserleben. Zur Geschichte städtischen Ar-beiterwohnens vom Kaiserreich bis heute, 2. durchges. Aufl., Bonn 1997.

383. SALLER, Richard P., Men's Age at Marriage and its Consequences in the Roman Family, in: Classical Philology 82 (1987), S. 21–34.

384. SCHELSKY, Helmut, Wandlungen der deutschen Familie in der Gegen-wart. Darstellungen und Deutungen einer empirisch-soziologischen Tatbestandsaufnahme, Stuttgart ⁵1967.

385. SCHLUMBOHM, Jürgen, Lebensläufe, Familien, Höfe. Die Bauern und Heuerleute des Osnabrückischen Kirchspiels Belm in proto-industriel-ler Zeit, 1650–1860, Göttingen 1994.

386. SCHRAUT, Sylvia, Sozialer Wandel im Industrialisierungsprozeß. Ess-lingen 1800–1870, Esslingen 1989 (Esslinger Studien, Schriftenreihe, Bd. 9).

387. SCHWAB, Dieter, Art. ›Familie‹, in: [23] BRUNNER/CONZE/KOSEL-LECK, Bd. 2, S. 253–301.

388. SEGALEN, Martine, Die Familie. Geschichte, Soziologie, Anthropolo-gie, Frankfurt a. M./New York/Paris 1990.

389. SEIBEL, Volker, Elternhaus, Schule, politische Ideen und Erfahrungs-welt in den Generationen vor und nach 1800. Studien zur Sozialisation in der Umbruchszeit 1770–1850, Tübingen Diss. 1986.

390. SHAW, Brent D., The Age of Girls at Marriage. Some Reconsiderations, in: Journal of Roman Studies 77 (1987), S. 30–46.

391. SHORTER, Edward, Die Geburt der modernen Familie, Reinbek 1983.

392. SIEDER, Reinhard, Sozialgeschichte der Familie, Frankfurt a. M. 1987.

393. SLUSANSKI, Dan, Le Vocabulaire latin des gradus aetatum, in: Revue Roumaine de Linguistique 19 (1974), S. 103–121, 267–296.

394. STONE, Lawrence, Family History in the 1980s. Past achievements and future trends, in: Journal of Interdisciplinary History 12 (1981), S. 51 bis 87.

395. STONE, Lawrence, The Family, Sex, and Marriage in England 1500–1800, London 1977.

396. TEUTEBERG, Hans J. (Hg.), Homo habitans. Zur Sozialgeschichte des ländlichen und städtischen Wohnens in der Neuzeit, Münster 1985.

397. TROTHA, Trutz von, Zum Wandel der Familie, in: Kölner Zeitschrift für Soziologie und Sozialpsychologie 42 (1990), S. 452–473.

398. TYRELL, Hartmann, Probleme einer Theorie der gesellschaftlichen Ausdifferenzierung der privatisierten modernen Kernfamilie, in: Zeit-schrift für Soziologie 5 (1976), S. 393–417.

399. WALLACE-HADRILL, Andrew, Houses and Households: Sampling Pompeii and Herculaneum, in: [378] RAWSON, S. 191–227.

400. WEBER-KELLERMANN, Ingeborg, Die deutsche Familie. Versuch einer Sozialgeschichte, Frankfurt a. M. 1974.

12. Sozialgeschichte der Kindheit/Kindheitsforschung/ familiale Sozialisation

401. ARIÈS, Philippe, Geschichte der Kindheit (1960), München 1978.

402. ARNOLD, Klaus, Kind und Gesellschaft in Mittelalter und Renaissance. Beiträge und Texte zur Geschichte der Kindheit, Paderborn 1980.

403. BEER, Mathias, Eltern und Kinder des späten Mittelalters in ihren Brie-fen. Familienleben in der Stadt des Spätmittelalters und der frühen Neu-zeit mit besonderer Berücksichtigung Nürnbergs (1400–1550), Nürn-berg 1990.

404. BEHNKEN, Imbke (Hg.), Stadtgesellschaft und Kindheit im Prozeß der Zivilisation. Konfigurationen städtischer Lebensweise zu Beginn des 20. Jahrhunderts, Opladen 1990.

405. BEHNKEN, Imbke/DU BOIS-REYMOND, Manuela/ZINNECKER, Jürgen, Stadtgeschichte als Kindheitsgeschichte. Lebensräume von Großstadtkindern in Deutschland und Holland um 1900, Opladen 1989.

406. BRADLEY, Keith R., Wet-Nursing at Rome: A Study in Social Rela-tions, in: [378] RAWSON, S. 201–229.

407. BRUNKEN, Otto, Einleitung, in: Handbuch zur Kinder- und Jugend-literatur. Vom Beginn des Buchdrucks bis 1570, Stuttgart 1987.

408. BUDDE, Gunilla-Friederike, Auf dem Weg ins Bürgerleben. Kindheit und Erziehung in deutschen und in englischen Bürgerfamilien 1840 bis 1914, Göttingen 1994 (Bürgertum. Beiträge zur europäischen Gesellschaftsgeschichte, Bd. 6).

409. CHARLTON, Michael/NEUMANN-BRAUN, Klaus, Medienkindheit – Medienjugend, München 1992.

410. DEISSMANN-MERTEN, Marieluise, Zur Sozialgeschichte des Kindes im antiken Griechenland, in: [435] MARTIN/NITSCHKE, S. 267–316.

411. DIETZ, Johann Friedrich, Das Dorf als Erziehungsgemeinde, Weimar 1927.

412. EVANS, John K., War, Women and Children in ancient Rome, London/New York 1991.

413. EYBEN, Emiel, Sozialgeschichte des Kindes im römischen Altertum, in: [435] MARTIN/NITSCHKE, S. 317–363.

414. FAŸ-SALLOIS, Fanny, Les nourrices à Paris au XIX siècle, Paris 1980.

415. FISCHER, Alfons, Geschichte des deutschen Gesundheitswesens, Bd. II: Von den Anfängen der hygienischen Ortsbeschreibung bis zur Gründung des Reichsgesundheitsamtes (Das 18. und 19. Jahrhundert), Hildesheim 1965 (Ndr. d. Ausgabe Berlin 1933).

416. FLECKEN, Margarete, Arbeiterkinder im 19. Jahrhundert, Weinheim 1981.

417. FÜRSTENAU, Peter, Soziologie der Kindheit, Heidelberg 1973 (Gesellschaft und Erziehung, Teil 3).

418. GÉLIS, Jaques/LAGET, Mireille/MOREL, Marie-France, Der Weg ins Leben. Geburt und Kindheit in früherer Zeit, München 1980.

419. GLANTSCHNIG, Helga, Liebe als Dressur. Kindererziehung in der Aufklärung, Frankfurt a. M./New York 1987.

420. GOLDEN, Mark, Demography and the Exposure of girls at Athens, in: Phoenix 35 (1981), S. 316–331.

421. HAJNAL, John, European Marriage Patterns in Perspective, in: Glass, David Victor/Eversley, David Edward Charles (Hg.), Population in History. Essays in Historical Demography, London 1965, S. 101–143.

422. HANAWALT, Barbara A., Childrearing Among the Lower Classes of Late Medieval England, in: Journal of Interdisciplinary History 8/1 (1977), S. 1–22.

423. HANSMANN, Otto, Kindheit und Jugend zwischen Mittelalter und Moderne. Ein Lese-, Arbeits- und Studienbuch, Weinheim 1995.

424. HERMSEN, Edmund, Ariès' »Geschichte der Kindheit« in ihrer mentalitätsgeschichtlichen und psychohistorischen Problematik, in: [225] NYSSEN/JANUS, S. 127–158.

425. HÉROARD, Jean, Journal de Jean Héroard sur l'enfance et la jeunesse de Louis XIII (1601–1628), hg. v. E. Soulié u. E. de Barthèlemy, 2 Bde., Paris 1868.

426. HETZER, Hildegard, Kindheit und Armut. Psychologische Methoden in Armutsforschung und Armutsbekämpfung, Leipzig 1929.

427. HOCHSINGER, Carl, Gesundheitspflege des Kindes im Elternhause (1896), Leipzig/Wien [3]1912.

428. HÜRRLIMANN, Bettina (Hg.), Kinderbilder aus fünf Jahrhunderten europäischer Malerei, Zürich 1949.
429. KLEIN, Anita E., Child Life in Greek Art, New York 1932.
430. KLIKA, Dorle, Erziehung und Sozialisation im Bürgertum des wilhelminischen Kaiserreichs. Eine pädagogisch-biographische Untersuchung zur Sozialgeschichte der Kindheit, Frankfurt a. M. 1990.
431. KÖSSLER, Gottfried, Mädchenkindheiten im 19. Jahrhundert, Gießen 1979.
432. LEY, Katharina, Die Suche nach dem eigenen Ort. Soziopsychoanalytische Überlegungen zu Geschwisterbeziehungen, in: Spuhler, Gregor u. a. (Hg.), Vielstimmiges Gedächtnis. Beiträge zur Oral History, Zürich 1994, S. 155–168.
433. LÖHMER, Cornelia, Die Welt der Kinder im fünfzehnten Jahrhundert, Weinheim 1989.
434. MANSON, Michael, The Emergence of the Small Child in Rome (Third Century BC – First Century AD), in: History of Education 12 (1983), S. 149–159.
435. MARTIN, Jochen/NITSCHKE, August, Zur Sozialgeschichte der Kindheit, Freiburg/München 1986 (Veröffentlichungen des Instituts für Historische Anthropologie, Bd. 4).
436. MAYNES, Mary Jo, Schooling in Western Europe. A Social History, New York 1985.
437. MEAD, Margaret/CALAS, Elena, Child-Training in a Postrevolutionary Context: Soviet Russia, in: [438] MEAD/WOLFENSTEIN, S. 179–203.
438. MEAD, Margaret/WOLFENSTEIN, Martha (eds.), Childhood in Contemporary Cultures, Chicago/London 1955.
439. MUCHOW, Martha/MUCHOW, Hans, Der Lebensraum des Großstadtkindes (1935), Bensheim 1978.
440. MÜLLER, Claudia, Kindheit und Jugend in der griechischen Frühzeit. Eine Studie zur pädagogischen Bedeutung von Riten und Kulten, Gießen 1990.
441. MUTSCHLER, Susanne, Ländliche Kindheit in Lebenserinnerungen. Familien- und Kinderleben in einem württembergischen Arbeiterbauerndorf an der Wende vom 19. zum 20. Jahrhundert, Tübingen 1986.
442. NERAUDAU, Jean-Pierre, Etre enfant à Rome, Paris 1984.
443. NITSCHKE, August, Die Stellung des Kindes in der Familie im Spätmittelalter und in der Renaissance, in: [347] HAVERKAMP, S. 215–243.
444. OLDENZIEL, Ruth, The Historiography of Infanticide in Antiquity. A Literature Stillborn, in: [281] BLOK/MASON, S. 87–108.
445. ORLANSKY, Harold, Infant Care and Personality, in: Psychological Bulletin 46 (1949), S. 1–48.
446. OTTMÜLLER, Uta, Speikinder – Gedeihkinder. Körpersprachliche Voraussetzungen der Moderne, Tübingen 1991.
447. OTTMÜLLER, Uta, Speikinder – Gedeihkinder. Säuglingsversorgung und lokaler Lebenszusammenhang im 19. Jahrhundert, in: [225] NYSSEN/JANUS, S. 407–440.

448. PAPATHANASSIOU, Maria, Zwischen Arbeit, Spiel und Schule. Die ökonomische Funktion der Kinder ärmerer Schichten in Österreich 1880–1939, München 1999.

449. PFEIL, Elisabeth, Das Großstadtkind, Stuttgart 1955.

450. PINCHBECK, Ivy/HEWITT, Margaret, Children in English Society, vol. I: From Tudor Times to the Eighteenth Century, London/Toronto 1972; vol. II: From the Eighteenth Century to the Children's Act 1948, ebd. 1973.

451. PLOSS, Heinrich, Das Kind in Brauch und Sitte der Völker. Völkerkundliche Studien, 2 Bde., Leipzig ^{2}1912.

452. POLLOCK, Linda A., Forgotten Children. Parent-Child Relations from 1500 to 1900, Cambridge u. a. 1983.

453. POMMEROY, Sarah B., On Infanticide in Hellenistic Greece, in: [283] CAMERON/KUHRT, S. 207–222.

454. POSTMAN, Neil, Das Verschwinden der Kindheit, Frankfurt a. M. 1983.

455. RAUM, Otto F., Sozialgeschichte des Kindes in Ost- und Südafrika, in: [435] MARTIN/NITSCHKE, S. 33–73.

456. RÜHLE, Otto, Das proletarische Kind. Eine Monographie, 2. erw. Auflage, München 1922.

457. SCHLUMBOHM, Jürgen, Familiale Sozialisation im gehobenen deutschen Bürgertum um 1800, in: [113] HERRMANN, S. 224–235.

458. SCHLUMBOHM, Jürgen, Straße und Familie. Kollektive Formen der Sozialisation im kleinen Bürgertum Deutschlands um 1800, in: [112] HERRMANN, S. 127–139.

459. SCHULTZ, James A., The knowledge of childhood in the German middle ages, 1100–1350, Philadelphia 1995.

460. SEYFARTH-STUBENRAUCH, Michael, Erziehung und Sozialisation in Arbeiterfamilien im Zeitraum 1870 bis 1914 in Deutschland, 2 Bde., Frankfurt a. M. 1985.

461. SHAHAR, Shulamith, Childhood in the Middle Ages, London 1990.

462. SIEDER, Reinhard, Persönlichkeitsbildung in Haus und Familie. Studium zur Sozialisation in ländlich-bäuerlichen Hausgemeinschaften der vorindustriellen Zeit. An Beispielen aus dem Salzburger Raum, Diss. (masch.) Wien 1975.

463. SPIECKER, Ben/GROENENDIJK, Leendert F., Betrogene Kinder? Projektionen in der heutigen Historiographie der Kindheit, in: Neue Sammlung 25 (1985), S. 450–464.

464. SPREE, Reinhard, Sozialisationsnormen in ärztlichen Ratgebern zur Säuglings- und Kleinkinderpflege. Von der Aufklärungs- zur Naturwissenschaftlichen Pädiatrie, in: [435] MARTIN/NITSCHKE, S. 609–659.

465. SUNLEY, Robert, Early Nineteenth-Century American Literature on Child Rearing, in: [438] MEAD/WOLFENSTEIN, S. 150–167.

466. ULBRICHT, Otto, Der Einstellungswandel zur Kindheit in Deutschland am Ende des Spätmittelalters (ca. 1470 – ca. 1520), in: Zeitschrift für Historische Forschung 19 (1992), S. 159–187.

467. WÄCHTERSHÄUSER, Wilhelm, Kindestötung, in: Handwörterbuch zur deutschen Rechtsgeschichte, Bd. 2, Berlin 1974, Sp. 736–741.

468. WEBER-KELLERMANN, Ingeborg, Die Kindheit. Kleidung und Wohnen, Arbeit und Spiel. Eine Kulturgeschichte, Frankfurt a. M. 1979.

469. WILCKENS, Leonie von, Das Puppenhaus. Vom Spiegelbild des bürgerlichen Hausstands zum Spielzeug für Kinder, München 1978.

470. WINTER, Matthias, Kindheit und Jugend im Mittelalter, Freiburg 1984.

471. WOLFENSTEIN, Martha, Fun Morality: An Analysis of Recent American Child-Training Literature, in: [438] MEAD/WOLFENSTEIN, S. 168–178.

472. ZINGERLE, Ignaz V., Das Deutsche Kinderspiel im Mittelalter, Innsbruck ²1873.

13. Sozialgeschichte der Jugend/Jugendforschung/peer group-Sozialisation

473. AMIT-TALAI, Vered/WULFF, Helena (eds.), Youth Cultures. A Cross-Cultural Perspective, London/New York 1995.

474. BAUMGARTEN, Roland, Päderastie und Pädagogik im antiken Griechenland, in: [500] HORN u. a., S. 167–190.

475. BENNINGHAUS, Christina, Die anderen Jugendlichen, Frankfurt a. M. 1998.

476. BERNFELD, Siegfried, Antiautoritäre Erziehung und Psychoanalyse, Hg. von Lutz von Werder und Reinhart Wolff, 3 Bde., Frankfurt a. M. 1974.

477. BILDEN, Helga/DIEZINGERN, Angelika, Historische Konstitution und besondere Gestaltung weiblicher Jugend – Mädchen im Blickpunkt der Jugendforschung, in: [35] KRÜGER, S. 201–222.

478. BÜHLER, Johannes-Christoph von, Die gesellschaftliche Konstruktion des Jugendalters. Zur Entstehung der Jugendforschung am Beginn des 20. Jahrhunderts, Weinheim 1990.

479. CAPUTO, Virginia, Anthropology's silent ›others‹. A Consideration of some Conceptual and Methodological Issues for the Study of Youth and Children's Cultures, in: [473] AMIT-TALAI/WULFF, S. 19–42.

480. CHAUSSINAND-NOGARET, Guy, Väterliche Tyrannei und revolutionäres Verhalten, in: [336] BULST u. a., S. 310–318.

481. CLARKE, John u. a., Jugendkultur als Widerstand. Milieus, Rituale, Provokationen, Frankfurt a. M. ²1981.

482. COHEN, Phil, Territorial- und Diskursregeln bei der Bildung von »Peer-Groups« unter Arbeiterjugendlichen, in: [481] CLARKE, S. 238 bis 266.

483. DAVIES, Andrew, Youth Gangs, Masculinity and Violence in Late Victorian Manchester and Salford, in: Journal of Social History 32 (1998), S. 349–369.

484. DETTE, Christoph, Kinder und Jugendliche in der Adelsgesellschaft des frühen Mittelalters, in: Archiv für Kulturgeschichte 76 (1994), S. 1–34.

485. DRESSEN, Wolfgang, Mobilisierung der Seele. Jugend in Deutschland: 1880–1930, in: [214] JÜTTEMANN/SONNTAG/WULF, S. 424–447.

486. DUDEK, Peter, Jugend als Objekt der Wissenschaften. Geschichte der Jugendforschung in Deutschland und Österreich 1890–1933. Opladen 1990.

487. ELKAR, Rainer S., Junges Deutschland im polemischen Zeitalter. Das Schleswig-Holsteinische Bildungsbürgertum in der 1. Hälfte des 19. Jahrhunderts. Zur Bildungsrekrutierung und politischen Sozialisation, Düsseldorf 1979.

488. ERDHEIM, Mario, Adoleszentenkrise und institutionelle Systeme. Kulturtheoretische Überlegungen, in: Apsel, Roland (Hg.), Jugend und Kulturwandel, Frankfurt a. M. 1998.

489. ERDHEIM, Mario, Psychoanalytische Ansätze in der Jugendforschung, in: [35] KRÜGER, S. 91–108.

490. EYBEN, Emiel, De jonge Romein. Volgens de literaire bronnen der periode 200 v. Chr. tot ca. 500 n. Chr., Brussel 1977.

491. EYBEN, Emiel, Restless Youth in Ancient Rome (1977), London/New York 1993.

492. FEILZER, Heinrich, Jugend in der mittelalterlichen Ständegesellschaft. Ein Beitrag zum Problem der Generationen, Wien 1971.

493. FEND, Helmut, Sozialgeschichte des Aufwachsens. Bedingungen des Aufwachsens und Jugendgestalten im zwanzigsten Jahrhundert, Frankfurt a. M. 1988.

494. GESTRICH, Andreas, Traditionelle Jugendkultur und Industrialisierung. Sozialgeschichte der Jugend in einer ländlichen Arbeitergemeinde Württembergs, 1800–1920, Göttingen 1986.

495. GILLIS, John R., Geschichte der Jugend. Tradition und Wandel im Verhältnis der Altersgruppen und Generationen in Europa von der zweiten Hälfte des 18. Jahrhunderts bis zur Gegenwart, Weinheim 1980.

496. HARDTWIG, Wolfgang, Studentische Mentalität – Politische Jugendbewegung – Nationalismus. Die Anfänge der deutschen Burschenschaft, in: ders., Nationalismus und Bürgerkultur in Deutschland 1500–1914, Göttingen 1994, S. 108–148.

497. HARDTWIG, Wolfgang, Zivilisierung und Politisierung. Die studentische Reformbewegung 1750–1818, in: ders., Nationalismus und Bürgerkultur in Deutschland 1500–1914, Göttingen 1994, S. 79–107.

498. HEITMEYER, Wilhelm (Hg.), Interdisziplinäre Jugendforschung. Fragestellungen, Problemlagen, Neuorientierungen. Weinheim 1986.

499. HERRMANN, Ulrich, Der »Jüngling« und der »Jugendliche«. Männliche Jugend im Spiegel polarisierender Wahrnehmungsmuster an der Wende vom 19. zum 20. Jahrhundert in Deutschland, in: Geschichte und Gesellschaft 11 (1985), S. 205–217.

500. HORN, Klaus-Peter u. a. (Hg.), Jugend in der Vormoderne. Annäherungen an ein bildungshistorisches Thema, Köln 1998 (Beiträge zur Historischen Bildungsforschung, Bd. 23).

501. HORN, Klaus-Peter, Was ist denn eigentlich die Jugend? Moderne Fragen und vormoderne Antworten, in: [500] HORN, S. 1–20.

502. HUMPHRIES, Stephen, Hooligans or Rebels? An Oral History of Working-Class Childhood and Youth 1889–1939, Oxford 1981.

503. KETT, Joseph, Rites of Passage. Adolescence in America, 1790 to the Present, New York 1977.

504. KLEIJWEGT, Mark, Ancient Youth. The Ambiguity of Youth and the Absence of Adolescence in Greco-Roman Society, Amsterdam 1991.

505. KRÜGER, Heinz-Hermann, Geschichte und Perspektiven der Jugendforschung – historische Entwicklungslinien und Bezugspunkte für eine theoretische und methodische Neuorientierung, in: [35] KRÜGER, S. 17–30.

506. LEVI, Giovanni/SCHMITT, Jean-Claude (Hg.), Geschichte der Jugend, 2 Bde., Frankfurt a. M. 1996.

507. MAYER, Philip/MAYER, Ilona, A Dangerous Age: From Boy to Young Man in Red Xhosa Youth Organisations, in: [100] SPENCER, S. 35–44.

508. MITTERAUER, Michael, Sozialgeschichte der Jugend, Frankfurt a. M. 1986.

509. MUCHOW, Hans Heinrich, Jugend und Zeitgeist. Morphologie der Kulturpubertät, Reinbek 1982.

510. MÜLLER, Ernst Wilhelm (Hg.), Geschlechtsreife und Legitimation zur Zeugung, Freiburg/München 1985 (Veröffentlichungen des Instituts für Historische Anthropologie, Bd. 3).

511. MUSGROVE, Frank, Youth and Social Order, London ²1968.

512. NITSCHKE, August, Junge Rebellen. Mittelalter, Neuzeit, Gegenwart: Kinder verändern die Welt, München 1985.

513. ORTH-PEINE, Hannelore, Bedingungen der Identitätsbildung in sozialgeschichtlicher Perspektive, Diss. Bielefeld 1984.

514. PARKER, Howard, Aus Jungen werden Männer. Kurze Adoleszenz in einem innerstädtischen Wohnbezirk, in: [481] CLARKE u. a., S. 181 bis 216.

515. PFISTER, G., Der Einfluß der katholischen Kirche auf die Anfänge der Körper- und Bewegungserziehung von Mädchen in Deutschland und Spanien, in: [306] KRAUL/LÜTH, S. 159–184.

516. ROSEMAN, Mark (Hg.), Generations in Conflict. Youth revolt and generation formation in Germany 1770–1968, Cambridge 1995.

517. ROTH, Lutz, Die Erfindung des Jugendlichen, München 1983.

518. SCHADE, Rosemarie, Ein weibliches Utopia. Organisationen und Ideologien der Mädchen und Frauen in der bürgerlichen Jugendbewegung 1905–1933, Witzenhausen 1996 (Archiv der deutschen Jugendbewegung, Bd. 10).

519. SCHATZKER, Chaim, Jüdische Jugend im zweiten Kaiserreich. Sozialisations- und Erziehungsprozesse der jüdischen Jugend in Deutschland 1870–1917, Frankfurt a. M. 1988.

520. SCHULTE, Regina, Dienstmädchen im herrschaftlichen Haushalt. Zur Genese ihrer Sozialpsychologie, in: Zeitschrift für Bayerische Landesgeschichte 41 (1978), S. 779–920.

521. SPEITKAMP, Winfried, Jugend in der Neuzeit, Göttingen 1998.

522. SOURVINOU-INWOOD, Christiane, Studies in Girls' Transitions. Aspects of the Arkteia and Age Representation in Attic Iconography, Athens 1988.

523. TENFELDE, Klaus, Großstadtjugend in Deutschland vor 1914. Eine historisch-demographische Annäherung, in: VSWG 69 (1982), S. 182 bis 218.

524. THRASHER, Frederic M., The Gang: A Study of 1313 Gangs in Chicago, Chicago 1927.

525. TOSH, John, What should Historians do with Masculinity? Reflections on Nineteenth-century Britain, in: History Workshop Journal 38 (1994).

526. TROTHA, Trutz von, Zur Entstehung der Jugend, in: KZfSS 34 (1982), S. 254–277.

527. USBORNE, Cornelie, The New Woman and generational conflict: perceptions of young women's sexual mores in the Weimar Republic, in: [516] ROSEMAN, S. 137–163.

528. WILLIAMS, John/GIULIANOTTI, Richard (eds.), Games Without Frontiers: Football, Identity and Modernity, Aldershot 1994.

529. WILLIS, Paul, Common Culture: Symbolic Work at Play in Everyday Cultures of the Young, Milton Keynes 1990.

14. Schulgeschichte

530. DITT, Karl, Städtische Schulgeschichte, Bildungsbeteiligung und soziale Mobilität in Minden, in: Lundgreen, Peter u. a., Bildungschancen und soziale Mobilität in der städtischen Gesellschaft des 19. Jahrhunderts, Göttingen 1988, S. 42–93.

531. FRANÇOIS, Etienne, Alphabetisierung in Frankreich und Deutschland, in: Zeitschrift für Pädagogik 30 (1983), S. 755–768.

532. HERRMANN, Ulrich (Hg.), Schule und Gesellschaft im 19. Jahrhundert. Sozialgeschichte der Schule im Übergang zur Industriegesellschaft, Weinheim/Basel 1977.

533. KUHLEMANN, Frank-Michael, Modernisierung und Disziplinierung. Sozialgeschichte des preußischen Volksschulwesens 1794–1872, Göttingen 1992.

534. LUNDGREEN, Peter, Analyse preußischer Schulbücher als Zugang zum Thema ›Schulbildung und Industrialisierung‹, in: International Review of Social History 25 (1970), S. 85–121.

535. WENZEL, Franz, Sicherung von Massenloyalität und Qualifikation der Arbeitskraft als Aufgabe der Volksschule, in: Aumüller, Ursula u. a., Schule und Staat im 18. und 19. Jahrhundert. Zur Sozialgeschichte der Schule in Deutschland, Frankfurt a. M. 1974, S. 323–386.

15. Nachträge und Verschiedenes

536. ANDRESEN, Sabine, Mädchen und Frauen in der bürgerlichen Jugendbewegung. Soziale Konstruktion von Mädchenjugend, Neuwied 1997.

537. BACHERLER, Michael, Deutsche Familienerziehung in der Aufklärung und Romantik, Stuttgart 1914.

538. BOLL, Friedhelm, Auf der Suche nach Demokratie. Britische und deutsche Jugendinitiativen in Niedersachsen nach 1945, Bonn 1945.

539. BORRIES, Bodo von, Vom »Gewaltexzess« zum »Gewissensbiss«? Autobiografische Zeugnisse zu Formen und Wandlungen elterlicher Strafpraxis im 18. Jahrhundert.

540. BORST, Arno, Lebensformen im Mittelalter, Frankfurt a. M. u. a. 1979.

541. CONRADS, Norbert, Schlesiens frühe Neuzeit (1469–1740), in: ders. (Hg.), Schlesien, Berlin 1994 (Deutsche Geschichte im Osten Europas), S. 178–345.

542. DÖBERT, Rainer/NUNNER-WINKLER, Gertrud, Adoleszenzkrise und Identitätsbildung. Psychische und soziale Aspekte des Jugendalters in modernen Gesellschaften, Frankfurt a. M. ³1982.

543. DÜLMEN, Richard van, Kultur und Alltag in der Frühen Neuzeit, 3 Bde., München 1990–1994.

544. DYHOUSE, Carol, Girls Growing up in Late Victorian and Edwardian England, London u. a. 1981.

545. ERIKSON, Erik H., Kindheit und Gesellschaft, Zürich 1957.

546. GRAEVENITZ, Gerhard von, Innerlichkeit und Öffentlichkeit. Aspekte deutscher ›bürgerlicher‹ Literatur im frühen 18. Jahrhundert, in: Deutsche Vierteljahresschrift für Literaturwissenschaft und Geistesgeschichte 49 (1975), Sonderheft 18. Jahrhundert, S. 1–82.

547. GREVEN, Ph., The Protestant Temperament. Patterns of Child Rearing, Religious Experience and the Self in Early America, New York 1979.

548. GÜNTHER, Hans R. G., Psychologie des deutschen Pietismus, in: Deutsche Vierteljahresschrift für Literaturwissenschaft und Geistesgeschichte, Bd. 4 (1926), S. 144–176.

549. HABERMAS, Rebekka, Weibliche Religiosität – oder: Von der Fragilität bürgerlicher Identitäten, in: Tenfelde, Klaus/Wehler, Hans-Ulrich (Hg.), Wege zur Geschichte des Bürgertums. Vierzehn Beiträge, Göttingen 1994, S. 125–148.

550. HAUCH, Gabriella, Frau Biedermeier auf den Barrikaden. Frauenleben in der Wiener Revolution 1848.

551. HERRMANN, Ulrich, Konfession als Lebenskonflikt. Die Geschichte eines Ausbruchs aus dem Lebens- und Gedankenkreis des altwürttembergischen Pietismus, in: [115] HERRMANN, S. 187–198.

552. HOLL, Peter, Studien zur Geschichte der Sexualerziehung, Essen 1986.

553. HÖLSCHER, Lucian, »Weibliche Religiosität«? Der Einfluß von Religion und Kirche auf die Religiosität von Frauen im 19. Jahrhundert, in: [306] KRAUL/LÜTH, S. 45–62.

554. HUNT, Margaret R., The Middling Sort. Commerce, Gender, and the Family in England 1680–1780, Berkeley u. a. 1996.

555. HURRELMANN, Klaus, Lebensphase Jugend. Eine Einführung in die sozialwissenschaftliche Jugendforschung, Weinheim/München ⁵1997.

556. INGLEHART, Ronald, Kultureller Umbruch, Frankfurt a. M. 1989.

557. JUGENDWERK der Deutschen Shell (Hg.), Jugend '81. Lebensentwürfe, Alltagskulturen, Zukunftsbilder, 4 Bde., Hamburg 1981.

558. KIMMERLE, Gerd, Hysterie und Hexerei, in: ders. (Hg.) Hysterisierungen, Tübingen 1998 (Anschlüsse, Bd. 3), S. 77–187.

559. KING, Margaret L., Frauen in der Renaissance, München 1998.

560. KITTSTEINER, Heinz D., Die Entstehung des modernen Gewissens, Darmstadt 1992.

561. KLAPISCH-ZUBER, Christiane, Das Haus, der Name, der Brautschatz. Strategien und Rituale im gesellschaftlichen Leben der Renaissance, Frankfurt a. M. u. a. 1995.

562. KOEBNER, Thomas, »Der riesige Mann, mein Vater, die letzte Instanz«. Familiendrama und Generationenkonflikt in der deutschen Literatur zwischen 1890 und 1920, in: Koebner, Thomas/Janz, Rolf-Peter/Trommler, Frank (Hg.), »Mit uns zieht die neue Zeit«. Der Mythos Jugend, Frankfurt a. M. 1985, S. 500–518.

563. LIPP, Carola (Hg.), Schimpfende Weiber und patriotische Jungfrauen. Frauen im Vormärz und in der Revolution von 1848, Bühl-Moos 1986.

564. LOUX, Françoise, Das Kind und sein Körper in der Volksmedizin. Eine historisch-ethnographische Studie, Frankfurt a. M. 1991.

565. LUNDT, Bea, Der Herrscher als Mönch. Idealbilder männlicher Sozialisation im Wandel (am Beispiel des ›Dolopathos‹ und des ›Volksbuches‹ von den sieben weisen Meistern), in: Kornbicher, Thomas/Maaz, Wolfgang (Hg.), Variationen der Liebe. Historische Psychologie der Geschlechterbeziehungen, Tübingen 1995, S. 149–172.

566. LUTHER, Henning, Das unruhige Herz. Über implizite Zusammenhänge zwischen Autobiographie, Subjektivität und Religion, in: Sparn, Walter (Hg.), Wer schreibt meine Lebensgeschichte: Biographie, Autobiographie, Hagiographie und ihre Entstehungszusammenhänge, Gütersloh 1990, S. 360–385.

567. MESCHENDÖRFER, Anita, Bürgerliche Kindheit im Deutschland des 18. Jahrhunderts anhand autobiographischer Zeugnisse, Frankfurt a. M. u. a. 1991.

568. MITTERAUER, Michael, »Das moderne Kind hat zwei Kinderzimmer und acht Großeltern« – Die Entwicklung in Europa, in: ders./Ortmayr, Norbert (Hg.), Familie im 20. Jahrhundert. Traditionen, Probleme, Perspektiven, Frankfurt a. M. 1997, S. 13–51.

569. NETTING, Robert McC./WILK, Richard R./ARNPULD, Eric J. (eds.), Housholds. Comparative and Historical Studies of the Domestic Group, Berkeley u. a. 1984.

570. NITSCHKE, August, Die Mutigen in einem System. Wechselwirkungen zwischen Mensch und Umwelt. Ein Vergleich der Kulturen, Köln u. a. 1991.

571. NITSCHKE, August, Die Zukunft in der Vergangenheit. Systeme in der historischen und biologischen Evolution, München/Zürich 1994.

572. OESTERLE, Günter, Jugend – ein romantisches Konzept? Einleitung, in: ders., Jugend – ein romantisches Konzept?, Würzburg 1997, S. 9–30.

573. OGILVIE, Sheilagh C., Coming of Age in a Corporate Society. Capitalism, Pietism and Family Authority in Rural Württemberg 1590–1740, in: Continuity and Change 1 (1986), S. 279–331.

574. OZMENT, Steven, When Fathers Ruled. Family Life in Reformation Europe, Cambridge/Mass./London 1983.

575. RÜSSEL, Arnulf, Das Kinderspiel. Grundlinien einer psychologischen Theorie, München ²1965.

576. SANDER, Uwe/VOLLBRECHT, Ralf, Jugend, in: [29, Bd. 6,1] FÜHR/FURCK, S. 192–216.

577. SCHATZMAN, Morton, Die Angst vor dem Vater. Langzeitwirkungen einer Erziehungsmethode. Eine Analyse am Fall Schreber, Reinbek 1978.

578. SCHINDLER, Norbert, Widerspenstige Leute. Studien zur Volkskultur in der frühen Neuzeit, Frankfurt a. M. 1992.

579. USSEL, Jos van, Sexualunterdrückung. Geschichte der Sexualfeindschaft, Gießen 1977.

580. WETTE, Wolfram (Hg.), Pazifistische Offiziere in Deutschland 1871 bis 1933, Bremen 1999 (Schriftenreihe Geschichte & Frieden, Bd. 10).

581. WIEDEMANN, Thomas, Adults and Children in the Roman Empire, London 1989.

582. WILD, Reiner, Die Vernunft der Väter. Zur Psychographie von Bürgerlichkeit und Aufklärung in Deutschland, Stuttgart 1987.

583. WILD, Reiner, Kind, Kindheit und Jugend. Hinweise zum begriffsgeschichtlichen Wandel im letzten Drittel des 18. Jahrhunderts, in: Juventa, 4. Beiheft (1993), S. 9–16.

584. ZIEHE, Thomas, Pubertät und Narzißmus, Frankfurt a. M. 1975.